Ternes · Soziologische Marginalien 4

Bernd Ternes

Soziologische Marginalien 4

Aufsätze

mit einem Gastbeitrag von
Maria Talarouga & Herbert Neidhöfer

Tectum Verlag
Marburg 2002

Die Deutsche Bibliothek – CIP-Einheitsaufnahme

Ternes, Bernd:
Soziologische Marginalien 4. Aufsätze
(mit einem Gastbeitrag v. Maria Talarouga & Herbert Neidhöfer)
Marburg: Tectum Verlag 2002
ISBN 978-3-8288-8413-7

Inhalte

Vorbemerkung _____ 7

Marginalien...

...zum Phänomen und zur Struktur eines Mirakels _____ 9
Selbstausfällung, genannt Liebe. Eine *unausgegorene* Beilage
zum Hauptgericht

...zum Verhältnis von Konstruktion und Kreation _____ 18
Sind Regeln des Konstruierens Konstrukte?

...zum Anschlag auf das WTC in New York _____ 38
Die Explosion des Vergessens: Wie mit zwei Schlägen das
Erinnern vergessen und Vergessenes erinnert wurde

...zum Tode Dietmar Kampers _____ 45
„Nach Dannen, ins erste Futur"

...zum rigorosen Glück _____ 50
Weder spricht es, noch schweigt es: Es klingt! Rigoroses Glück
als singende Sphinx (zur Bedienung freigegeben)

...zu einer Arbeit von Andreas Hellmann _____ 82
Schritte zu einer Synthese von Physik und sozialem Leben

...zu einer Arbeit von Andreas Langensiepen _____ 93
Das Denken als Gegenstand, der kein Gegenstand
des Denkens mehr ist

...zu einer Arbeit von Hans Ulrich Reck _____ 97
Sonden für das Innenleben der Abstraktion

...zu dem, was unter den Medientheorien steckt _____ **109**
Glossar einiger Begriffe der neueren Medientheorie (zusammen
mit Dietmar Kamper †)

...zu einem speziellen Punkt bei Jean-Luc Godard _____ **147**
Wie man das notwendig Unsichtbare zu Gesicht bekommt,
ohne verrückt zu werden. Eine fast metaphysische Anmerkung
zu „Godards Kino"

...zu Kants pragmatischer Anthropologie _____ **160**
Anthropologie als archäologisch-kybernetische Inventur:
Eine Bemerkung zu Kants Anthropologie als Dokument
einer Anthropologie nach dem Tode des Menschen

Maria Talarouga & Herbert Neidhöfer _____ **193**
Das Blick-Bild-Verhältnis in der Psychoanalyse

Nachweise _____ **252**

Vorbemerkung

Die hier gesammelten soziologischen und philosophischen Aufsätze und Essays verstehen sich weiterhin als Fortsetzung der Sammlung, wie sie mit den ersten drei Bänden vorliegt. Es handelt sich weiterhin um Marginalien, die in sich zwar durchaus bestimmten theoretischen Kontexten verpflichtet sind, aber keinem großen theoretischen Ent-Wurf zur Verfügung stehen, der 2001 mit einer Arbeit zur *Exzentrischen Paradoxie* versucht und vorerst fertiggestellt wurde. Es bleibt also wieder bei den kleinen Gedankenkörnchen, die sich unterschiedlichen Anläßen (Seminaren, Buchprojekten, Symposien) verdanken.

Die meisten Texte sind innerhalb der letzten 2 Jahre enstanden.

Ich danke Maria Talarouga und Herbert Neidhöfer für die Bereitstellung der Schriftfassung ihres Vortrages.

Berlin, im Sommer 2002, Bernd Ternes

Selbstausfällung, genannt Liebe
Eine *unausgegorene* Beilage zum Hauptgericht

Liebe kann sich nicht selbst, getragen von Liebenden, starten. Könnte sie das, wüßten Liebende nichts von ihrem Lieben. Liebe kann nicht anschliessen[1]; sie kann nur ein- oder ausschliessen. Liebende, die meinen, es sind sie, die jetzt zu lieben beginnen, würden sich nur lebend fortsetzen und ihr fortsetzendes Leben verlieben (im Sinne von verweben), Liebe, die nicht bezeugt, daß sie Geschenk ist, sondern den Liebenden wähnt, sie hätten es mit entschieden Gegebenes zu tun, nimmt den Liebenden Entscheidenes: die Gewissheit, Liebe niemals in Händen, also behandeln zu können. Liebende, die denken, Liebe entstehe zwischen ihnen selbst, also innen, und komme nicht von außen, verwechseln sich: Sie müssen davon ausgehen, daß es an ihnen liegt, ob sich Liebe ausdrückt, müssen also glauben, in ihrem Liebe-Ausdrücken der Liebe ein Tableau zu stellen, das entscheidet, ob Liebe ist oder nicht. Dabei ist es vielmehr so, daß Liebe nur einmal ins Reich der sozialen, handlungsbezogenen, modelnermöglichenden Wirklichkeit hineinragt: nämlich dann, wenn sie fällt (‚Die Liebe fällt, wohin sie will'; unbeeindruckt von den Verrenkungen der Menschen, rastlos et-

---

[1] Es geht hier nicht um Liebe als symbolischer Code, der gerade die Funktion hat, Menschen mit sehr eigenartigen Gefühlen an ein (wie immer fragiles) dauerhaftes „Und so weiter" anzuschliessen; sondern es geht hier – grob gesprochen – um Liebe als Name für den Versuch einer Existenzform, die keine Geschichte zeitigt, da sie jeden Tag neu aufgebaut werden muß.

was und jemanden zu finden, vor das und vor dem sie sich beugen können).

Liebe wird vom Außerhalb, das selbst nichts von seinem Außerhalb-Sein weiß, in dasjenige gedrückt, was man Liebende nennt. Liebe fällt hin und fällt dabei Liebende aus[2]. Dieser Verhalt wird manchmal erkennbar, bemerkbar, erfindbar, etwa in der Vorstellung, von einem anderen als den geliebten Mann, als die geliebte Frau geträumt zu werden. Der Preis dafür, eine Ahnung zu erlangen (und diese womöglich nicht mehr zu vergessen), daß man selbst nicht zu lieben beginnt, ist: Man verbleibt in der Abstraktion des Geschlechts, ohne Zugang zu dem einen und einzigen Geschlecht (des einzigen Mannes, der einzigen Frau). Das Geschlecht ist Person, aber die erkannte, bemerkte, erfundene Person hat nur Geschlecht.

„Man" kann nicht das Geschlecht lieben, wohl aber mit dem Geschlecht eine geschlechtliche Person (es spielt hier keine Rolle, ob man das Geschlecht, das man hat, zwischen den Beinen, im Herzen oder im synaptischen Spalt wähnt). „Man" kann nicht die Liebe lieben, wohl aber mit der Liebe den anderen. Meint man, die Liebe zu lieben, ist es nicht nur auch, sondern ausschließlich Literatur, die betrieben wird.[3]

---

[2] Ganz christologisch könnte man hier an diese imaginierte Romanstelle in Dostojewskis ‚Großinquisitor'-Kapitel denken, in der „ER" hinabsteigt auf die glühenden Plätze der südlichen Stadt, ganz still und unbemerkt, „aber alle – sonderbar ist das – erkennen ihn. Das könnte eine der besten Stellen der Dichtung sein", schreibt Dostojewski weiter, „ich meine dies: woran Ihn alle erkennen" (*Die Brüder Karamasoff*, München 1985 [1906], p404f.) Prosaischer könnte auch ans Immunsystem gedacht werden, das in der Lage ist, jedes vorhandene Antigen auf der Erde Molekül für Molekül zu identifizieren, aber auch jedes zukünftige, und zwar ohne Kognition.

[3] Unter der noch sehr viele leiden, denn diese Literatur ist mitverantwortlich dafür, daß eine Notwendigkeit zu Herstellung der funktionierenden bürgerlichen Gesellschaft,

Man kann lieben wollen, wenn man es nicht kann (zu lieben). Man kann jedoch nicht lieben, wann man will. Könnte man das, wäre lieben (als Aktivform) etwas, zu dem ich mich verhalten könnte. Lieben als Tätigkeit unterminiert jedoch ein Verhältnis zu es; es erlaubt keine Beobachtung (wenn auch die Möglichkeit, unendlich zu sprechen).

Nur wer lieben will in einer Weise, die sowohl verdunkelt, daß es ein Lieben-Wollen ist, das statthat, als auch hervorhebt, daß es ein Nicht-anders-Können-als ist, das stattfindet, wird heimgesucht durch den Terror der exklusiven Liebe. Exklusive Liebe kämpft sowohl gegen das mögliche Vergehen durch Zeit, als auch gegen mögliche Vergehen durch andere: Also gegen das eigene Vergehen.

Nur wem die zweisame Anbetung in der Liebe Fortsetzung der gemeinsamen Anbetung im Glauben ist, kann die liebende Exklusivität als terroristische zeichnen, die dem Terrorismus der glaubenden Inklusivität in nichts nachsteht (Bedürfnis/Zwang nach Zweisamkeit und nach Gemeinsamkeit gehörten demnach zusammen).

Liebe ist 4-D-materiell. Sie hat eine Sperre, die hindert, daß Liebe im Gedanken, in der Vorstellung, in der Schrift, in den Bildern passiert (was nicht ausschließt, daß lieben wahnhaft gebaut ist). Liebe ist das irdische Brot, nicht das himmliche in Schrumpfform. Wenn Dostojewskis Kardinal-Großinquisitor dem mittlerweile schon eingekerkerten, nach 1500 Jahren wieder zurückgekommenen Jesus folgendes sagt:

---

nämlich eine Art Solidarisierung von Liebe und Ehe, flächendeckend passierte. Nun, nachdem diese Literatur gesprengt, sei jener „Sinn für die Bitterkeit des Alleinseins in der Intimität wiederzugewinnen", der darob verlorenging, so Luhmann (*Liebe als Passion*, FFM 1982, p159).

„Um der gemeinsamen Anbetung willen haben sich die Menschen mit dem Schwert gegenseitig ausgerottet. [..] Und also wird es sein bis zum Ende der Welt, selbst dann, wenn aus der Welt die Götter verschwinden: gleichviel, dann wird man sich vor Götzen niederwerfen. Du kanntest dieses Grundgeheimnis der Menschennatur, Du konntest es unmöglich nicht kennen, doch Du verschmähtest das einzige Positive, das Dir vorgeschlagen wurde, um alle zu zwingen, sich widerspruchslos vor Dir zu beugen: das irdische Brot [...]“[4], so spricht der Kardinal noch als freilich zynisch gewordener skeptischer Wissender: Er weiß darum, daß die Freiheit in der Liebe und im Glauben den Menschen beanspruchen und ihn eigentlich zu ihm kommen lassen; er weiß darum, daß der Mensch die Liebe Gottes verdient hätte. Doch er wertet seine Erfahrung, daß die Menschen dadurch eklatant überfordert sind, höher und optiert daher nicht für die Freiheit, zur Liebe/zum Glauben, sondern für die Freiheit vom Hunger. Knechtet uns, aber macht uns satt – Darüberhinausgehendes hält die Menschennatur in den Augen des Großinquisitors nicht aus. Der Kardinal macht Jesus für das Scheitern des glücklichen Menschen verantwortlich, indem er ihm vorhält, den Menschen zu hoch geachtet zu haben: Hätte Jesus den Menschen weniger geachtet, so hätte er auch weniger von ihnen verlangt: und das „wäre der Liebe näher gekommen" (p417). Der zu hoch geachtete Mensch bricht unter der permanenten Erinnerung, allein zu sein, in Zerstreuung aus. Seine Liebe ist Angst, Angst davor, nicht und irgendwann nicht mehr erfüllt zu werden (transzendentaler Verdruß). Der weniger geachtete Mensch verklumpt unter der perma-

---

[4] Fjodor M. Dostojewski, *Die Brüder Karamasoff*, a.a.O., p413f.

nenten Erfahrung, nicht allein zu sein. Seine Liebe hat angst, nicht erlaubt zu sein (einfacher Genuß). Liebe dazwischen?

•

Was das irdische Brot im Verhältnis zum versprochenen himmli-
chen ist, das wäre die ausfällende Liebe im Verhältnis zur eternisti-
schen. Ausfällende Liebe löste ein, daß genug für alle da sei.[5] Der Preis
dafür: Man weiß nicht mehr, für wie lange. Die Zeit der Liebe hat sich
losgelöst von der Zeit des Lebens: Die Liebe birgt nicht mehr das Leben, das Leben birgt (wie lange?) Liebe. Lieben kann jetzt sterben ohne Einfluß aufs Leben. Lieben kann jetzt sich ereignen ohne Einfluß
aufs Leben[6] (und erreichte damit den Stand des Sterbens, das keinen
Einfluß haben kann auf die Liebe). Dieser Liebessachverhalt wurde
schon immer als paradoxer beschrieben und auszuhalten gesucht, entweder durch die klassische Rationalität der gepflegten Irrationalität,
durch die romantische Versuchung der Ironie und der Unaufrichtigkeit

---

[5] Unter dem Titel „Das höchste Gut" beschreibt Pascal Einsichten derjenigen, die diesem Gut, d.i. das Finden des Glückes in Gott, am meisten nahegekommen sind: Ebendiese „haben verstanden, daß das wahre Glück so beschaffen sein müßte, daß alle es un-
geschmälert und unbeneidet zugleich besitzen könnten und daß niemand es gegen seinen Willen verlieren könne [...]"; Blaise Pascal, *Gedanken*, dt., Stuttgart 1997, p109. –
Die letzte Bedingung muß man heute streichen.
[6] Das ist die Situation des Großinquisitors, der, mit seiner Rede fertig, auf eine
Entstummung von IHM wartet. Der aber bleibt stumm, nähert sich dem Inquisitor, küsst
ihn auf die Lippen. „Der Kuß brennt auf seinem Herzen, aber er bleibt bei seiner früheren Idee" (p428).

(beides nur sehr schichtspezifisch verwendbare Formen), oder heutzutage durch die Trivialisierung des Liebesparadoxes.[7]

•

Aller Anfang ist schwer. Liebe fängt nicht an. Die Wucht ihrer Explosion, mit der sie hereinbricht, zerstört nichts, zerstückelt nichts, zerstreut nichts, sondern läßt im Nu hochkompliziert Verwobenes entstehen. Es ist so, als würde eine gezündete Granate aus einem Haufen ein Haus aufbauen; es ist so wie das, was der rückwärtslaufende Film einer Sprengung zeigte. Sie ist verdorben, noch bevor sie in Berührung kommt mit verlaufender Zeit, gedächtnisgestütztem Liebesumgang und erwartungskorsettiertem Tun. Liebe hasst deswegen Geschichte. Geschichte setzt immer einen Anfang, wie indirekt auch immer. Liebe hat keine Geschichte. Aber die Geschichte ist voll mit unterschiedlichsten Versuchen von Liebenden, der Liebe zur Geschichtslosigkeit zu verhelfen.

•

Danton: Nein, Julie, ich liebe Dich wie das Grab.

Das vormalige, zur Zeit dem massenhaften oktroyierten Vergessen anheimgegebene Leiden daran, daß wohl ein Zeugen der Liebe den Tod besiegt, nicht aber die Zeit; das Leiden daran, daß es unmöglich

---

[7] Niklas Luhmann, *Liebe als Passion*, a.a.O., p70.

ist, kein Vorher und Nachher der Liebe miteinander zu vergleichen, kurz: das Leiden daran, daß Liebe nicht nur einen Unterschied macht, sondern auch in sich unterschieden werden kann, und zwar gleichsam gewaltig als Unterscheidungmachen, ist für menschliche Maße unerträglich. Daß zwischen Lieben und Nichtmehrlieben/Nichtmehrgeliebtwerden zweimal Unterschiede ums Ganze aufgerissen werden – einmal das ganze Hereinfallen in eine andere Wirklichkeit, das andere Mal das ganze Herausfallen aus dieser gemodelten Wirklichkeit (dazwischen klafftertiefer Grund), könnte doch eigentlich nur von Liebenden getragen werden. So – seit tausenden von Jahren – trifft die Wucht des Auseinanderrisses der Liebe jedoch wieder in Funktionssyndrome zurückgespülte Erwachsene, die im Leben stehen (bzw. im Bilde sind), also besorgende Menschen, die weder aus noch ein wissen, nachdem sie aus der Liebe gefallen sind. Es ist nicht nur dieser Skandal – Liebe tritt in die Menschen immer ein und aus –, der heutzutage bei vielen Menschen die Eintrittsschwelle derart abgesenkt bzw. aufgestockt hat, daß entweder Schmerzvermeidung durch Inflation oder Schmerzvermeidung durch Deflation passiert; auf jeden Fall aber immer Schmerzbereitung durch Schmerzvermeidung.

Der (wohl doch nicht) unausrottbare Zwang, die immer ins Verderben fortgleitende Liebe von Zeitdauer auf Zeitabstinenz umzustellen, saugt jedoch zumindest für den männlichen Liebenden (und also nicht mehr mann-seienden) Mann aus anderen Quellen seine Kraft gegen Vergänglichkeit, nämlich paradoxerweise aus der Angst vor einer bestimmten Dauer: der weiblichen Ausdauer. Nicht nur muß diese Angst der ‚männlichen Liebe' vor der weiblichen Ausdauer verantwörtlich gemacht werden für die Pathologisierung der Frau[8] (in eins für den Pathos des Mannes); nicht nur muß sie als kulturell nie ganz aufgeklärte Basis der männlichen Promiskuität angesehen werden, die die Operationalisierung eines der sexuellen Überlegenheit des Weibes nicht mehr Ausgeliefertseins bedeutet; vielmehr ist die männliche Angst vor der Ausdauer des Weibes paradoxerweise verantwortlich für den männlichen Zwang, eine Frau auf Dauer zu besitzen.[9]

•

Es gibt eine große, tiefe, imaginäre und doch ultrafeste Grenze von allem, und das ist die Grenze des anderen (der anderen). Die Sehnsucht nach dem anderen ist neben der Enttäuschung und dem Tod (und, für lange Zeit auch: der Liebe) das Stehauffigürchen schlechthin. Es taucht immer auf. Das Fremde, das Andere, das Begehrte taucht eines Tages auf und man will es, man sehnt es herbei, man bemerkt sich auf der Seite der Abwesenheit, der Unvollkommen-

---

[8] Maren Lorenz, *Kriminelle Körper – Gestörte Gemüter. Die Normierung des Individuums in Gerichtsmedizin und Psychiatrie der Aufklärung*, Hamburg 1999.
[9] In der zehnten Geschichte des dritten Tages aus Giovanni di Boccaccios „Das Dekameron" (dt., Leibzig 1988, p376ff.) erfährt man, wie der erfahrene Mönch Rustico der jungen Alibech aufzuschwatzen vermochte, Ficken sei "den Teufel in die Hölle heimschicken", also Gottesdienst; nach einer Weile verlangt Alibech immer öfter nach diesem Gottesdienst; Rustico kann dem nicht mehr standhalten und kommt zu der allweltlich gültigen Aussage, "es gehörten gar viele Teufel dazu, um die Hölle zu bändigen" (p381). Rustico ist dann sehr zufrieden, daß Alibech in Bälde von Neherbale geheiratet wird. – Wer ist heute zu solch einer großzügigen Haltung noch fähig? Und wer dazu, die Frau im, nicht zum Trost zu versuchen?

heit, des Mangels, der Unfriedenheit. Eines Tages erfüllt sich das Begehren und Sehnen des anderen, es wechselt die Seite, ist nun auf der eigenen Seite und läßt im Moment der Freude, des Glücks, der Ekstase, der Verschmelzung, der... die andere Seite für einen Moment unbeobachtet, ja: läßt die andere Seite des eigenen selbst, des eigenen Wollens, Habens und Seins überflüssig werden: Man wird für einen Moment eine differenzlose Welt (mit dem anderen). Und schon, ungemerkt, hat sich das alien auf der Seite des Gewollten, des Gewünschten, des Begehrten, des Nicht-ich-Seienden eingepflanzt und wächst. Eines Tages begehrt man wieder und wieder das andere (und doch nur, unverrückbar, für ganz kurze Zeit, vorausgesetzt, man will nie sein Wollen, Begehren und Lieben tun wollen). Das ist das lustige an der Liebe: Sie ist nur an sich möglich.

Liebende, die wie immer klar wissen, daß die Zeit der Liebe kein Geschenk des Himmels, die wissen, daß lieben kein privatisiertes Glauben, die wissen, daß der Zwang zur Dauer einem Nullsummenspiel der Aufrechnung zweier Ängste geschuldet ist, hätten die Chance, naß zu werden, ohne daß ihnen der Pelz gewaschen wird. Sie könnten es schaffen, sich mit dem anderen zu so zu verweben, daß es beim Bruch nicht zu komplizierten Amputationen kommt. Sie könnten in den anderen eintreten wie in eine Stadt, die – anders als bei Sartre – lebendig ist.

Es wäre eine Art Glücklichwerden, ohne sich zu verausgaben – etwas, was dem tief versenkten protestantischen Tier ebenso wie der katholischen Sündenmätresse in die Parade fährt.

Sind Regeln des Konstruierens Konstrukte?

„Nur was sich sprachlich selbst verschlingt, kann ausgesagt werden. Das
ist der unvordenkliche Ruck von der Metastase zum Chiasma.
Was einen Hiatus zum Freisprechen ergibt"
Dietmar Kamper, *Horizontwechsel,* München 2001, p8

Ich werde mich im Folgenden leicht verwirren durch zu viele Fäden, die ich meinte aufnehmen zu müssen, durch zu epigrammatische
Knüpfungen der Fäden, da die Zeit knapp ist, und durch ein am Ende
stattfindendes Aufstoßen auf den Term „exzentrische Paradoxie", der
vielleicht nicht mehr im Radius von Dekonstruktivismus, Konstruktivismus und Systemtheorie liegt, also nicht mehr im Radius des Mög-
lichkeitsdenkens. Der Begriff der Möglichkeit ist gleichsam Ausgangs-
punkt einer Vermutung, der ich nachgehen möchte. Der Vermutung
nämlich, daß die dynamische Gruppenpsychotherapie mit der Über-
nahme der konstruktivistischen Idee von beliebig verschiedenen Möglichkeiten, die Welt zu sehen und zu beschreiben[1], etwas in kauf
nimmt. Und zwar eine bestimmte Epistemologie, die Intersubjektivität
und Interaktionalität nicht auf ihrer Hauptliste hat. Und damit, so meine Behauptung, einer dynamischen Gruppenpsychotherapie zumindest

---

[1] So Bernhard Dolleschka in seinem Aufsatz *Systemische Denkweise und dynamische Gruppenpsychotherapie,* in: Maria Majce-Egger (Hg.): *Gruppentherapie und Gruppen-dynamik – Dynamische Gruppenpsychotherapie,* Wien 1999, p113-126, hier: p125.

nicht förderlich ist. Das versuche ich an der Gegenüberstellung von Kreation und Konstruktion flüchtig zu umschreiben.

1

Die Intuition der im Titel gestellten Frage ist folgende: Im Zuge der doch weitgehenden Verbreitung konstruktivistischer bis radikalkonstruktivistischer Annahmen – allerorten scheinen sie Einlaß gefunden zu haben: in die Epistemologie, in die Soziologie, in die Therapie; nur die Lacan'sche Psychoanalyse scheint noch dezidiert dagegenzuhalten – könnte es an der Zeit sein, beinahe kantianisch nach den Bedingungen zur Ermöglichung des Konstruierens zu fragen. Dies nicht, um letzte, nicht ganz ausgeleuchtete Winkel innerhalb des konstruktivistischen Theorieuniversums ans Netz zu bringen, sondern um zu fragen, inwieweit der Konstruktivismus als solcher nur funktioniert, indem er verunsichtbar, was seine nichtkonstruierten Bedingungen sind. Nichtkonstruierte Bedingungen werden auch als ‚das Unverfügbare', ‚das Andere', ‚das Sein', und neuerdings auch als ‚Sphäre' bezeichnet. Dieses Fragen ist motiviert durch die Überzeugung, daß der Konstruktivismus zwar ein hervorragendes Vokabular und vielleicht auch hervorragende Techniken zur Verfügung stellt, um die Grade an Komplexität, die man bisher nur der Wahrnehmung zutraute[2], zu kognitivieren (nicht umsonst wies Luhmann darauf hin, daß seine Systemtheorie eigentlich einer untergründigen großen, gelehrten Poesie bedürftig sei), aber: Problem-, Lösungs- und Problemlösungskonfigurationen nichttechni-

---

[2] Wahrnehmung, verstanden als Bewußtseinsfunktion, ist dasjenige Vermögen mit der ‚größten' Verarbeitungskapazität für Komplexität (im Vergleich zum Erkennen, Urteilen und Unterscheiden).

scher Herkunft innerhalb von Maschinenkommunikationsradien zu ge-
nerieren, die auch die Komplexitätsverarbeitungsdichte von Wahrnehmung (bis hin zum tacit knowledge) als Focus annehmen, ist nach
meiner Kenntnis noch nicht weit gediehen.[3] Will sagen: Auch der
Konstruktivismus schafft es nicht, das Haupt*defizit* des Menschen,
nämlich zum Organisieren großer Populationen und den sich dabei unvermeidlich ergebenden Komplikationen ein direktes emotionales, d.h.
unmittelbar motivierendes Verhältnis zu finden, durch Erkennntis so
umzumodeln, daß es mit der Hauptfähigkeit des Menschen, der Fähigkeit zur Distanzierung, gleichzieht.[4] — Es bleibt also vorerst noch bei
sprachlicher Kommunikation; und selbst für die gilt: „Wir reden viel
über unsere Schwierigkeiten, eine Sprache über komplexe Phänomene
zu finden. Aber wir reden kaum über die vielleicht noch größere
Schwierigkeit, in komplexen Situationen die richtigen Worte und
Handlungen zu finden"[5]. Komplexe Kommunikation in komplexen Situationen, nicht über komplexe Situationen und Sachverhalte: das, so
meine These, kann vom Konstruktivismus nicht bewältigt, nicht einmal
erreicht werden.[6]

---

[3] Siehe Jürgen Klüver, *Soziologie als Computerexperiment. Modellierungen soziologi-scher Theorien durch KI- und KL-Programmierung*, Braunschweig/Wiesbaden 1995.
[4] Dieter Claessens, *Das Konkrete und das Abstrakte. Soziologische Skizzen zur Anthro-pologie*, FFM 1993 (1980), p17.
[5] Dirk Baecker, *Postheroisches Management. Ein Vademecum*, Berlin 1994, p23.
[6] Das so zu sagen setzt voraus, den Begriff der Beobachtung anders zu fassen als „der"
Konstruktivismus; und es setzt voraus, nicht davon auszugehen, daß Komplexität Effekt
der Reduktion von Komplexität „ist".

2

Die Klärung der Frage nach den Verhältnissen zwischen Konstrukt, Symbol und Lebensraum hat eine lange Tradition und eine reichhaltige Überlieferung. Zwar nicht in genau dieser Begrifflichkeit; aber zumindest immer das Mirakel betreffend, wie die Erfahrung des Geistes mit der Erfahrung von Welt zusammenspielt (oder gegeneinander).[7] Heute wird vieles innerhalb dieser Tradition als Konstruktivismus avant la lettre eingemeindet, von dem man nicht im geringsten glaubte, es gehöre zu diesem Theoriesyndrom. Peter Fuchs kommt z.B. auf ,Vorläufer' von konstruktivistischen Semantiken, und da, neben Parmenides, Paulus und Augustinus, die den euklidischen Raum sprengen, vor allem auf die Mystik. Mystik bediene sich einer Semantik, „in der es keine einfachen Linien im Raum gibt, keine Wege, die klar gezeichnet sind. Daraus resultiert eine maximale Vorstellungsüberforderung, die aber, wenn man so will, sozial zugelassen ist. Die Mystik darf [..] den Raum aus seinen wahrnehmungstechnischen Voraussetzungen nehmen und kann ihn deshalb als ein Arrangement von Unterscheidungen (also tatsächlich: theoretisch) behandeln. Sie kann begriffen werden als eine perfekte De-ontologisierung des Raumes und damit als Musterbeispiel einer frühen konstruktivistischen Theorie."[8] Mit Kant fand diese Problemlage gar in der Philosophie ihre genuine Heimstatt

---

[7] Joseph Wood Krutch: „The contact of the human mind with reality is so slight that two thousand years of epistemology have not been able to decide exactly what the nexus is" (zitiert nach: John Rudolph Weinberg, *Der Wirklichkeitskontakt – und seine philosophischen Deutungen –*, Meisenheim 1971, Innentitelseite).
[8] Peter Fuchs, *Die Metapher des Systems*, Weilerswist 2001, p43f.

als Erkenntnistheorie, die maßgebend von Eduard Zeller ab der Mitte des 19. Jahrhunderts akademisch veredelt wurde.[9]

In der Vorrede zur 1787 veröffentlichten zweiten Auflage der *Kritik der reinen Vernunft*[10] steht der berühmte Satz Kants, man könne mit den Aufgaben der Metaphysik dadurch besser fortkommen, „daß wir annehmen, die Gegenstände müssen sich nach unserem Erkenntnis richten, welches so schon besser mit der verlangten Möglichkeit einer Erkenntnis derselben a priori zusammenstimmt, die über Gegenstände, ehe sie uns gegeben werden, etwas festsetzen soll." Über 200 Jahre später schreibt Luhmann: Kognitive Systeme sind nicht in der Lage, „zwischen Bedingungen der Existenz von Realobjekten und Bedingungen ihrer Erkenntnis zu unterscheiden, weil sie keinen erkenntnisunabhängigen Zugang zu solchen Realobjekten haben"[11]. Hat sich etwas geändert? Ja und nein. Sowohl Kants Unternehmen, nicht die Natur der Dinge, die ja unerschöpflich sei, zum Gegenstand seiner Kritiken zu machen, sondern den „Verstand, der über die Natur der Dinge urteilt, und auch dieser wiederum nur in Ansehung seiner Erkenntnis a priori"[12], wie auch das Unternehmen Konstruktivismus, das nachzuweisen sucht, daß das, "[w]as mit ‚Realität' gemeint ist, [..] nur ein internes Korrelat der Systemoperationen sein [kann] – und nicht etwa eine Eigenschaft, die den Gegenständen der Erkenntnis zusätzlich zu dem, was sie nach Individualität oder Gattung auszeichnet,

---

[9] Siehe zum Komplex Richard Rorty, *Der Spiegel der Natur. Eine Kritik der Philosophie*, dt., FFM 1987, p149ff.

[10] Ausgabe Meiner, Leipzig 1944, p20.

[11] Luhmann, *Die Realität der Massenmedien*, 2., erw. Aufl., Opladen 1996, p17.

[12] Kant, *Kritik der reinen Vernunft*, a.a.O., Einleitung nach Ausgabe B, p56.

außerdem noch zukommt. Realität ist denn auch nichts weiter als ein Indikator für erfolgreiche Konsistenzprüfungen im System"[13] – beiden Unternehmungen gemeinsam ist der subjektive Theorieansatz. Bei Kant ist es das transzendentale Subjekt, an dem er die Vernunft kritisiert, beim Konstruktivismus ist es das selbstreferentielle System, das sich seine eigene Fremdreferenz schafft[14]. Beiden Ansätzen beginnt die theoretische Einholbarkeit von Welt mit 1, nicht etwa, wie bei der formalpragmatischen Kommunikationstheorie, zumindest mit 2. Beiden Ansätzen kann man mit Intersubjektivität nicht kommen.[15] Das wäre also ein Punkt, der gleichgeblieben ist.

Was sich seit Kant allerdings geändert hat, ist die Radikalität, mit der die Welt „da draußen" auf ein chemo-molekular-energetisch-atmosphärisches Kontinuum geschrumpft wird. Dem Konstruktivismus in seiner radikalen Variante ist Welt Effekt der Errechnung von Errechnung, ist Information etwas, was kein informationsverarbeitendes System aus der Umwelt bezieht, ist alles, was gesagt wird, von einem Beobachter gesagt (und die KybernEthik besteht dann darin zu sagen:

[13] Luhmann, *Die Realität...*, a.a.O., p19.

[14] Was, weiter ausgeholt, Habermas dazu brachte, Luhmanns Systemtheorie anzusehen als eine, die den Schritt vom subjektiven zum objektiven Idealismus (wie bei Hegel) nicht nachvollzieht (Jürgen Habermas, *Der philosophische Diskurs der Moderne*, FFM 1985, p429).

[15] Nicht Intersubjektivität sei Bedingung für Kommunikation, Kommunikation sei Bedingung für Intersubjektivität, mit der Konsequenz, auf die übersubjektiven, quasi das Psychische und das Soziale in einem Dritten überordnenden Sprachstrukturen zu verzichten (siehe Luhmann, *Die Wissenschaft der Gesellschaft*, FFM 1990, p51). Dann dauert es auch nicht lange, *Intersubjektivität als kommunikative Konstruktion* anzusehen (so der gleichlautende Aufsatz von Wolfgang Ludwig Schneider, in: Peter Fuchs & Andreas Göbel (Hg.), *Der Mensch – das Medium der Gesellschaft?*, FFM 1994, p189-238).

„Alles Gesagte wird zu einem Beobachter gesagt"[16]). Mit der leitenden Frage dieses Symposiums[17], „Wie konstruieren wir unsere Wirklichkeit?", könnte der radikale Konstruktivismus (sagen wir: eines Luhmann) sehr wahrscheinlich nicht viel anfangen: Die Wie-Frage ginge noch an, schwieriger würde es bei der Singularform Wirklichkeit; aber unmöglich würde es bei dem „wir" und dem „uns". Wenn die ‚strukturelle Kopplung nicht zu einer gemeinsamen Benutzung von Elementen durch verschiedene Systeme führt'[18], gleichzeitig aber soziale Systeme nur durch psychische Systeme, also spezifisch, irritierbar sind, und zwar universell – wie kann man dann von einer Wirklichkeit ausgehen, die unsere ist?; und wie davon, daß dem nicht so sein könnte? Und ganz eigenartig wird es, wenn man Giorgio Nardones Postulat – „Unser Hauptinteresse liegt darin, herauszufinden, wie das Problem in seiner Dynamik und seinen Prozessen funktioniert, welchen Regeln und Mechanismen es unterliegt und wie es am effektivsten und schnellsten zu lösen ist"[19] – mit der lethologischen Hauptthese Heinz von Foersters in Verbindung bringt, nach der nur *die* Fragen, die prinzipiell unentscheidbar sind, von *uns* entschieden werden können.[20] Was wäre dann noch ein Problem, was eine Lösung?

Diese Fragen und die Verwirrungen machen aber nichts; denn auch auf die scheinbar „richtigen" konstruktivistischen Fragen, wie sie

---

[16] So Heinz von Foerster, *KybernEthik*, dt., Berlin 1993, p85.
[17] Symposion der Fachsektion Gruppendynamik und Dynamische Gruppenpsychotherapie Österreich: „Wie konstruieren wir unsere Wirklichkeit?" Konstrukt – Symbol – Lebensraum, 18.- 20. Januar 2002, Gallneukirchen.
[18] Niklas Luhmann, *Die Wissenschaft der Gesellschaft*, a.a.O., p31 (Anm.34).
[19] Derselbe, *Systemische Kurztherapie*, Bern 1997, p31.
[20] Heinz von Foerster, *KybernEthik*, Berlin 1993, p153 (zur Lethologie p126ff.).

Arno Ros einmal stellte, fallen die Antworten der radikalen Konstruk-
tivisten nicht befriedigend aus.[21] – Ich komme zur Regel.

3

Die *Regel* (lat. regula, Latte, Maßstab, Norm) ist *im objektiven
Sinne* die Bezeichnung für die begrifflich formulierte, aber nicht als ge-
setzlich notwendig erkannte Gleichförmigkeit eines Seins, Geschehens
oder Handelns. In dieser Bedeutung ist der Terminus *Regel* mit dem
Terminus *Gesetzmäßigkeit* nahe verwandt. Man gebraucht ihn, um an-
zudeuten, daß der betreffende Vorgang einer statistischen Gesetzmäßigkeit unterliegt oder daß man sich nicht im klaren darüber ist, ob
diese Wiederholung zufällig oder gesetzmäßig ist. *Im subjektiven Sinne*
verstehen wir unter Regel soviel wie Vorschrift, als ideelles Gebilde,
das denjenigen, an den es gerichtet ist, zu einem bestimmten Verhalten auffordert. Bei den Regeln im subjektiven Sinne unterscheidet man
Regeln im Sinne von Moralnormen und *methodische Regeln*. Mit dem
Begriff der Regel in all den genannten Bedeutungen ist die Ausnahme
vereinbar, mit dem des Gesetzes nicht. Bestätigt werden all diese Regeln durch Ausnahmen jedoch nicht (Ausnahmen bestätigen höchstens, daß es sich um eine Regel – im objektiven Sinne – und nicht um

---

[21] Arno Ros, *II. „Konstruktion" und „Wirklichkeit". Bemerkungen zu den erkenntnistheoretischen Grundannahmen des Radikalen Konstruktivismus*, in: Delfin 1994: *Piaget
und der Radikale Konstruktivismus*, hg. von Gebhard Rusch & Siegfried J. Schmidt,
FFM 1994, p176-213. Ros' Fragen lauten (p176f.): *„Was* wird hier angeblich erzeugt
beziehungsweise konstruiert? *Wer* ist es, der konstruiert? Mit *was für einer Art von Aktivität* hat man es bei einem solchen Konstruieren zu tun? *Was für Materialien* sind es,
deren man sich bei einer Konstruktion [..] bedient? *Wie kommt es dazu*, daß Konstruktionen vollzogen werden, das heißt, welcher Art sind die *Motive* beziehungsweise *Ursa-
chen*, die Konstruktionen veranlassen?"

ein Gesetz handelt). In der Logik wird der Begriff *Regel* mitunter abkürzend für Schlußregeln (z.B.: Abtrennungsregel, Regel des Kettenschlusses) gebraucht. Während in der eher soziokommunikativen Theorie *die Regel* benutzt werden kann, um unreflektiertes Verhalten von reflektiertem Handeln zu unterscheiden (Habermas' Teilung der Weltbeziehung in regelmäßig und regelgemäß; Piagets ontogenetisches Phasenmodell, das mit der postkonventionellen Identität abgeschlossen wird als Einsicht in die Konventionalität bestehender Normen und Regeln), geht die eher soziokybernetische Theorie von diversen Zuständen der *Regelung* aus, die sich nur noch auf Verhalten bezieht.

Es ereignet sich hier etwas Wesentliches: Man läßt ein vermeintliches Wesen fahren (sei es Bewußtsein, sei es das Menschliche, sei es das Psychische) und fragt nach den Operationen des Tuns und Verhaltens; man sieht vollständig ab von der materiellen Konkretisierung und vom inneren Aufbau eines bestimmten Systems und betrachtet nur das Verhalten des Systems mit der/mit seiner[22] umgebenden Umwelt. Man kann dann Maschinen betrachten, Amöben, Kindergärten, Computer, Lachse, Moleküle, Menschen: es macht keinen Unterschied (William Ross Ashby war hier der Vollstrecker Norbert Wieners, der mit seinem 1948 herausgebrachten Buch *cybernetics or control and communication in the animal and the machine* die Unterscheidung von autopoietischen und allopoietischen Maschinen nur noch als residuale Unterscheidung mitschleppte).

---

[22] Diese Unterscheidung spielt auf die Frage an, ob ein System nur eine eigene, selbstkonstituierte Umwelt „besitzt", oder ob es soetwas wie eine Umwelt an sich gibt.

– Soviel in aller Kürze zur Erinnerung, wie der Begriff Regel philosophisch gefasst wird. Im Folgenden bezieht sich der Begriff Regel auf Vorgänge, die dem Denken, der Einbildungskraft, der Imagination, der Vorstellung subjektiv sein könnten, das heißt ihnen unterliegen könnten. Da ich mich auf die konstruktivistische Erkenntnis- bzw. Erkenntnistheorie beziehe, angereichert mit kybernetischen und operationalistischen Thesen, kann die Kant'sche Analyseaufteilung des Denkens in theoretische, praktische, reine und urteilende Vernunft(kraft) außer Kraft gesetzt werden. Vielleicht erweist sich auch die das Denken über das Denken anleitende Unterscheidung „episteme vs. techne" als eine, die keinen Unterschied mehr macht.

Ein Ja oder ein Nein auf die Frage, ob Regeln des Konstruierens Konstrukte sind, scheint mir einen wichtigen Schied aufzumachen, vergleichbar der Frage, die Milan Zeleny in seinem Essay *Ecosocieties: Societal Aspects of Biological Self-Production*[23] für den Begriff Leben stellte, nämlich: ob das Phänomen Leben nur einer spezifischen Organisation der Materie zuzurechnen sei, oder doch einer besonderen, also organischen Materie (Zeleny hat sich für die spezifische Organisation entschieden).

Unterliegt das Regeln des Konstruierens einer besonderen Performanz, oder unterliegt das Regeln nur einer spezifischen Organisation des Konstruierens? Besitzt das Regeln eine besondere Syntax, oder gehört es mit zum Gegenstandsbereich, auf den sich die Regeln und das Regeln beziehen? Kurz: Ist das Erfinden von Spielregeln selber Spielregeln untergeordnet? Noch kürzer: Sind Kreativität und Kon-

---

[23] in: Soziale Systeme, Zeitschrift für soziologische Theorie, 2/1995, p179-202.

struktivität im Entscheidenden durch einen Hiatus getrennt? – Auch bei diesem Anschnitt könnte man wieder sagen: „Ja und?" und auf Heidegger verweisen, der dem Verhältnis von Entwerfen und Geworfensein nachspürte und nachträumte, dabei aber weniger hiatisch denn sympathisch dachte. Das Geworfensein besagt in existenzialer Hinsicht: sich so oder so befinden; Verstehen besagt als enthüllendes Entwerfen und ursprüngliche Vollzugsweise des Daseins: daß das Dasein in seinem In-der-Welt-Sein erschlossen wird. Das passende Wesen des geworfenen Entwerfens sei der „Techniker Mensch". Technik habe einen langen Weg vor sich, aber auch die Befähigung, dem Sein, also der Kreation Anwesen zu sein. – Man könnte sagen, um diesen langen Vorsatz zu schließen, daß der Konstruktivismus in seiner wissenschaftlichen und technischen Dimension den „Techniker Mensch" wieder ein Stück weiter gebracht hat, aber nicht etwa näher zum Sein hin, sondern vielmehr weiter entfernt vom Körper. Die Denkhaltung, die dabei noch nicht ganz sichtbar wird, ist eine, die nicht mehr davon ausgeht, daß der Geist im Körper wohnt, sondern davon, daß der Körper im Geist „sitzt": Was dieser Geist nicht mehr oder nicht registriert, hat damit (paradoxerweise) auch nicht die Dignität der Existenz an-sich für sich.[24] Oder anders, Konrad Cramer einsetzend[25]: „Und so sind wir der Überzeugung, daß unser Wissen darüber, daß wir ein materieller Körper sind, wie all unser Wissen, von der Existenz dieses materiellen Körpers und seiner spezifischen Organisationsform abhängt. Hingegen

---

[24] Systemtheoretisch umgebrochen heißt das: Fremdreferenz ist Produkt der Selbstreferenz.

[25] Ders., *Das cartesianische Paradigma und seine Folgelasten*, in: Sybille Krämer (Hg.), *Bewußtsein. Philosophische Beiträge*, FFM 1996, p105-129, hier: p109.

sind wir durchaus nicht der Überzeugung, daß die Existenz dieses oder einen anderen materiellen Körpers davon abhängt, daß wir wissen, daß sie existieren." – Könnte es nun sein, daß die Verkörperung von Wissen, als die die sozio-kulturelle, also wissenschaftlich-technologische Zvilisationierung vordringlich betracht werden kann, den materiellen Körpern, die in dieser Zivilisationierung hausen, ihren Gewißheits- und Überzeugungsbonus für Existenz entrissen hat? So daß, umgedreht oder vielleicht auf einer höheren Emergenzstufe, die Existenz materieller Körper abhängig zu werden beginnt von einer spezifischen Organisationsform des Wissens? Und würde man genau dafür einen wichtigen Baustein an der Hand haben, wenn sich herausstellte, daß auch die Regeln des Konstruierens Konstrukte sind?

4

Die Frage nach dem Konstruiertsein derjenigen Regeln, die das Konstruieren regeln, erschleicht nur dann eine paradox oder gar tautologisch wirkende Antwort, wenn man – wie man sagt – alteuropäisch einen Anfang und ein Ende, eine Ursache und eine Wirkung, eine Kausalität im Denkgepäck mit- und dann auch ausführt. Paradox bzw. infinit regressiv wird eine Antwort, wenn sie die im Titel gestellte Frage bejaht und dann in den Zirkel einmündet, der so lauten könnte: Wenn Regeln Konstrukte sind, was sind dann die Regeln der Regeln, die Konstrukte sind, das Konstruieren anzuleiten? Und was sind die Regeln der Regeln der Regeln...usw. Am Schluß ist der gesamte Denkraum mit Konstruktion aufgefüllt, und man weiß nicht mehr, was ein möglicher Gegenbegriff, eine mögliche andere Unterscheidungsseite sein könnte: Konstruktion würde mithin differenzlos, Aussagen würden informationslos, man würde allenfalls den ontologischen Allerweltssatz „Es ist, wie es ist" paraphrasieren können mit dem Satz „Es ist konstruiert, wie es konstruiert wurde". Sich gegen diese Tautologie zu stellen und eine Differenz zu postulieren führt allerdings in nämliche Kalamitäten, um nicht zu sagen: in falsche Paradoxien. Um ein Beispiel aufzugreifen, das Kittler an Freud aufmacht und das zeigt, wie schwierig es wird, nicht in Unglaubwürdigkeiten zu geraten, wenn man die Frage nach den Regeln des Konstruierens und dem vermeintlichen Konstrukt-Charakter ebensolcher Regeln mit dem Begriffspaar Natur/Kultur anspielt: Kittler weist – nicht ohne Häme im zurückhaltenden Tone – auf Freuds kulturtheoretische Sichtweisen hin und sagt folgendes dazu: „Wenn alle Kulturen darin bestehen, die gefährlichen Übergänge von einem Stadium zum nächsten durch Rituale und Sitten oder, allgemeiner gesagt, durch Regeln abzufedern, stellte sich die Rätselfrage, wie der Übergang von Natur zu Kultur selber hatte bewerkstelligt werden können. Dieser einmalige Übergang mußte ja, zumindest wenn Natur wie bei Freud als Chaos von Trieben bestimmt war, die Regelhaftigkeit selber erst eingeführt haben. Also erfand Freud eine prähistorisch wilde Horde, in der es von Morden, Totemzeichen und sinnlosen Tabus nur so wimmelte, die aber eben darum ihr ganzes Gegenteil, nämlich die Kultur als solche, aus sich hervorbringen mußte".[26]

Es scheint also nicht sehr sinnreich zu sein, genealogisch, historisch oder gar kultursoziologisch einer qualitativen Differenz von Konstruktion und Regel auf die Spur kommen zu wollen; so wie es nicht

---

[26] Friedrich Kittler, *Eine Kulturgeschichte der Kulturwissenschaften*, 2, verb. Aufl., München 2001, p190.

sehr sinnreich (weil: tautologisch) erscheint, eine solche Differenz nicht anzunehmen.

Vielleicht ist es sinnreicher, sich der „techne" des epistemologischen Abenteuers namens Konstruktivismus zuzuwenden, einer techne, die ihrerseits an Abstraktheit kaum noch zu überbieten ist durch konkurrierende Vokabulare. Das Faszinierende und Erschreckende am Konstruktivismus in seiner radikalen und operativen Gestalt ist, daß er erlaubt – so man es manchmal schafft –, sich selbst als soziales Wesen kontraintuitiv und kontrafaktisch zu empfinden: und damit zu einem soziologischen Wesen zu werden. Was Friedrich Nietzsche bereits 1873 in fast neurobiologischer und antimetaphysischer Manier formulierte – „Was ist ein Wort? Die Abbildung eines Nervenreizes in Lauten. Von dem Nervenreiz aber weiterzuschließen auf eine Ursache außer uns, ist bereits Resultat einer falschen und unberechtigten Anwendung des Satzes vom Grunde"[27] –, das wird heutzutage lebenspraktisch und Nietzsche weit überschreitend. Nietzsche mußte noch anerkennen, daß sich der Umschlag von reinen Quantitätsdifferenzen (nur Quantitäten sind der Erkenntnis zugänglich; siehe auch von Foersters Errechnungs-Begriff) in Qualitäten oder Interpretationen durch nichts verhindern läßt, wir also auf Gedeih und Verderb von der Täuschung leben (psychoanalytisch gedreht: von der Verunsichtbarung des Realen). Wir anerkennen heutzutage nicht mehr umstandslos diese Täuschung auf Zeit, dieses Umschlagen ins Sich-

---

[27] *Über Wahrheit und Lüge im außermoralischen Sinne*, in: F. Nietzsche, Sämtliche Werke, Ausgabe Kröner, Band „Unzeitgemäße Betrachtungen", Stuttgart 1976, p603-622, hier: p608f.

Täuschen, ob man will oder nicht. Wir fragen uns heute: Ist dieses Umschlagen Konstrukt, ist es Natur, ist es geregelt?

Bisher gab es einen großen Abgrund zwischen dem Wissen in der Literatur, der Wissenschaft, der Kunst, das sich der Frage annahm, wie weit schon die Wirklichkeit explodiert ist, das Individuum aufgelöst, Selbstbestimmung Selbstverstimmung gewichen ist, wie porös die Haftigkeit der Regeln sind, die sich Gesellschaften geben, also: Wissen von der Unwahrscheinlichkeit gelingender gesellschaftlicher Verkehre, Verständigungen, Einhaltungen und Identifikationen, und dem anderen Wissen des tagtäglichen Lebens, das von Hierarchien, Zuständigkeiten, von Recht- und Schuldigsprechung ausgeht, für das es „Das warst du, das war er, das war ich, vor allem: das waren die anderen" gibt. Diesen Abgrund zwischen täuschendem und getäuschtem Wissen vermag der Konstruktivismus zu überbrücken. Er ist die passende Theorie für das zunehmende Unvermögen der Menschen, an der Präsenz des Absenten teilzuhaben[28], für das Unvermögen, überhaupt noch das gegenwärtig Nichtpräsente durch Vergegenwärtigung des Absenten auf Dauer zu stellen. Im Konstruktivismus herrscht die Abwesenheit gerade dadurch, weil nichts mehr als Abwesen da ist, weil Abwesenheit abwesend ist, weil Präsenz temporal strukturiert die jeweils im Zeitpunkt passierende Aktualisierung des Vakuums namens Geschichte „ist": Da ist nur die Anwesenheit, das Dasein in der Zeit, die jeweils immer für einen Moment historisch letzte Zeit eines kognitiven Systems. Der Konstruktivismus überfordert seine Leser mit dem Angebot,

---

[28] Vielleicht könnte man, überspitzt verbunden mit Walter Milowizs Definition einer reifen Gruppe, sagen, daß der Konstruktivismus die Theorieform für unreife Gruppen ist, die nicht wissen, welche Funktionen gerade fehlen.

nicht mehr am absoluten Alleinsein verzweifeln zu müssen, da es nirgends eine andere Möglichkeit gibt, zu sein.

Aber auch das scheint nicht das entscheidend Neue oder Andere zu sein, das den Konstruktivismus von anderen Weltverstehensvokabularien unterscheidet. Behauptet doch die Lacan'sche Psychoanalyse, daß der Psychoanalytiker dem Subjekt seine Empfindung des Sichselbst-Erfahrens nehmen kann, mehr noch: „[D]as Ziel des Psychoanalytikers besteht letztendlich darin, dem Subjekt seine fundamentale Phantasie zu rauben, die das Universum seiner (Selbst-)Erfahrung reguliert"[29]. Sagt der biologische Konstruktivismus Maturanas: Auf der ganzen Welt gibt es nur ein Gehirn: Und das ist meins, so sagt die Psychoanalyse Lacans: Das Subjekt ist nur Effekt einer „unmöglichen Beziehung zwischen dem leeren, nicht-phäno-menalen Subjekt und den Phänomenen, die dem Subjekt unzugänglich bleiben"[30]. Steht der Psychoanalyse nach dieser abgründigen Diagnose wenigstens noch die Sprache und das Sprechen zur Verfügung, um Brücken zu bauen, hat der Konstruktivismus nichts dergleichen zu bieten: Es gibt für ihn keinerlei Entität, keinerlei gemeinsames Drittes, keine geteilte Wirklichkeit.

5

Ich komme zum Ende. Philipp Sarasin formulierte das Möglichkeitsdenken einmal prägnant so: „Zentral [..] ist die Vorstellung, dass die Dinge in der Welt – die ‚natürlichen', noch mehr aber die Artefak-

---

[29] Slavoj Žižek, *Liebe deinen Nächsten wie dich selbst? Nein danke!*, dt., Berlin 1999, p244.
[30] ebenda, p245.

te – durch die sprachvermittelten Prozesse der Bezeichnung, der Wahrnehmung und der Bedeutungszuschreibung sowie ihrer Produktion und Verteilung erst zu Dingen in unserer sozialen Wirklichkeit werden. Keines dieser Objekte ist ‚vorher' schon da, existiert ‚für sich' und will bloß entdeckt werden, sondern wird grundsätzlich durch menschliche Aktivität – Sprache und materielle Praktiken – ‚konstruiert', das heißt als erkennbares hergestellt"[31].

Was wäre nun, wenn es nicht möglich ist, von den diesen Aussagen unterliegenden Implikaten auszugehen, daß soziale Wirklichkeit ‚für sich' existiert (während alle anderen Dinge erst durch Signifizierung, Wahrnehmung, Zuschreibung, Produktion und Distribution Teile ebendieser sozialen Wirklichkeit werden); wenn es nicht möglich ist, davon auszugehen, daß Konstruieren und Herstellen ‚soziale Dinge' sind, die weder selbst konstruiert noch schlicht gegeben sind; und wenn es schließlich nicht möglich ist, menschliche Aktivität (Sprache, Arbeit, Kommunikation) als eine Art Zentrum zu situieren, von dem aus die Vorstellungen über soziale Wirklichkeit und diese Wirklichkeit selbst ihren Ausgang nehmen? Die Produktionsmetapher (und vielleicht auch schon die Systemmetapher)[32], die eindeutig den Akt der

---

[31] Philipp Sarasin, *Englischer Schritt, französischer Takt. Nach Foucault: Körpergeschichte als postmoderne Politikgeschichte*, in: Frankfurter Rundschau, 10.04.2001. Siehe auch den Essay von Bruno Latour, *Ein Experiment von uns und mit uns allen*, in: Die Zeit, 16/2001, 12.04.01, in dem weitgehende Folgerungen für „die Natur", die politisches Tier wird, und für „die Kultur", die hybrid wird, gezogen werden.

[32] Peter Fuchs' Buch *Die Metapher des Systems. Studien zu der allgemein leitenden Frage, wie sich der Tänzer vom Tanz unterscheiden lasse* (Weilerswist 2001) scheint in glänzend turbulenter Denkweise diesem Versuch gewidmet zu sein: einen zerrütteten System(theorie)begriff – und nicht etwa Systeme, die es gibt – metaphorisch zu kurie-

Aneignung und damit den Prozeß der Umwandlung (und vielleicht gar die Möglichkeit besseren Lebens)[33] mitkonnotiert, ist exzentrisch paradox gewendet Ausweis der Leblosigkeit ebendieser ‚menschlichen Aktivität': und dies alles andere als im Sinne eines ‚Seins zum Tode', und auch nicht im Sinne eines (sich) verzehrenden Verausgabens; sondern vielmehr im Sinne eines – zeitlichen?, geschichtlichen?, sozialen? – Augenblicks der Erschöpfung des angeeigneten Weltmaterials und der Aneignung selbst, eines Augenblicks, der nicht mehr vergehen will, der sich hält, der sich ausbreitet, der sich in andere Zeit-, Welt- und Menschverhältnisse ‚hineinevakuiert' hat.[34] Die Zeit, in der jede Differenz sich oktroyierte – „[j]ede Differenz ist eine sich-oktroyierende Differenz"[35] – scheint abgeschlossen. Obstruktion denn Konstruktion greift Platz. Die bis dato auch durch Konstruktion ausgewiesenen Daseinsfelder genuin nichtkonstruierter Dignität (gemeinhin als Fach Anthropologie bekannt) werden selbständig, raffinieren sich höher, ragen hinein in Systembildungsdimensionen, die schon jenseits der Spitzenleistungen der Gesellschaft (Luhmann) anzusiedeln sind. Es ist der Augenblick, der sich geschichtlich durch Differenzierung in die Zeitform Gegenwart hineinzwängte, dabei die Gegenwärtigkeit der Ge-

---

ren, damit es zumindest mit einem durchkreuzten und gebarrten *System* (~~SYSTEM~~) weitergehen kann (p247).
[33] So, auf die Technik bezogen, Wolfgang Schirmacher, *Ereignis Technik*, Wien 1990, p230: „Je achtsamer und verfeinerter unsere Techniken werden, umso leichter leben wir. Die Grobheit der gegenwärtigen Technik läßt ihre sachgemäße Form nicht ahnen."
[34] Wenn man will, kann man in dieser Beschreibung dieses Augenblicks die schlechte Alternative zur Deleuze'schen Zwischen-Zeit der absoluten Immanenz des ‚ein Leben' sehen. Allerdings spricht Deleuze vom Leben aus, während hier von der Leblosigkeit aus zu sprechen versucht wird.
[35] Luhmann, *Soziale Systeme*, FFM 1984, p285.

genwart aus der Zeit drängte, und nun, nach der Differenzwerdung von Welt (besser: nach dem Aus der Ausdifferenzierung)[36], Differenz zu etwas Opakem, Monolithischem, Hermetischem modelt; und dies passiert unter der Vorgabe der absoluten Positivität einer Abwesenheit, nämlich der Abwesenheit einer Differenz zur Differenz (vulgo: Différance resp. Paradoxie), also unter der – pragmatisch gesehen – Vorgabe, daß das Fehlen des Unterschiedes zum unterscheidenden Unterscheiden eben der Unterschied zum Unterscheiden ,ist": als Nicht-Sein, als Leere, als nichts oder als Nichts[37], als nichtregelbares Spiel der Erfindung von Regeln..... Man könnte auch, einen anderen Anschnitt wählend, sagen, daß in diesem „Augenblick" ein Žižek'sches Subjekt – das Subjekt ist „der aus den Fugen geratene Exzeß, das heißt der paradoxe Punkt, an dem ausgerechnet ein extremer Exzeß, ein Element, das herausragt, die Grundlage der Universalität bildet"[38] – versiegt. Der paradoxe Punkt, der das Subjekt/der Exzeß war und dadurch die Ordnung aufrecht halten konnte, ist nun exzentrisch paradox geworden und damit nicht mehr zu gebrauchen für eine Fassung des (transzendentalen) Subjekts, das „aus der großen Kette des Seins herausragt, ein Loch, eine Lücke in der Ordnung der Wirklichkeit"[39]. – Mir scheint, das Denken in und der Möglichkeiten, als welches der

---

[36] „[...] ist demnach die Bestimmung von Grenzen das wichtigste Erfordernis der Ausdifferenzierung von Grenzen. Grenzen können als hinreichend bestimmt gelten, wenn offen bleibende Probleme des Grenzverlaufs [..] nach innen und außen mit systemeigenen Mitteln behandelt werden können [...] – so Luhmann (*Soziale Systeme*, a.a.O., p54).

[37] Respektive: Nichts Niemand Nirgends Nie, die modernen Stätten zerrissener Ontologie, des verlorenen ,Du', des entfernten Ortes und der unmöglichen Gegenwart.

[38] Slavoj Žižek, *Liebe Deinen Nächsten? Nein, danke! Die Sackgasse des Sozialen in der Postmoderne*, a.a.O., p35.

[39] Slavoj Žižek, ebenda, p34.

Konstruktivismus wie auch die Theorien der Gruppe angesehen werden können, entstammt immer noch einem bewußtseinsphilosophischen Rahmen, auch wenn das transzendentale Subjekts eines Idealismus und das Selbstbewußtsein eines Humanismus abgesprengt wurden. Daß der Mensch nicht nur beschreibt und interagiert, sondern auch mit Beschreibungen interagiert und dieses sogar wieder beschreiben kann: genau das scheint immer noch das unausgesprochene Zentrum des und gleichzeitig Mirakel innerhalb des Nachdenkens zu sein. Daß es für das Interagieren mit Beschreibungen keine notwendige Schrift gibt, macht die Kontingenz unter Menschen aus. Und zugleich die Notwendigkeit, einer Notwendigkeit auf die Spur zu kommen. Diese Notwendigkeit ist keine mehr des Menschen. Sie ist eine des Lebendigen. Lebendiges so zu konstruieren, daß es wie kreiert erscheint (im 20. Jahrhundert vor allem ex negativo), war die bisherige Aufgabe der Kunst: der Kunst der Künstler und der Wissenschaftler.

Schlußbemerkung: Die Zeit der Moderne aufzufassen als eine, in der die Positionen exzentrisch geworden sind durch Konzentration und Konstruktion der Negationen; die Zeit der Postmoderne aufzufassen als eine, in der die Negationen exzentrisch wurden durch Konzentration und Konstruktion der Paradoxien: beide Auffassungen gehen noch an. Aber welche Zeit ist es, in der die Paradoxien exzentrisch werden durch Konzentration und Konstruktion von was? Ist es weiterhin noch Konzentration, noch Konstruktion? Ist es noch eine bestimmbare Zeit? Sind Regeln des Konstruierens Konstrukte? Nein. Aber sie sind die Kreaturen des Konstruierens.

Die Explosion des Vergessens: Wie mit zwei Schlägen das Erinnern vergessen und Vergessenes erinnert wurde

Vorlauf

These 1: Durch die passierten und geplanten „Anschläge"[1] aufs Welthandelszentrum, das Pentagon und das Weiße Haus („wirtschaftlich-militärisch-politischer Komplex") ist dem „wissenden" Westen in die Haut geritzt worden, daß sogenannte Verlierer niemals vergessen werden, daß die westliche Zivilisation auf Bergen von Leichen gebaut ist. Wenn es bis jetzt noch wie auch immer deformierte Verschiebungen und Verdrängungen der grausamen Geschichte Europas und der USAmerikas gab, so werden diese mit den Schlägen am 11. September aufhören. Die Zeit der Heuchelei in den tieferen Schichten kultureller, politischer und audiovisueller Überlieferung und Reproduktion wird aufhören. Man wird einsehen, daß man der übrigen Welt nichts mehr vormachen kann (in allen Bedeutungen des Wortes „Vormacht"). Man nimmt den „Anschlag auf die westliche Zivilisation" an, weil man nun ultimativ unterrichtet, vielleicht sogar befreiend bekehrt

---

[1] Anführungszeichen deswegen, weil ich der Möglichkeit, daß es sich bei den Angriffen um bekanntgewesene Angriffe handelte (wie damals in Pearl Harbour?) die gleiche Wahrscheinlichkeit zumesse wie der Möglichkeit, daß alle relevanten US-Behörden tatsächlich überrascht wurden. Heute (02.10.2001) ist übrigens definitiv der sogenannte Bündnis- bzw. Beistandsfall ausgerufen worden: das bedeutet, daß ab heute nicht mehr daran gezweifelt werden darf, ob der Angriff von außen kam und ob man wirklich weiß, wer der/die Täter ist/sind.

worden ist darüber, daß ebendiese Zivilisation als eine Variante der Barbarei gilt, gar ist. Man wird die „Anschläge" begrüßen (natürlich nicht in den Öffentlichkeiten) als Anlaß, nun endlich einen bestimmten Rahmen der Legitimation und des Schuldseins abzustreifen. Der passierte „Terror" befreit „den Westen" von den Hemmnissen, die sich ergeben, wenn man propagieren will, daß demokratisch-kapitalistische Gewalt besser, moralischer ist denn irgendartlich andere Gewalt: Mit den beiden Schlägen bekommt die „westliche Zivilisation" ihre Maske vom Gesicht gerissen, und was sich da zeigt, ist nicht,

so These 2, der sich nun endgültig entpuppende Lebenserhaltungswille einer Macht- und Wirtschaftspolitik, die je nach ihren Interessen bestimmt, was leben, was sterben soll, was Feind, was Freund ist. Was sich zeigt, ist vielmehr ein noch ängstlich genießendes Gesicht, das ausdrückt: Ich bin ein Opfer. Und dieses Opfer, glänzend bedient durch eine bedrohungsheißhungrige Journaille (die weitgehend gleichgeschaltet agierte), hat nun nicht wie sonst nur seinen Körper (die Geschichte machen die Sieger); es hat diesmal die Möglichkeit, eine eigene alte Geschichte umzuschreiben, gar zu löschen. Der Sieger der Zivilisation, der Mächtigste, der von sich vollständig Eingenommene, der beinahe die gesamte Welt nach innen Integrierende (wie brutal auch immer) bekommt mit den Anschlägen nun die Möglichkeit, sein eigenes Gegenteil zu werden, um wirklich alles zu sein. Paradox: Um wirklich vollständig zu sein (also Welt zu beherrschen), bedarf es der Unvollständigkeit. Man wir nun als Sieger Opfer spielen und dabei all die Opfer, die das bisherige Siegen hinterließ, vergessen, vergessen dadurch, daß man sich nun in die selbe Reihe stellen kann.

Lauf

1992 schrieben Oskar Negt und Alexander Kluge in ihrem Buch *Maßverhältnisse des Politischen* (FFM, p62-63), das sich der Renovierung des Unterscheidungsvermögens widmete, folgendes: „Wie nie zuvor in der Geschichte dieses Jahrhunderts findet eine merkwürdige Umverteilung in der politischen Sprache statt; vieles von dem, was man in den letzten Jahrzehnten der Vergangenheit zuzuschlagen entschlossen und bereit war, erlebt plötzlich eine gewaltige Aufwertung und einen geradezu erdrückenden Realitätszuwachs: Staat, Nation, Kapital, Religion und Geld assoziieren sich nun in einer Weise mit Freiheit, Selbstbestimmung und Demokratie, als hätte es die Blutlinie dieser Begriffe im 20. Jahrhundert nie gegeben. Dem Bedeutungs- und Erklärungsgewinn dieser Worte der herrschenden Gruppen entspricht die Entleerung von Begriffen wie Solidarität, Gemeinwesen, Gemeinwirtschaft, vernünftige gesellschaftliche Organisation. Daß die Sieger in diesem gigantischen gesellschaftlichen Sprachspiel so gut mit ihrem Besetzungswillen vorankommen, ist nicht zuletzt darin begründet, daß die Linke ihre Begriffe zu wenig als Griffe zur Veränderung der Verhältnisse gebraucht hat, sie vielmehr als leblose Substanzformeln aufbewahrt".

Das Vergessen der Blutlinie war also schon vor gut 10 Jahren im fortgeschrittenen Stadium, die saubergewaschenen Begriffe erinnerten schon nicht mehr an den Akt des großen Säuberns, die entleerten und entehrten Begriffe standen nur noch fürs Untergegangene bzw. für eine Minimalforderung ans kapitalistische Konkurrenzprinzip.

Am 11. September 2001 haben, wie es heißt, sogenannte islamische Extremisten daran erinnert, daß es diese Blutlinie gibt, daß De-

40

mokratie, Freiheit, Selbstbestimmung im westlich-kapitalistischen Sinne immer Effekt, immer Kombattanten von Massakern sind. Ihre Erinnerung ist als solche allerdings in der Tat nicht zu erkennen, da ebendiese Tat das genaue Gegenteil provoziert: Vergessen. Dadurch, daß die Gewalt, das Töten von „Zivilisten" so bombastisch, so tabubrechend, und zudem so eindeutig den „Terroristen" zuordbar ist, entsteht eine kaum übersteigbare Wand des Vergessens, daß es das Angegriffene ist („the american way of life"), von dem Gewalt, Tod, Blutlinien ausgehen. Ebenso dadurch, daß sich die Art und Weise der Gewalt in nichts von der sonst bekannten unterscheidet (My Lai, Hiroshima), außer daß sie nicht als völkerrechtlich anerkannte kriegerische Gewalt passierte (was von den USA sehr schnell geändert wurde durch einen Natobeschluß: Die Gewalt bekam den Status kriegerischer Gewalt). Kurzum: Es handelt sich hier nicht um eine Art Nullmord im Sinne Buggerts.[2] Auch nicht um einen ästhetischen Mord, wie es Karlheinz Stockhausen in einer ersten euphorischen Sekunde meinte empfunden zu haben. Und gleichsam nicht um eine Art spiegelbildliche Inszenie-

---

[2] In Christoph Buggerts Hörspiel *Nullmord* aus der *Trilogie des bürgerlichen Wahnsinns* werden u.a. Menschen beschrieben, die töten, weil sie sich schuldig fühlen. Da ist von einem normalen Vater die Rede, der wieder mal an das Bett seines schlafenden Töchterchens tritt, um sich 10 Minuten an dieser flach ausgestreckten, ruhig atmenden Unschuld zu erfreuen; dem sich dann plötzlich die Frage stellt, ob er überhaupt das Recht habe, sein schwaches, durch und durch von Subalternität und Kleinmut zerfressenes Leben in die nächste Generation hinein zu verlängern; der dann durch allerlei Selbstanklagen den Spiegel der Scham bis unter die Hirnschale hinauf anschwellen läßt, sich daraufhin entscheidet, daß es so nicht mehr weitergehen könne, aus der Küche mit einem Messer zurückkehrt zur schlafenden Tochter, ihr mehrmals in den Hals sticht und das hervorschießende Blut in sich aufzunehmen versucht, weil, ja weil er seine eigene Mediokrität und Schändlichkeit in sich zurücktrinken mußte: um die Korrektur eines Makels, nicht um ein Verbrechen habe es sich handeln sollen

41

rung clichéhafter Vorstellungen des Verhältnisses zwischen abstraktem Rationalismus und konkretem Irrationalismus, im Sinne von: Das, was diese WTC-Architektur mit ihrer software (Konzentration von Firmen der kapitalistischen Welt) abstrakt an Elend und Gewalt in der Welt produziert, wird nun konkret an ihr (und ihrer soft- und wetware) zum Ausdruck gebracht; also eine Art Konkretion der abstrakten Gewalt, die nicht nur symbolisch an und in diesem Welthandelszentrum konzentriert ist. Und auch zieht das sehr naheliegende Interpretament nicht so recht, nach dem die Anschläge eine neue Arena der Konkurrenz ums richtige Prinzip der Lebenserhaltung, des Überlebens aufgemacht hätten (Samuel Huntington nennt das den Kampf der Kulturen), im Sinne von: Wer ist der Stärkere: der, der den Tod nicht mehr fürchtet, weil es für ihn nur ein wirkliches Leben nach dem (Märtyrer)-Tod gibt; oder der, der alles daran setzt, ein Leben vor dem Tod zu gewinnen, und sei es auf Leben und Tod?

Das Problem, diesen Anschlag zu verstehen, besteht darin, so explizit wie selten gezwungen zu sein, auf reales und/oder paranoisches Nichtwissen zurückgreifen zu müssen. Nicht so sehr Nichtwissen im Sinne von Unwissen, wer die Täter sind, wer sie unterstützt (auch wenn dies hilflose Unternehmungen sind, Staaten als Adressen eines möglichen Gegenangriffs auszumachen, die Terroristen unterstützen; ein Anspruch der USA, der mittlerweile auch von der UNO abgesegnet wurde), wie zu agieren bzw. zu reagieren sei usw. Nichtwissen besteht deswegen explizit, da nun jegliche Kriterien fehlen, die die westlich-kapitalistische Welt noch einteilen könnte in Gebiete/Sachen/Menschen, die bedroht, und solche, die nicht bedroht sind. Dieses zum

Teil auch gewollte Nichtwissen (also die niemals öffentlich einzugeste-
hende Lust, daß es nun bitte weitere Anschläge zu geben habe) besteht schlicht darin, davon ausgehen zu müssen, daß es keine Anläße
für Gewalt mehr geben muß, daß auch keine speziellen Menschen
mehr Ziel von Gewalt sind (Menschen, die getötet werden, sind hier
tatsächlich „Kollateralschäden"), und daß niemand weiß, wie groß die
Optionen für Gewalttätigkeit werden, wenn sich die Täter nicht mehr
um ihr eigenes Leben scheren (das letztere scheint der einzige Unterschied zu derjenigen Gewalt zu sein, der die dritte und vierte Welt bisher ausgesetzt war durch den Kapitalismus (remember Bophal 1984);
nutzt es den Opfern, daß die Überlebenden wissen, daß es sich entweder um ein Wirtschaftsverbrechen, ein Kriegsverbrechen, oder um
ein Gewaltverbrechen gehandelt hat?

Auslauf

Das Eindeutige an den Anschlägen ist, daß sie es ausschließen,
Partei zu ergreifen. Es gibt nichts, was einen entweder auf die Seite des
angegriffenen Angreifers oder auf die des angreifenden Angegriffenen
schlagen könnte. Beides gehört zusammen.[3] Was der „Westen" zumeist abstreitet, nämlich mit seinem Kapitalismus Werte und Welten
anderer Kultur- und Zivilisationshorizonte zu zerstören, das hat er jetzt

---

[3] Passend für diesen Zusammenhang Dietmar Kampers Auslassung über das Verhältnis
Orthodoxie/Ketzer: „Der Orthodoxe braucht den Ketzer, um sich zu festigen. Ein Mechanismus von brutaler Einfachheit. Man lebt vom Tod des Anderen. Nach und nach erfaßt die Brutalität auch den Ketzer, der seinerseits nach „Rechtsgläubigkeit" verlangt, so
daß über lange Zeiten der Auseinandersetzung hin nur noch zwei Orthodoxien im Spiel
sind" (*Der Augenblick des Ketzers. Methodologische Präliminarien*; unveröff. Manuskript, Otzberg 2001).

aufs eigene Brot geschmiert bekommen. Er reagiert genau so, wie es bestimmte islamische Stimmen immer taten. Auch darin nun also Gleichklang. Es herrscht Übereinstimmung, daß es jetzt nicht mehr um bestimmte Programme geht: Es geht jetzt um die Codes. Und neben den wohl unzähligen Veränderungen, die diese Codes (des Westens) gerade dadurch erfahren, daß sie nun bewahrt, geschützt, verteidigt etc. werden, werden zwei Veränderungen ganz sicher passieren: „Der Westen" erinnert sich daran, in einer Welt zu sein, die ihm nicht ganz gehört; und er vergißt seine Geschichte des Tötens derer, die nicht zu ihm gehören wollten.

„Nach Dannen, ins erste Futur". Zum Tode von Dietmar Kamper

Zwölf Tage nach Dietmar Kampers 65. Geburtstag erschien in der *taz* eine recht eigenartige Rezension Fritz von Klingengräffs. Sie betraf den veröffentlichten Festband zu Kampers Geburtstag. Herr von Klingengräff sprach davon, daß ‚im Netz der Freundschaften die Söhne und Brüder den 65-Jährigen zu Tode feiern'. Zwölf Tage nach dem Erscheinen dieser Rezension verstarb Dietmar Kamper wirklich.

Die letzten 12 Monate, schon gekennzeichnet durch die Erkrankung, waren nicht nur bestimmt durch ein „Warten auf den Schmerz" – so der Titel eines vivisektionierenden Protokolls, das Dietmar Kamper mit einer Offenheit anfertigte, daß es einem den Atem nimmt. Sie waren auch erfüllt durch die Fortsetzung der Radikalität, mit der Kamper nicht zu denken pflegte, sondern tatsächlich dachte: Versuche, als Geistesmensch noch einmal erwachsen zu werden, und zwar im Raum; erste, weitausholende Versuche, „die Dinge zum Sprechen zu bringen, die Chiasmata in den Metaphern aufzuwecken, dem Traum die Vorhand zu überlassen", was sich in einem umfangreichen Manuskript mit dem Titel Nach Dannen, ins erste Futur Gestalt gab; erste Versuche, das über Jahrzehnte gesammelte Material zur Geschichte der Inquisition und der Ketzer in eine große Abhandlung mit dem Arbeitstitel Der Augenblick des Ketzers zu überführen; erste Versuche, den Spannungsbogen der Historischen Anthropologie, dem er sich 30 Jahre

lang theoretisch aussetzte – stichpunktartig markierbar durch: ‚Leben
des Körpers' (Prähistorie: Übergang von Ritus zu Mythos; Mimesis);
‚Tod des Körpers' – ‚Leben der Sprache' (Zivilisationsgeschichte: Abs-
traktionsprozeß; Differenz von Realität und Symbol); ‚Tod der Sprache' (Posthistorie: Übergang von der Phantasie zur Maschine; Simulation) – diesen Bogen also erweitert und erneut grundlegend zu denken, und zwar im Begriff der exzentrischen Paradoxie, einen Begriff,
den es so noch nicht ‚gibt', von dem man nur sagen kann, daß er die
„exzentrische Positionalität" des Menschen (Plessner) erweitern, einlö-
sen oder vielleicht ablösen könnte; Versuche, ernst zu machen mit der
Einsicht, daß nur das, „was sich sprachlich selbst verschlingt, ausgesagt
werden kann", um damit eine Dringlichkeit des Querschnitts zwischen
Autobiographie und Historischer Anthropologie an sich zu probieren,
die vor allem eins zu leisten hat: „sein eigenes Verschwinden zu zeigen", wie es Kamper im Vorwort seines letzten Buches Horizontwechsel formulierte. Die Konsequenzen, die eine solche Bataille'sche „Reise
ans Ende des dem Menschen Möglichen" mit sich bringt, sind weitrei-
chend: „Keine Harmlosigkeit mehr, keine Stereotypie der Unschuld.
Sorry." Den Untergrund dafür gab ein Satz von Nietzsche, ein Satz,
der, so scheint es mir, das Aushalten eines Jahrzehnte andauernden,
das Denken aussetzenden Chiasmas (KörperDenken) mit dem lakoni-
schen Eingeständnis des notwendigen Gescheitertseins berührt: „Ich
bin ein Wortemacher: was liegt an Worten? was liegt an mir?" Oder,
wie Kamper sagte: „Auch am Fuße der Buchstaben gibt es weiterhin
nur Buchstaben". Wie kein anderer Philosoph und Soziologie spürte er
radikal formulierend den paradoxalen Wirkungen nach, die eine carte-

sianisch-christologische Ontologie anrichtete, indem sie den menschlichen Leib aus dem Feld des Rationalen exkludierte und ihn gleichzeitig den abstrakten Regimes umso unerbittlicher unterwarf; spürte er dem Imaginären nach, das umso totaler wird, je mehr der Geist den Körper machtvoll zu vergessen und zu verleugnen sucht; spürte er den Aussichtslosigkeiten der Versuche nach, dem Körper eine eigene Rationalität und Darstellungswürde zu geben. Dietmar Kamper erwähnte oft den borromäischen Knoten als Sinnbild dafür, wie überhaupt noch Denken passieren könne. Und er verwendete ebendiesen Knoten, denkend: Die Anstrengung liegt darin, drei Fäden zu drei Fadenringen so zu verknoten, daß sie zwar ineinander verschlungen sind, aber so, daß beim Durchschneiden eines Ringes die beiden anderen frei sind. Noch schwieriger wird es, einen solchen Knoten mit einer beliebigen Anzahl von Fadenringen herzustellen. Denn er müsste, sobald wir nur einen Faden durchschneiden, alle anderen Ringe ohne Ausnahme freigeben. Hält man sich an dieses Komplexe, dann stößt die Vorstellungskraft schnell an ihre Grenzen. Man ist der Schwierigkeit ausgesetzt, Nicht-Darstellbares darstellen, Unmögliches möglich machen zu wollen. Genau dem setzte sich das Denken Kampers immer aus. Es war ein ausgesetztes Denken der Aisthesis zwischen Abstraktion und Imagination, das unter großen Anstrengungen der Unmöglichkeit die Treue hielt, „für das Ende der Bilder ein Bild" zu finden; das aber gleichsam nicht hinter Lacans Überzeugung zurück ging, nach der jedes Gelächter eine Befreiung von einem Bild ist.

„Was liegt an Worten? was liegt an mir?" Es lag viel an Dietmar Kamper. Und er hat viele Worte gemacht. Man braucht 52 Buchseiten, um aufzuzählen, was und wieviel er geschrieben hat. Er war Kopf des Interdiziplinären Zentrums für Historische Anthropologie, das der Freien Universität Berlin angegliedert ist, wo er seit 1979 als Professor lehrte; er gab die Zeitschriften Tumult und Paragrana mit heraus, die Buchreihe Logik und Leidenschaft, bestritt bis zu 50 außeruniversitäre Veranstaltungen im Jahr, ob als Redner oder Initiator; sein Netz der Freundschaften mit lebenden und toten Hören und Sagern war unermesslich, wie auch seine Fähigkeit, zu moderieren; er diplomierte, promovierte und habilitierte soviele Studierende wie kein anderer: und blieb darin das, was die meisten Akademiker nicht mehr zustande brachten, nämlich: freundlich und frei von Zynismus. Daß Dietmar Kamper – ein Gelehrter sans phrase und damit eklatanter Kontrast zum Gros verbeamteter Akademiker – an einer Institution wie der Universität anzutreffen war, ist nicht der Universität geschuldet, sondern einem Beharrungsvermögen Kampers, einem Beharrungsvermögen, das niemals hartnäckig wurde. Es sind viele Studierende und Zeitgenossen, für die er einer der wenigen war, zu denen man überhaupt noch gehen konnte, so man sich dem Abenteuer der Verzweiflung und dem Abgrund des Denkens aussetzen wollte. Es war ein Denken, Zuhören und Reden, das Lacan und Marx, Adorno und Augustinus, Cioran und Hegel, Bataille und Hölderlin, Heidegger und Kant als Material verband zu einem Wissen, das die Spannung hielt zwischen gegenwärtiger Zeit und den Bedingungen zur Ermöglichung von Historie. Weit jenseits eines Sichnützlichmachens für gesellschaftliche Verkehre, und weit jenseits einer esoterischen Wächterschaft der ‚leeren Stelle' Mensch, versuchte Kampers Historische Anthropologie die Zukünftigkeit der Menschen vor (theoretischer, soziologischer, biotechnischer) Durchdringung mit gegenwärtigen Menschenformen zu bewahren. Sie sollte Zukunft bewahren dadurch, daß sowohl weiterhin ein historisches Wandlungskontinuum für Menschen der Zukunft als auch eine jederzeit mögliche Ablösung der Zukunft von ihren Historien denkbar bleiben. Mit dieser Geschichtsfassung bliebe es ihr möglich, die Geschichte der Produktion von Geschichtslosigkeit nicht rigide historisieren zu müssen; und es bliebe ihr möglich, Geschichte selbst als Anwendungsfall von Nonhistorizität zu denken.

Denn weiterhin gilt: „Das Leben lebt nicht". Menschen fehlt das Organ zum Leben auch nach erfolgreicher Ontogenese. Und: Menschen sind weiterhin unvergleichbar, da alleine auf der Erde. Daraus folgt, besser auf irgend Besetzung/Beschriftung der Menschen zu verzichten denn eine differenzlose Bezeichnung dafür, was Menschen sind, einzuführen.

Dietmar Kamper war überzeugt, daß jeder Mensch zaubern kann; er darf es nur nicht wollen. Dietmar Kamper konnte zaubern, weil er nicht anders konnte.

Weder spricht es, noch schweigt es:
Es klingt!
Rigoroses Glück als singende Sphinx
(zur Bedienung freigegeben)

für Hans Peter Weber

Die zentrale Vorstellung rigorosen Glücks geht von der Behauptung aus, daß Liebe und soziale Anerkennung in den gängigen gesellschaftlichen Formen defizitär bis ruiniert sind; daß die historische Zeit
des Sozialisationsvehikels Staat auch in seinen progressivsten Fassungen[1] an ein Ende der „Ausdifferenzierung" geraten ist; daß mit dem
rigorosen Glück eine grundlegende Reformulierung der Stoffwechsel-
prozesse zwischen Menschen, zwischen Mensch und Gesellschaft, und
zwischen Mensch, Gesellschaft und ‚Natur' notwendig wird: Diese Reformulierung belastet kulturanthropologische und kulturtechnische
Dimensionen, sie entlastet genuin psychologische, philosophische[2] und

---

[1] Die für mich überzeugendste Fassung gibt immer noch Büchners Hérault in *Dantons
Tod* (1835), Stuttgart 1989, p7: „Jeder muß sich geltend machen und seine Natur durchsetzen können. Er mag nun vernünftig oder unvernünftig, gebildet oder ungebildet, gut
oder böse sein, das geht den Staat nichts an. Wir alle sind Narren, es hat keiner das
Recht, einem anderen seine eigentümliche Narrheit aufzudringen. – Jeder muß in seiner
Art genießen können, jedoch so, daß keiner auf Unkosten eines anderen genießen oder
ihn in seinem eigentümlichen Genuß stören darf."
[2] Es geht also nicht um eine Rehabilitierung der Glücksphilosophie, die dem individuellen Glück und Leben mehr Raum zu geben versucht. Siehe für dieses Unternehmen
Joachim Schummer (Hg.), *Glück und Ethik*, Würzburg 1998, vor allem p8-22.

auch soziologische[3]. Sie zielt auf die Beantwortung folgender Frage: Wie kann über das Glück eine neue gesellschaftliche Vermittlungsqualität hergestellt werden, die die Parameter des Täuschens, des Tauschs und des Austauschs so ummodelt, daß die gesellschaftliche Produktion von Angst zu einer Produktion des Glücks wird, die dann ihrerseits zu einer anderen Form des Produzierens in der Gesellschaft und zu einer anderen Form der Produktion von Gesellschaft führen könnte?

I Schwierigkeiten der Exposition rigorosen Glücks

Möchte man das Glück der Menschen ‚behandeln' – und nicht etwa das Glück der Tiere für den Menschen schmackhaft machen –, dann hat man mehr als sonst Begriffsgeschichte und sehr filigrane Bedeutungsunterschiede der mit Glück zu tun habenden Worte im Nacken und zu beachten.[4] Man denke etwa an den Hinweis von Aristoteles, daß der Mensch sich nicht gegen das Glück entscheiden könne[5]; oder an Kants nur scheinbar harmlosen Hinweis in seiner Anthropologie in pragmatischer Hinsicht[6], das höchste physische Gut/Glück sei, durch die Arbeit erschöpft nach Hause zu kommen, um den Abend zu feiern; oder an die schwerwiegende Behauptung Kants, daß alle Eudä-

---

[3] Die veranschlagte Reformulierung kann also auch nicht mehr auf den „unterschätzten Menschen" (Oskar Negt/Alexander Kluge) rekurrieren.

[4] Einer solchen Beachtung gewidmet war eine große Veranstaltung zum Glück mit dem Titel *Zum Glück* im Postdamer Einstein Forum (13. bis 15.12.2001).

[5] Nikomachische Ethik, 1111b 29.

[6] Bd.XII der Werke: *Schriften zur Anthropologie, Geschichtsphilosophie, Politik und Pädagogik 2*, herausgegeben von Wilhelm Weischedel, FFM [8]1991, p395-690, hier p613: „Der größte Sinnengenuß, der gar keine Beimischung von Ekel bei sich führt, ist, im gesunden Zustande, Ruhe nach der Arbeit."

monisten praktische Egoisten seien[7]; man denke etwa an de la Mettries anti-Seneca'sche Beschreibung des Glücks als Glückseligkeit, nur für sich und nicht einem Gott verantwortlich zu sein[8]; oder man denke an Augustinus' Insistieren, daß nur Begehren nach ewigen und dauernden seelischen Gütern (letztlich: das Begehren und dann Besitzen Gottes) Glück zu zeitigen vermag.[9]

Zudem erweist sich das Wortfeld, das sich der Bezeichnung des Glücks widmet, als recht vielfältige Variationen und Bedeutungen zulassend: Beata vita, Fortune, Luck, Happiness, Eudämonie (/Eutychia), Glückseligkeit, Glück haben, glücklich sein, und schließlich das ‚Glück im Unglück'. All diese Worte und Ausdrücke haben zumindest eins gemeinsam: Ihre Unabhängigkeit von einer konkreten, materialen Substanz, von einem empirischen Zustand. Glück bezeichnet keinen eindeutigen Weltsachverhalt. Wenn es für den einen Glück bedeutet, daß er einfach lebt und nicht nichtgeboren wurde, für den anderen aber erst Glück ist, eine bestimmte gesellschaftliche oder private Position erreicht zu haben, dann gilt: Glück kann nur formal gefasst werden (ähnlich wie die kommunikative Vernunft oder die System/Umwelt-Differenz).

Eine dritte Schwierigkeit, das rigorose Glück schreibend zu konturieren, ist, daß bei aller formalen Bestimmbarkeit und damit inhaltlichen Offenheit eine bestimmte inhaltliche Perspektive doch ausgeschlossen werden soll: nämlich die Perspektive, die das Glück aus dem

---

[7] Kant, a.a.O., p411.
[8] Julien Offray de La Mettrie: *Über das Glück oder Das höchste Gut (‚Anti-Seneca')*, hg., übers. u. eingel. von Bernd A. Laska, Nürnberg 1985 (1748-1751).
[9] Aurelius Augustinus, *De beata vita/Über das Glück*, lat./dt. Ausgabe, Stuttgart 1989.

Leid, dem Elend, dem Schmerz, dem Tod emporsteigen läßt oder es mit diesen niemals enttäuschenden Welt- und Erlebenssachverhalten verquickt. Für solch eine Perspektive stünde, um es kurz zu machen, das folgende Zitat aus Michel Houellebecqs Roman *Ausweitung der Kampfzone*:

„Ich erinnere mich, daß ich über den Selbstmord nachdachte, seine paradoxe Nützlichkeit. Setzen wir einen Schimpansen in einen zu kleinen Käfig mit Balken aus Beton. Das Tier wird zweifellos zu toben beginnen, wird sich gegen die Wände werfen, sich die Haare ausreißen, wird sich fürchterliche Bisse zufügen, und in 73 % der Fälle wird es sich schlußendlich töten. Brechen wir nun eine Öffnung in eine der Wände, die wir vor einen Abgrund stellen. Unser sympathischer Vierhänder wird an den Rand herankommen, wird hinunterschauen und lange dort stehenbleiben, wird mehrmals zurückkehren, aber in aller Regel nicht hinabstürzen; und seine Erregung wird sich in jedem Fall radikal mildern."[10]

Das sich plötzlich einstellende Ertragenkönnen eines grausamen Zustandes durch die Konfrontation mit einem noch grausameren Zustand; und das dabei herausspringende lindernde, mildernde, beruhigende Moment: diese Veränderungsplastizität könnte für das rigorose Glück nicht in Anschlag gebracht werden. Denn die hier versuchten Vorstellungen eines rigorosen Glücks gehen von der Annahme aus, daß es, um im Houellebecq'schen Beispiel zu bleiben, keine Wände mehr gibt, die noch eingerissen werden können, um durch den freien Blick auf den Abgrund (i.e. der Tod, das Nichts, die Natur, der stra-

---

[10] dt., Berlin 1999, p124. Original: Paris 1994 (*Extension du domaine de la lutte*).

fende Gott) Schauer und Angst zu erzeugen und damit eine Umwertung des statthabenden Seins einleiten. Houellebecq schreibt am Ende seines Romans: „Ich bin mitten im Abgrund."[11] – Davon sollen die Gedanken zum rigorosen Glück geleitet werden: Daß es keine Möglichkeiten mehr gibt, durch die Vergegenwärtigung eines schlimmeren zukünftigen Zustandes dem schlimmen gegenwärtigen Zustand Zufriedenheit, Milde, vielleicht gar Glück abgewinnen zu können. Glück ist keine Form der Sehnsucht.[12] In einem anderen Zusammenhang kann man dafür auch den Term der exzentrischen Paradoxie einsetzen, der angeben soll, daß es mit den Strategien der Elends- und Gottessuche ein Ende hat.[13]

Eindeutig bei all den Glückbezeichnungen und Glück-Perspektiven ist auch, daß der Zustand der Zufriedenheit weit unterhalb des Glücks-Zustandes anzusiedeln ist. Vielleicht ist Glück die Positivierung des durch Zufriedenheit erreichten leeren Raumes, der fürs Erste durch Abwesenheit von Störung, Gewalt und Krieg glänzt. Wenn dem so wäre, deutet sich hier schon an, daß Glück, wiewohl von fast allen Menschen verfolgt, auch von sehr vielen vermieden wird: Glück überfordert maßlos, sowohl vor- wie rückwirkend. Es kann die kommende

---

[11] ebenda, p155.

[12] So jedoch bei Getrud Höhler, *Das Glück. Analyse einer Sehnsucht*, Düsseldorf 1981.

[13] Exzentrische Paradoxie würde dafür einstehen, daß Menschen einen Zeitraum bezogen haben, in dem sie zugleich anwesend abwesend und abwesend abwesend sind – das bedeutet zumindest eine Verrückung des Seins; in dem sie zugleich im Innen außen und im Außen außen sind – das bedeutet zumindest eine Verrückung des Sozialen; in dem sie schließlich im Essentiellen nur noch mit entweder möglichen Unmöglichkeiten oder unmöglichen Unmöglichkeiten zu tun haben – und das bedeutet zumindest eine Verrückung des Sinns. Siehe Verf., *Exzentrische Paradoxie. Sätze zum Jenseits von Differenz und Indifferenz*, unveröffentlichtes Manuskript, Berlin 2001, p77f.

Zukunft unter einen absoluten Zwang setzen, nicht unter das erlebte Glück zu fallen. Und es kann die Vergangenheit in eine absolute Entwertung ziehen. Es kann Vergangenheit löschen, weil diese sich angesichts erlebten Glücks als nichtig erweist, und es kann Zukunft löschen, weil diese sich angesichts erlebten Glücks als nichtig erweisen könnte.

Das Recht auf Glück, wie es in der us-amerikanischen Verfassung notiert ist, d.h. das Recht eines jeden einzelnen Individuums, sein gesellschaftliches Tun und Lassen dem Streben nach Glück unterzuordnen, ist gesellschaftspolitisch wohl die weitestgehende grundrechtliche Ernstnahme und ,Veredelung' des Individuums als eigener Kosmos; zugleich aber auch die weitestgehende Absprengung einer Verantwortung von überindividuellen, also gesellschaftlich-administrativen Körperschaften. Die Verfassung wünscht ihren Bürgern viel Glück beim Überleben; sollte es nicht klappen, dann hat man eben kein Glück gehabt oder erreicht und kann nur noch auf subsidiarisch strukturierte Notaggregate hoffen, die allenfalls intermediär die Bedingungen zur Ermöglichung eines erneuten individuellen Eintritts ins Glücksspiel gewährleisten dürfen.[14] – Eine solche Freigabe des Individuums ins Glück kennt das hochkapitalistische Europa trotz der extremen Ideologisiertheit dieses Glücksverständnisses noch nicht.

---

[14] Das war allerdings nicht immer so: Vor der Unabhängigkeitserklärung der USA am 4.Juli 1776 war, Hannah Arendt wies einmal darauf hin, in der Diskussion durchaus von „public happiness" die Rede, also dem öffentlichen Glück. In der Unabhängigkeitserklärung ist davon nur das private Glück übriggeblieben (Leben, Freiheit und das Streben nach Glück als unveräußerliche Rechte eines jeden) bzw. der Satz, daß das Volk das Recht habe, die Regierungform abzuschaffen oder so zu ändern „in such form, as to them shall seem most likely to effect their safety and happiness". Siehe auch dazu Hannah Arendt, *On revolution*, New York 1963 (München 1974). Siehe gerafft zum Kontext Jürgen Elsässer, *Bauchfrei in Kabul*, in: konkret, 2/2002, p18-20.

Rigoroses Glück gehört eindeutig in eine Chronologie der Gefühle (wie sie Alexander Kluge entworfen hat), in eine Historiographie des geschichtlich Unabgegoltenen (Walter Benjamin), aber auch in eine Perspektive, die sich der gegenwärtigen Gesellschaftsgeschichte mit dem Theorem der Einlösung von Glücksversprechen und von Glück nähert (Jean Baudrillard)[15]. Rigoroses Glück gehört jedoch im hier verstandenen Sinne eindeutig nicht mehr in einen ethischen Diskurs, der Glück wie ‚Nächstenliebe' moralisch-kategorisch einordnet als nur für eine enge soziale Sphäre passende Tonosfigur, im Sinne von: So wie Nächstenliebe nur eine Gruppenmoral begründen kann, da sie den Tonos über soziale Nähe, also abhängig von sozialen Affekten herstellen muß, so kann Glück ebensowenig eine Moral ausbilden, die eine Berücksichtigung aller in Absehung ihrer sozialen Affektresonanz gewährleistet. Rigoroses Glück gehört zudem auch *nicht* einem subjektphilosophischen Argumentationsrahmen an, für den es unabweisbar ist, daß die Vorhandenheit von Glück irreduzibel verknüpft ist mit einer subjektiven Glücksvorstellung. Dieser Vorstellung, daß man nur glücklich ist, wenn man sich auch selber glücklich fühlt, fußt auf der Annahme, daß die Freiheit zur Selbstbestimmung des eigenen Glücks zugleich auch eine allgemeine Bedingung dieses Glücks darstellt (Joachim Schummer). Kurz: Rigoroses Glück entzieht sich den gängigen moralischen, freiheitstheoretischen und subjektphilosophischen Sozialordnungsvorstellungen. Die Hürden sind dementsprechend sehr hoch. Sie zu nehmen bedarf eines weitausholenden Unwahrscheinlichkeitshorizontes, in dem die Anteile und Verteilungen von Freiheit und

---

[15] Maßgebend sein *Amerika*-Buch (dt., München 1987).

Zwang, Individualität und Allgemeinheit, Selbst- und Fremdbestimmt-
heit gemischt werden, auch auf die Gefahr hin, daß einige „menschliche Anteile" in den Verwirbelungen sich auflösen werden.

II Rigoroses Glück – wissenschaftliche Begreifbarkeit

Das Glück ist die einzig entschiedene Gestalt innerhalb der unent-
scheidbaren Problemfelder menschlichen Umgangs und Mitseins, die
sich sowohl soziologisch-kulturanthropologisch als auch physis-
morphologisch ansprechen und modeln läßt (Liebe, Hoffnung und
Glaube jedoch nicht). Dabei ist das meiste unklar; klar ist nur, daß ein
alleiniges Bedienen entweder des Sozialen (etwa wie beim Sozialismus)
oder des Bewußtseins (etwa wie beim ‚New Age') oder des Körper-
lich-Genetischen (prospektiv wäre das eine soziobiologisch beschränkte
Biowissenschaft) nicht gangbar und nicht wünschenswert ist. Unter der
Voraussetzung, daß Hauptströme der abendländischen Geschichte als
Derivate christologisch-religiöser „Leitmatrizen" verstanden werden
können – etwa: Genuß durch Verbot, generelle Erlösungsbedürftigkeit
aller, Beginn guten Lebens erst nach dem bewußten Leben, Leiden als
Garantie perpetuierbaren Sinns, Autoritätsanerkennung und -sicherung
Gottes durch prinzipielle Unbeobachtbarkeit des göttlichen Beobach-
ters, extreme Verknappung von Gegenwart (nur der Begegnung mit
Gott vorbehalten) –; und unter der Voraussetzung, daß diese Derivate
in den ‚zuendeausdifferenzierten' gesellschaftlichen und psychischen
Formen von Zivilisation immer mehr Leblosigkeit produzieren, wäre es
sinnreich, der alten Währung „Glück" (neben den vielen externen anderen Währungen wie Moral, Geld, Freiheit, Gerechtigkeit und den

vielen internen anderen Währungen wie Glückseligkeit, Glückhaben, Zufriedenheit usw.) neues Gewicht zu geben. Dies im Bewußtsein, daß auf der Spitze der Einsicht in die Unplanbarkeit von Zukunft als auch in die Unplanbarkeit von Glück, also auf der Spitze der Unmöglichkeit von Komplexitätskontrolle, sich die Erkundung des Glücks paradoxal erweist[16] und also nirgends Garantie abrufbar ist, die einen davor bewahrt, Terror zu produzieren.

Die Erkundung rigoroses Glück müßte *forschungspraktisch/kulturtechnisch* von den gegenwärtigen Verfügungen physikalisch stumpfer Systemkonditionen die Richtung zu physikalisch erweiterten Konditionen einschlagen, so Weber[17]: „Im ersten Schritt zu biomolekularen und prototypisch organzellulären, in weiteren Schritten zu neurozellulären/auto-matischen (auf Organ-Kommunikations-niveau), und schließlich zu neuro-zellulären/supre-matischen" Konditionen. Es geht bei diesen Forschungen nicht mehr um Information, nicht mehr um Fiktion, nicht mehr um Symbolik, nicht mehr um Elektronik. Es geht um Chemophysis, Biochemophysis, zelluläre Physis und um neurozelluläre Physis.

Die Erkundung rigoroses Glück müßte *forschungstheoretisch/kulturanthropologisch* davon ausgehen, daß die endogenen Programme, die alleine performativ sind, und die bisher in molekularen, atomaren,

---

[16] Das meint eine rigide Forcierung des bekannten Paradoxons des Hedonismus und damit eine erhöhte Notwendigkeit, den Modus des Suchens und Strebens nach Glück hinter sich zu lassen.

[17] Die nachfolgenden Zitate Webers stammen aus sowohl unveröffentlichten Papieren Webers wie auch aus seinem Aufsatz *Wie spät ist es?*, in: Arbeitsgruppe „menschen formen" (Hg.), *menschen formen*, Marburg 2000, p10-59.

chemischen, genetischen, atmosphärischen usw. Wirklichkeiten unter-
gebracht sind, nun die bisher für sie als Wirklichkeit nichttaugliche
Sphäre des Sozialen ausbilden und vice versa: das Soziale beginne, sich
seiner endogenen Programmatik zu öffnen und im Öffnen ebendiese
zu kreieren (Autopoiesis). „Geschichte, das Geschehen zivilisatorischer
Eigenzuchtwahlen, hört nicht auf, sie kippt nur/eben in eine andere
Artung, in eine generisch-generative nun" – nimmt man diese Aussage
ernst und ignoriert dabei die begriffliche Diplomatie, dann kann man
meines Erachtens gesellschaftliche Zivilisation (enger Rahmen: 12 000
v.u.Z. bis heute) nur noch so beschreiben, daß ihre Hervorbringungen
wie Geist, sprachliche Kommunikation, reflexiver Krieg, Kunst, Technik usw. von vornherein nicht dem Humanum zugekommen sind, sondern bloß Zulieferungen darstellten für ein Societum, das, weit genug
‚entwickelt', sich nun erneut in qualitative, also selektive Evolutionpha-
sen begibt. Daß für diesen evolutiven Sprung der ‚Geschichte' weiterhin Kulturanthropologie und Technik, also eine Technik der Kultur
notwendig sein wird und nicht vielmehr alles an zivilisatorischen Form-
bildungen in eine evolutionierte Vergangenheit evakuiert wird, liegt, so
kann man Weber verstehen, daran, daß das „Zeitalter der denkwürdi-
gen Perichorese von ältesten und jüngsten System-Programmen" der
Beziehungsform des Wesens und nicht der des Seins zuzurechnen ist,
so wie sie Hegel beschrieben hat. D.h.: Das „Etwas" namens Zivilisation in seiner bisher bekannten Form verschwindet nicht, wenn es zu
etwas Anderem wird (etwas, was dem Etwas nach Hegel immer im
Sein passiert)[18]; vielmehr wird dieses „Etwas" namens Zivilisation kein

---

[18] G.W.F. Hegel, *Enzyklopädie der philosophischen Wissenschaften* I, Bd.8 der Werke
in zwanzig Bänden, FFM 1970, p229f.

wahrhaft Anderes, sondern nur Verschiedenheit, Beziehung des Einen auf *sein* Anderes. Und dieses Andere, so Weber, vielleicht auch als Attraktor bezeichenbar, war schon immer im selben selbst: deswegen können sich jetzt auch älteste Systemprogramme (der Emergenz von Leben, von Aminosäuren, von Molekülen, von Gehirnen usw., kurz: Programme der Kreation) mit den jüngsten Programmen (soziale und technische Systeme) treffen. Dies Zusammentreffen könnte der Zeitraum für das Glück bilden.

Ob es zu einer forschungstheoretischen und forschungspraktischen Konfiguration ebendieses Zeitraums kommt, wird sich in mühevoller Klärungskleinarbeit bestimmter Topoi zeigen müssen. Der Weg ist sehr weit. Zur Klärung stünden zumindest an, jetzt in einer losen Folge aufgezählt:

•Eine recht ausführliche Phänomenologie des Glücks/zum Glück, kultur- und geschichtsdiversitätsbereinigt.

•Eine ‚Kartographie' der Zusammenhänge und Unterschiede der Begriffe Glück, Leid und Hoffnung, bezogen auf die Fragen „Was hält freiwillige Taten zusammen?" (Alexander Kluge) und „Was läßt einen unfreiwillige Taten aushalten?"

•Eine ‚Kartographie' der Begriffsverschränkung ‚sexuelle kurzfristige Lust' – ‚erotisches langfristiges Glück'.

•Spekulativ-soziologische Skizzen darüber, welche symbolisch generalisierten Kommunikationsmedien (Geld, Macht, Recht usw.) sich wie ändern könnten, wäre Glück nicht mehr nur zur privaten Verfügung gesellschaftlich freigestellt.

•Spekulativ-soziologische Skizzen für Szenarien, in denen Glück die Währung der Vermittlung sein könnte (anstelle von Anerkennung, Pflicht, Leistung, Schuld usw.).

•Spekulative Skizzen zum Verhältnis eines vergesellschafteten und vergesellschaftenden Glücks zu den gesellschaftlich organisierten Weisen von Allgemeinheit (Staat, Bürokratie, Daseinsfürsorge, Versicherungen, kommerzielle Öffentlichkeiten usw.).

•Soziologische Skizzen einer ‚Privatheit' nach erfolgter/erfolgreicher Glücksvergesellschaftung.

•Studien zum Verhältnis von Glück zum Tripel Medizin, Genetik, Pharmazie.

•Studien zum Verhältnis rigorosen Glücks und einer gesellschaftsweit fungierenden Moral.

III Rigoroses Glück – Liebe und Anerkennung

Um vom Glück, vom rigorosen Glück zu handeln, ist es sinnreich, beim Begriff der Liebe anzusetzen. Von Friedrich Nietzsche stammt der folgende, von mir nicht mehr verquellbare Gedanke: „Was ist denn Liebe anderes als verstehen und sich darüber freuen, daß ein anderer in anderer und entgegengesetzter Weise als wir lebt, wirkt und empfindet? Damit die Liebe die Gegensätze durch Freude überbrücke, darf sie dieselben nicht aufheben, nicht leugnen." – Das, könnte man sagen, ist die eine, beinahe übermenschliche Seite der Liebe. Die andere Seite scheint sich immer noch, auch nach den unendlich vielen Wechseln in der Semantik und Codierung von Liebe in der (Literatur-)

Geschichte[19], nach den unendlich vielen individuellen Enttäuschungen, weiterhin auszudrücken in dem unstillbaren Begehren, daß ein anderer in gleicher, selber, entgegenkommender Weise wie/als[20] wir lebt, wirkt und empfindet. Beide Seiten der Liebe, beide Seiten einer solchen Beziehungssphäre, fällen gesellschaftshistorisch mit Beginn der Bürgerlichkeit etwas aus, was bis in die heutigen Tage mit den Paaren Individuum versus Gesellschaft, Privates versus Öffentliches, intim versus ‚im Team' usw. beschrieben wird.[21] Die Verteilung ist klar: Auf der einen Seite die makrogesellschaftliche Öffentlichkeit, in der es Ziel ist, so weit es geht zu ermöglichen, daß ein anderer in anderer und entgegengesetzter Weise als wir lebt, wirkt und empfindet (Pluralismus, Demokratie, Differenz-Gedanke). Das nennt man sozial. Auf der anderen Seite erscheint die mikrogesellschaftliche Sphäre, also die intime Beziehung, in der es immer noch darum geht, daß ein anderer in gleicher, selber, entgegenkommender Weise wie/als wir lebt, wirkt und empfindet. Im Fortgang bürgerlicher Gesellschaft, im Fortgang vor allem der Unmöglichkeit des Projekts bürgerlicher Öffentlichkeit[22] – Ersatzmodule, die heute noch wirken, sind die Solidaritätssphären, die durch

---

[19] Standardverweis: Niklas Luhmann, *Liebe als Passion. Zur Codierung von Intimität*, FFM 1982.

[20] Das ‚als' wäre die wie auch immer pathologisch zu verstehende Verschmelzungsphantasie sowie die Beziehung aus Angst, die nicht mehr erträgt, daß der andere (und man selbst) von etwas abhängt, das man nicht selbst ist.

[21] Eva Illouz (Universität Jerusalem) gab am 09.07.2001 in Potsdam (Einstein Forum) einen genauen Überblick über die Liebe am Ende des spätmodernen Kapitalismus. Ihr Vortrag hieß *Passions on the Market. Love and the Rise of Consumer Capitalism*.

[22] Jürgen Habermas, *Strukturwandel der Öffentlichkeit. Untersuchungen zu einer Kategorie der bürgerlichen Gesellschaft*, (1962), mit e. Vorw. zur Neuaufl., FFM 1990, besonders p267ff.

soziale Sicherungssysteme reproduziert werden –, wurde diese Liebes-
seite immer rigoroser, bishin zur Einschätzung der Liebe als genuin asoziale Veranstaltung innerhalb der sozialen Sphäre. Auch das Vermitt-
lungsgeschehen namens Sexualität, das noch zwischen der einen und
der anderen Seite Brücken schlagen konnte[23], scheint ausgereizt. Wir
erleben seit gut 40 Jahren, wie eine zunehmende Verödung der Moni-
tore des In-Gesellschaft-Seins korrespondiert mit einer zunehmenden
Hermetisierung des Intimseins. Auf die Verödung hat neuerdings der
Kommunitarismus reagiert; unzulänglich, wie wir glauben. Auf die
Hermetisierung des privaten Liebesglücks reagieren zur Zeit, wenn wir
es recht sehen, zwei unterschiedliche Weisen: zum einen die Refigura-
tion der Familie/Ehe (als Vertrags- und Verpflichtungsbund), zum anderen eine Neuausschreibung der Freundschaft (der Beziehungsmodus,
der hauptsächlich in der zweiten Biographie-Hälfte die Menschen nicht
verrückt werden läßt, wird gewissermaßen in die erste Hälfte der Biographie hineingespült). – Auch diese Reaktionen erscheinen uns nicht
zulänglich, um Antwort auf die Frage zu finden, wie „sozialpsychische"
Integration der Menschen in zukünftiger Gesellschaft am besten gedacht werden kann.[24]

---

[23] Klaus Holzkamp, *Grundlegung der Psychologie*, FFM/New York 1985, p219ff.: Sexualität als nicht in den gesellschaftlichen Produktionsprozeß einbezogenes, aber
zugleich gesellschaftlich formbares ‚Medium' (p222).

[24] Götz Eisenberg pointiert die Gemengelage, von der Integrationvorstellungen heutzutage auszugehen haben, so: „Was wir gegenwärtig gehäuft antreffen, sind psychisch
vermittelte soziogene Erkrankungen, die unmittelbar die Pathologie des gesellschaftlichen Ganzen widerspiegeln und weniger Ausdruck einer familiär vermittelten Störung
der psycho-sexuellen Kinsheitsentwicklung sind" (*Gewalt, die aus der Kälte kam*, in:
Frankfurter Rundschau vom 08.08.2000).

Man steht heute, so die zusammenfassende und übertreibende These, also vor einem doppelten ‚Einreiseverbot': no way into society, no way into love. Das gute Kino, dies nur nebenbei, erzählt seit 40 Jahren nichts anderes, das schlechte Kino davon, daß es zwar immer umständlicher wird, aber doch geht: Hineinzukommen in das private Glück und in den Sozialrevenue sozialer Anerkennung.

Also: Becketts „Verschone mich mit deiner Liebe, aber leiste mir Gesellschaft", wie auch das bürgerlich-privatistische „Verschone mich bitte, Gesellschaft, und laß' mich wenigstens lieben" scheinen uns als Anleitungen psychosozialen Aushaltens in der Gesellschaft nicht mehr allzu tauglich zu sein.

IV Rigoroses Glück – Reichweite gesellschaftlicher Ummodelung

Rigoroses Glück gibt es bisher wohl als Ereignis; als Geschehnis sicherlich noch nicht. Und auch auf den 1.610.4760.000 Web-Seiten, die Google durchsucht (Stand: Januar 2002), ist es als Ausdruck nicht zu finden. Die Erkundung und Erforschung rigorosen Glücks scheint als Vorhaben einen extrem weitgespannten Horizont in sachlicher und zeitlicher Dimension zu beanspruchen. Ein vergleichendes Beispiel mag veranschaulichen, welch' welterschließenden, weltentdeckenden und weltschaffenden Umfang dem rigorosen Glück zukommen könnte: Mit Beginn der Neolithischen Revolution, also mit dem Ackerbau als etwas, das es so zuvor noch nicht gab, wurde eine Sozialstruktur erfunden/erzwungen, die auf intergenerative Kontinuität der Bodenkultivierung angelegt war. Plötzlich war es nötig, eine Verquickung von kontinuierlicher Objektbindung (Land/Felder) und kontinuierlicher Ab-

stammung der Landbearbeiter herzustellen. Es entstand soziale Verer-
bung, zeitimmune Verwandtschaft, kurz: Ein neues, nie dagewesenes
Arrangement der Menschen unter- und miteinander ob der neuen
Weise des Verhältnisses zur ,Natur'.[25]

In diese gesellschaftsgeschichtliche Gewichtsklasse ist die von uns
prospektierte Implementierung rigorosen Glücks einzuordnen. Nur ist
diesmal nicht ein revolutionär neues Verhältnis zur Natur ausschlaggebend für die Erfindung und Modelung einer neuen Weise der Beziehung von und zwischen Menschen, sondern vielmehr ein neues Verhältnis zum kulturtechnisch umsetzbaren Wissen über die menschliche
Natur und Kultur sozialer Gesellschaften.

V Rigoroses Glück – Internet

Hält man nun Ausschau nach kurrenten Phänomenen der Modelung von Gesellschaft, die ungebrochen das Experiment namens Gesellschaft forcieren, dann stößt man sicherlich auf all die Phänomene,
die durch den Computer in all seinen Dimensionen als Produktionsap-
parat, als Kulturisationsvehikel, als Kommunikationstransformator, als
Zeit- und Raumneuformatierer erzeugt wurden und weiterhin werden.
Wäre nicht mit dieser großformatigen und nun schon über zwei Jahrzehnte andauernden, in Ansätzen neuen Vergesellschaftungsweise etwas anzufangen, das dem rigorosem Glück dienlich, vielleicht sogar in-

---

[25] Siehe zum Beispiel Heinrich Popitz, *Der Aufbruch zur artifiziellen Gesellschaft. Zur
Anthropologie der Technik*, Tübingen 1995, besonders p78-92.

härent wäre?[26] Waren auf soziales und ästhetisches Glück orientierte Visionen zum Kommunikationszaubermittel Radio (Brecht, Enzensberger) und zum Wahrnehmungszaubermittel Kino (Kracauer, Greenaway) nicht Visionen am falschen Objekt?; und sind sie zudem nicht historisch zu früh gestartet worden?[27] Entsteht nicht erst mit dem Internet, dessen gesellschaftsmodelndes Potential wir wohl nur in Ansätzen kennen, ein Medium *sozialer Art*, das die nämliche Abstraktionsweite und Aufhebungskapazität besitzt, wie es dem Computer nachgesagt wird, bezogen auf seine *technische Potenz*, andere Maschinen zu simulieren? Und also damit erst eine technisch-soziale Grundlage, die Visionen auch des gesellschatflichen Glücks reell umsetzbar erscheinen lassen?

Auf diese Fragen scheint mir Hans Peter Weber die angemessenste Antwort zu geben. In seinem bemerkenswerten Konzeptpapier *Plateau LOS:T*[28] zur möglichen Einbeziehung des Internet in kulturanthropologische Forschungsframes aus dem Jahre 2000 liest man folgende Einschätzung, die in ihrer Länge gerne zitiert sei:

„Schritte der kultur-kommunialen/-kommunikativen synthetischen Technologie (für adaptive Konstruktion) müssen über den primitiven Standard elektronisch anorganischer Physis und über das Irrealitäten-

---

[26] Vor allen Dingen bezogen auf neue, kleinformatige und elektronisch basierte Vergemeinschaftungsformen. Siehe dazu Tom Dassel, *Virtual Communities*, in: Bernd Ternes & RG-Verein (Hg.), *Das rigorose Glück. Erste Annäherung*, Marburg 2002, p342-416.

[27] Vor allem Jean-Luc Godard schreibt das Kino in radikaler Form ab; siehe das Interview mit Alexander Kluge am 07.01.2002 auf RTL (Sendetitel: *Blinde Liebe*, Sendung „10 vor 11"; Produktion: dctp).

[28] in: Bernd Ternes & RG-Verein (Hg.): *Das rigorose Glück. Erste Annäherung*, a.a.O., p429-443. LOS:T steht für Luck Operation Systems: ToGetHer, der ursprüngliche Name einer geplanten Stiftung, die leider nicht realisiert werden konnte.

Angebot von fiction hinausgehen. [...] Diese Schritte können nur von Corporationen heutiger wohl-diversifizierter Intellektueller unternommen werden [...] Die groben Ziele eines PLATEAUS, dieser vernetzten working group von posthistoric men, von Intellektuellen als Intensivisten/Kulturisten, müssen in der Forschung und Entwicklung zu dieser Erweiterung der bestehenden physical frames von hard- und software liegen. Im Focus der Ziele steht die kultural-ingenieurwissenschaftliche Arbeit an

– Grazie-Maschinen,

– synthetischen neuronalen Netzen, Transfernetzen, die auf der Basis biomolekularer Kanäle funktionieren bzw. – fürs erste – auf der Basis von Schnittstellen an physio-elektronischen und biomolekularen Systemen (share-ware; ein Bereich, in dem die synthetisch-prothetische Medizin bereits einen großen Vorsprung besitzt.

‚Magic software' existiert dann, wenn das synthetisierte kreatürliche Immaterial für delirious communication bereitsteht. Dazu bedarf es biomolekularer Maschinen zur Herstellung von Zellwährung, die glück-haft ist, eudämonisch."

Aus diesen wenigen Sätzen wird ersichtlich, wie weitgespannt das Vorhaben, computerbasierte Netze für das rigorose Glück einzusetzen, zu denken ist – und etwas Utopisches bekommt. Aber auch schon nur kurzfristige Perspektiven, die auf eine nach-alphabetische, eine nach-semantische und wohl auch auf eine nach-kognitive Struktur der sogenannten Mensch-Maschine-Kommunikation aus sind, bestechen durch den Aufweis der enormen Schwierigkeiten, die zu bewältigen sind.[29] Es bleibt also vorerst dabei: Das Internet ist eine Emergenz der hochausdifferenzierten sinnverarbeitenden Sozialsysteme, aber noch keine Emergenz einer physis-prozessierenden generativen Exzellenz, um die es im rigorosen Glück zu tun ist.

VI Rigoroses Glück – Kunst

Wenn das Abdocken an die zur Zeit mächstigste Kulturisationsgestalt elektronisch-technischer Bauart also eher skeptisch zu betrachten ist: warum dann nicht nach der Kunst fragen als möglicher ‚Allianzpartner'? Wo ist die Kunst geblieben als Kandidat für die Figuration des rigorosen Glücks? Sie ist nicht mehr da, folgte man auch hier den Überlegungen Hans Peter Webers. Ihm zufolge stoßen wir auf den Umstand, daß unter der gegenwärtigen sozialen Metamorphose das ‚moderne' kulturale Agencement „Kunst" selbst auch transformiert wird in der Strömungsrichtung des ‚Synthetischen', welche das allgemeine sizing der soziokulturellen Evolution eingeschlagen hat.[30] Folgte man dem nicht, müßte man plausibel machen, warum die phäno-ästhetischen Künste noch nicht von der gegenläufigen positiven szientistischen und technologischen Kreativität einge- und überholt worden sind, vor allem durch Genetik und organistische Kybernetik. Man

[29] Um nur zwei recht bekannte Aufrisse zu nennen: Vilém Flusser, *Kommunikologie*, hg. von Stefan Bollmann & Edith Flusser, FFM 1998; Terry Winograd & Fernando Flores, *Erkenntnis, Maschinen, Verstehen. Zur Neugestaltung von Computersystemen*, dt., Berlin 1989.
[30] Siehe seine hochkonzentrierte Studie *Nach Kunst die Synth-Flut*, in: Arbeitsgruppe „menschen formen" (Hg.): *Ver-Schiede der Kultur. Aufsätze zur Kippe kulturanthropologischen Nachdenkens*, Bd.2, Marburg 2002, p228-269, hier: p230.

müßte einsichtig machen können, warum der Kunst (als gegenwärtige Auszugsgestalt eines kulturanthropologischen Vermögens der soziopsychologischen Besänftigung der Menschen im Prozeß der harten Zivilisationierung) weiterhin eine ‚regionale Ontologie', gar eine Autonomie zukommt. In dieser Autonomie, in die sich das Unabgegoltene der Menschen auch in Gestalt des Glück hineinevakuiert haben könnte, wären dann diejenigen Ressourcen ausfindig zu machen, die dem unabgeschlossenen Sich-Aussetzen der Menschen entstammten, dem Sich-Aussetzen der ‚Menschwerdung".[31] Sollte der Anschluß der Kunst an die gegenwärtig maßgebend kybernetisch, technisch und neurobiologisch sich darstellenden Einholungen dessen, was „Menschwerdung" resp. „Kreation" sein könnte, gelingen, dann unter der Voraussetzung, daß Kunst nicht mehr einer ‚Phäno-Ästhetik' verpflichtet ist. Denn, so die hier nur behauptete und nicht ausgeführte These: Die phänomenisch kritische Aisthesis ist mit der real-abstrakten Macht des „Sozialen" mimetisch verstrickt.[32] – Das heißt nun nicht, daß ohne die Sinne verfahren werden könnte oder sollte; aber sie werden, und mit ihnen die wahrnehmungszentrierte Kunst, als Durchgangsoperateure hineingestellt in das überdeterminierende Agencement der komplexen Phasen-Immaterialität von hyperorganistischer Neurokinesis (so Hans Peter Weber). Bedingung für eine Rekultivierung der kulturalen Momente von Kunst als Medium eines großformatigen Passions-

---

[31] Heinz von Foerster wies einmal darauf hin, daß die Bezeichnung „human being" in die Irre führt; „human becoming" träfe den Umstand, daß sich Menschen in andauernder Unfassbarkeit befänden, besser.
[32] Gegenteilige Auffassungen findet man im Buch *Kunst als Antithese*. Karl-Hofer-Symposion 1988 d. Hochschule d. Künste Berlin, hg. von Heinrich Pross, Berlin 1990.

prozesses ist, daß sie sich weder an den Surrogaten der Kommunikation orientiert, noch an denen der rhetorischen Kommunion, noch an der Autopoiesis des Sinns Anteile hält, sondern, wie Weber befindet, sich in die Tiefen der Ethik begibt. In diesem hier sehr grobschlächtig skizzierten Rahmen wäre dann auch die Stelle auffindbar, an der das rigorose Glück mit einer Weise ‚ethischer' Weltinformierung in Verbund gebracht werden könnte: Rigoroses Glück müßte, um in das Spiel der gesellschaftlichen Reproduktion zu gelangen, in einer nicht mehr phänomenischen Kunst daraufhin ‚getestet' werden, inwieweit es sich von den Offerten des Sinns, der Kommunikation, der Kommunion und der Funktion unbeeindruckt zeigt, also der Passion, der Intensität und dem Eros verpflichtet ist. Kunst, notabene neurokinetische Kunst, wäre dann das nachästhetische Ethos geglückter Glücksvergesellschaftung. Das hört sich groß, vielleicht gar großspurig an und läßt an eine Art Adoption all der Vermögen des Hegel'schen *absoluten Geistes* denken, die nun doch der Kunst zukämen. Aber das wäre zu kurz gegriffen. Es geht hier wie in der kursorischen Betrachtung des Internet darum zu zeigen, wie unwahrscheinlich, großformatig, utopisch die Förderung rigorosen Glücks sich anläßt, hat man eine Perspektive eingenommen, die vom gegenwärtig machbaren technischen Synthesisniveau aus die Glücks-Prospekte entwirft.

VII Rigoroses Glück – gesellschaftliche Inklusion/Exklusion

Die nur skizzenhafte Betrachtung der möglichen Verhältnisse zwischen Internet-Technik und Glück sowie zwischen Kunst und Glück soll mit einer dritten Betrachtung abgerundet werden, einer Betrachtung des Verhältnisses zwischen Gesellschaft und Glück. Dabei interessiert an der Gesellschaft für diesen Zweck nur das Moment der Inklusions- und Exklusionsverhältnisse, auf die hin das rigorose Glück sich als anschließbar, als nicht anschließbar, oder gar als ersetzend erweisen könnte. Von folgender Beschreibung geht die diesbezügliche Schnittstellenerkundung aus:

Perfektion bedeutet Gleichheit der gesellschaftlichen Inklusion; Imperfektion bedeutet gesellschaftliche Exklusion (resp. ungleiche Inklusion); die kurrenten Verteilungen beider Direktiven in hochkapitalistischen Gesellschaften deuten darauf hin, nicht mehr angeben zu können, in was man inkludiert und von was man exkludiert ist, d.h.: Nicht mehr einen Unterschied machen zu können zwischen einem Ausgestossensein durch Ausschluß und einem Ausgestossensein durch Einschluß.

Der Reihe nach die Auflösung dieser Sätze: Mit der hegemonial kapitalistischen Vermittlung von Gesellschaft vergesellschaften sich Individuen nachstratifikatorisch. Jedes Individuum hat prinzipiell, de jure die Möglichkeit, an allen funktionierenden und funktional spezifizierten Systemen der Integration teilzuhaben und teilzunehmen. So wollte es zumindest die Kopfzeile der französischen Revolutionssemantik mit dem Wort der Gleichheit zum Ausdruck bringen. Und so will es auch heute noch das Grundgesetz in Artikel 3, der stark und also kontrafaktisch die Gleichheit zumindest vor dem Gesetz fordert. Daß er in Abschnitt (3) eine immense Reihung von Eigenschaften, Eigenheiten und Handlungen meint erwähnen zu müssen, aus denen sich Ungleichheiten ableiten („Niemand darf wegen seiner Abstammung, seiner Rasse, seiner Sprache....benachteiligt oder bevorzugt werden. Niemand darf wegen seiner Behinderung benachteiligt werden." – Aber bevorzugt?), heißt nicht mehr als bei aller Ungleichheit das Ungleiche gleich zu behandeln, zu erziehen, zu versorgen, zu richten, anzuerkennen usw. Nun waren und sind der Justicia die Augen verbunden; ihre Blindheit erleichterte und erleichtert es, das Augenmerk mehr auf die Gleichheit denn auf die Ungleichheit zu legen. Komplizierter und anspruchsvoller wird es, mit unverbundenen Augen permanent dem Ungleichen, dem Differenten, zu begegnen, und trotzdem an der Gleichheit festzuhalten. Die Herausforderung differenzorientierter Wahrnehmung und auch Theorie für die gesellschaftliche Praxis bestand gerade darin, vom verbundenen Sehen abzulassen (weil diese Blindheit keine Gleichheit mehr garantiert, oder diese mit zu hohen Kosten herstellt, oder zuviel Ungleichheit produziert), und sich frontal dem Ungleichen auszusetzen, so forciert dem Anderssein zu öffnen, bis man genau darin eine Gleichheit zweiter Ordnung hineinschmuggeln konnte: Anders als die anderen zu sein ist das, was allen gleich ist.

Wenn die Gesellschaft auf Differenz umstellt, dann als Effekt ihrer Forderung nach Inklusionsgleichheit: Wir entdecken das Kind als ungleich gleiches Wesen, wir entdecken Behinderte als ungleich gleiche Wesen, Frauen als ungleich gleiche Wesen[33], kurz: das Ungleiche als gleich ungleiches Gleiches.

In der Gesellschaft (und jetzt nicht vor dem Gesetz) realisiert sich dieses „ungleich gleich" durch das Inkludiertwerden der Individuen in und durch die verschiedenen Systeme. Verstünde man gesellschaftliche

---

[33] Peter Fuchs, *Das seltsame Problem der Weltgesellschaft*, Opladen 1997, p125.

Anerkennung als ein Besitzen verschiedener sozialer Adressen, könnte man sagen: Derjenige, der als Wirtschaftsadresse, als Arbeitsadresse, als Zahlungsadresse, als Rechtsadresse, als Mitteilungsadresse u.a.m. registriert wird, ist inkludiert. Er ist eine perfekte Adresse, d.h., nach einer bestimmten Lesart: Er ist nur lose integriert. Lose deswegen, weil er, indem er als Inhaber verschiedener ungleicher sozialer Adressen hoch eingeschlossen ist, im Eingeschlossensein sehr viele Freiheiten besitzt zur Gestaltung seiner Biographie.

Derjenige, der keine verschiedenen sozialen Adressen besitzt und also als Ansprechbares nicht registriert wird, ist von der Gesellschaft im obigen Sinne exkludiert[34] bzw. allenfalls inkludiert in und durch die Systeme des Gesundheitswesens (allerdings Tendenz fallend), der Polizei (Tendenz steigend), der „sozialen Hilfe" oder der Religion. Diese Systeme sind jedoch kein Ersatz für die nicht mehr erreichbaren anderen Systeme, da ihre Art des Einschlusses der Herausgefallenen eine sehr feste Integration bewirkt, und das heißt: Eine extreme Reduktion der Wahlmöglichkeiten zur Gestaltung der eigenen Biographie. Exkludierte Adressen sind imperfekte Adressen. Im Exklusionsbereich, so könnte man übertreiben, kann man nur noch seinen Körper verlieren, nachdem alles andere angetastet wurde.

Es könnte nun sein, daß diese klare Differenzierung der Gesellschaft entlang der verschalteten Begriffe Inklusion/Exklusion sowie In-

---

[34] Nicht beachtet sind jetzt all die Fälle von Exklusion, für die man keine Klage-Adresse finden kann, zum Beispiel Exklusion vom ‚Geschlechtermarkt'. Es gibt also Ungerechtigkeitsproduktion in der Gesellschaft, die selbst keinen Adressaten (allenfalls vermittelt das Fernsehen) hat; man lebt mit Ungerechtigkeiten, die als solche gesellschaftlich nicht anerkannt werden.

tegration/Desintegration als Maßstab nicht mehr funktioniert.[35] Was damit nicht mehr funktionierte, wäre die Art und Weise, wie diese Gesellschaft differenziert Individuen als soziale Adressen modelt, wäre die Art und Weise der Verteilung von Freiheit und Unfreiheit durch Ein- und Ausschluß, wäre das Funktionieren der Unterscheidung zwischen Eingeschlossensein und Ausgeschlossensein. Pointiert: Egal, ob soziale Adresse oder keine soziale Adresse, egal, ob inkludiert oder exkludiert, egal ob gleich ungleich oder ungleich ungleich: Die Menschen werden in einer neuen, noch unklaren Dimension gleich grausam „behandelt", egal, ob sie behandelt oder nicht behandelt, gleich behandelt oder ungleich behandelt werden. Es ist eine Art der praktisch reellen Vergesellschaftung von Indifferenz.

Man muß, ist man bis jetzt gefolgt, sehr vorsichtig sein mit möglichen Folgerungen, möglichen Ableitungen, möglichen Konseqenzen dieser Sicht. Ist man nicht vorsichtig, könnte man sehr schnell behaupten, daß mit dieser Sicht all die Menschen, die Opfer ungerechter Ungleichbehandlung durch die Gesellschaft wurden und sind, verhöhnt werden; daß ihnen ein zweites Mal Leid zugefügt wird; könnte man behaupten, daß mit solch einer Sicht eine gehaltvolle Abgrenzung gegenüber rassistischen, chauvinistischen, menschenfeindlichen Vorstel-

---

[35] „Wenn ich bösartig bin, könnte ich formulieren, daß der Inklusions- und Kernbereich funktionaler Differenzierung sich in eine Art Festung verwandelt, waffen- und machtstarrend, damit der Exklusionsbereich ihn nicht diffundieren kann, was er aber längst schon tut. [...]...daß die Typik der Gesellschaft beginnt, aus sich selbst eine seltsame Überformung ihrer selbst zu entwickeln – eben diesen Riß, der Inklusions- und Exklusionsbereich trennt und mittlerweile den Exklusionsbereich, wenn ich so sagen darf, mit Körpern auffüllt, die im Inklusionsbereich als Gefahr erscheinen. Das Problem ist wirklich seltsam, es ist paradox, und es wird in seinen Konturen jetzt sichtbar." Peter Fuchs, Das seltsame Problem..., a.a.O., p133 + 134.

lungen nicht mehr möglich sei, kurz: daß der, der den Unterschied zwischen Opfer/Benachteiligter auf der einen und Täter/Nutznießer auf der anderen Seite gesellschaftlich einzieht, selbst zum Täter wird. Der Vermutung nachzugehen, daß sich heute Indifferenz reell vergesellschaftet und dabei bestimmte Differenzen, etwa die zwischen gesellschaftlich Benachteiligten und gesellschaftlich Bevorzugten, einfach wegwischt, bedeutet zu keinem Zeitpunkt, Leid, Grausamkeit, Ungerechtigkeit zu leugnen, das und die Behinderten, Asylbewerbern, Frauen, Kindern, religiösen Gruppen, Ethnien u.a. angetan wird. Es bedeutet vielmehr, den Blick darauf zu lenken, daß es nicht mehr nur Ungerechtigkeit und Ungleichbehandlung sind, die die Menschen zu leidenden, abgründigen machen, sondern auch die gesellschaftlich pragmatisierten Fassungen von „Gerechtigkeit" (Rechtssetzung) und Gleichbehandlung (Rechtssprechung).

Wie, wenn diese übertriebene Sicht nicht ganz abwegig ist, soll nun rigoroses Glück an diese Zustände gesellschaftlicher Integration und Desintegration anschließen können? Und wie überhaupt an die kurrenten Formen gesellschaftlicher Stabilisierung, Reproduktion, Dynamis und Synthesis, die hier nicht behandelt wurden? Wir wissen es nicht! Wir wissen nicht einmal, welcher Organisationsform, welcher Institutionen, welcher Rechte, welcher Machtmittel und welcher „Subjekte" die Einspeisung rigorosen Glück in die sich auflösende Gesellschaft bedarf; wir wissen nicht, welche „sozialen Skulpturen" ausgebaut werden müssen, welche Gesellungsweisen abgestellt zu sein haben... Wir wissen nur, daß die kapitalistisch beherrschte Produktion,

Zirkulation und Konsumtion definititv kein ‚Produktionsverhältnis' ist, in dem rigoroses Glück entfaltbar sein kann.

Die kursorischen Betrachtungen des Internet, der Kunst und des Stands gesellschaftlicher Inklusion/Exklusion hatten die Absicht, zumindest einsehbar zu machen, das die von uns prospektierte Förderung, Formung und Vergesellschaftung rigorosen Glücks keinerlei Blauäugigkeit aufsitzt. Deswegen sind auch hier die Sätze angebracht, die im Vorwort des ersten Buches der Arbeitsgruppe „menschen formen" ausdrücken wollten, daß wir in ozeanischen Größen denken, aber schließlich nur mit Tropfen handeln: "Womit dieses Buch zutun hat, ist, einen Rahmen zu eröffnen, in dem kulturanthropologische Antworten sowie Umsetzungen dieser Antworten mittels eines „cultural engineering" gefunden werden könnten auf die Fragen, die durch massiv drängende zivilisatorische und technologische Potenzen der Selbstermächtigung, der Selbstgestaltung und auch der Selbstvernichtung gestellt sind. – Aber auch dieser Anspruch, einen solchen Rahmen zu eröffnen, oder gleichsam ein Feld zu begehen und abzustecken, es aufzuspüren oder in ihm Spuren zu ziehen, ist wohl schon maßlos übertrieben."[36]

VIII Weder spricht es, noch schweigt es: Es klingt!

Zum Abschluß noch ein Wort zum recht kryptischen Titel des Beitrages, „Weder spricht es, noch schweigt es: Es klingt! Rigoroses Glück als singende Sphinx (zur Bedienung freigegeben)".

---

[36] Arbeitsgruppe „menschen formen" (Hg.), *menschen formen*, Marburg 2000, p5.

Der erste Satz ist eine Flexierung des bekannten Spruches zum Orakel von Delphi, „Weder spricht es, noch schweigt es: Es gibt einen Wink!" Die Orakelstätte Delphie, ein Kult des Apollon, der damit einen früheren Gaia-Kult verdrängt haben soll, wurde von den Amphiktionen (den Umwohnern) verwaltet, unter deren Obhut sie zum zentralen Heiligtum aller Griechen wurde. Pythia, die Befragerin des Orakelgottes Appollon, befand sich auf einem Dreifuß, der direkt über einem Erdspalt im Tempel aufgestellt gewesen sein soll, und verteilte unter berauschenden Dämpfen Orakel, die von einem neben ihr stehenden Priester in kommunikable poetische Verse/Sätze übersetzt wurden. Die Orakel selbst kamen immer von Gott (Apollon), Pythia (später auch Wahnsinnige und Besessene) war lediglich das geeignete Aufnahmegerät für göttliche Winke, die nur im Rausch zur Resonanz kamen.[37] – Man kann sich das als eine Art Urszene apollonischer Kultur (im Gegensatz zu dionysischen[38]) vorstellen, gegen die vor allem Friedrich Nietzsche erhebliche Einwände formulierte. Die Struktur der Szene wäre diese: Die menschliche Natur steht unentwegt vor Problemen. Sie formuliert in ihrem System der Bedürfnisse Fragen, auf die Welt Antwort gibt. Die Antwort findet aber nur als Zeichen (Sprache) statt. Ihr Adressat ist die menschliche Kultur. Die Kultur benutzt als Bindemittel, als Medium, als Werkzeug, als Sonde noch die menschliche Natur (die berauschte Pythia), um Welt zu erkennen (das Orakel zu hören, zu verstehen, und sich danach zu richten). Um Welt (Lösun-

---

[37] Siehe zum Sachverhalt das *Wörterbuch der Antike*, 7., ergänzte Aufl., Stuttgart 1966, p113f., 405f., 474f.
[38] Siehe zum speziellen topischen Sachverhalt Franz Führmann, *Das Ohr des Dionysios*, in: Freibeuter, Heft 18/1983, p121-126.

gen) zu erkennen, muß sie die menschliche Natur entziffern, bezeichenbar machen, codieren, überschreiben (im Gegensatz dazu will die dionysische Kultur die menschliche Natur als solche, nicht als Mittel, erkennen).

Wenn nun, wie im Titel formuliert, das heutige Orakel weder spricht noch schweigt, sondern klingt, dann soll damit gesagt sein, daß das rigorose Glück sich (auch) als Musik mitteilt; als Musik, die weder berauschende Dämpfe braucht, um die apollinische Wahrheit auszuplaudern, noch einen Priester, der die Verlautbarungen in offizöse Kommunikation übersetzt. Musik – und das sollte mit dem Titel insinuiert werden – spielt für die Förderung und Erkundung rigorosen Glücks eine umfassende Rolle. Leider ist der „Stellenwert" von Musik nicht nur für kulturanthropologisches Nachdenken in den folgenden Sätzen (aus dem Editorial des ersten Heftes der 1997 gegründeten Zeitschrift *Musik & Ästhetik*) richtig beschrieben: „Die Musikfremdheit der philosophischen (soziologischen, psychoanalytischen) Ästhetik hat ihr Pendant in der Ästhetikferne der Musikwissenschaft."[39] Kurzum: Das Studium und die Erforschung rigorosen Glücks bedarf entscheidend einer weitausholenden praktischen und theoretischen Erschließung der (gehörten, gemachten, gedachten und aufgeführten) Musik. Sie ist, als Ensemble der vier Musen *Erato* (Muse der erotischen Musik/Poesie), *Euterpe* (Muse des Flötenspiels und der Chöre), *Melpomene* (Muse des Gesangs) und *Terpsichore* (Muse des Tanzes) das einzige kulturelle Artefakt des Menschengeschlechts, das die Magie des Lebendigen und des Kreatürlichen unbeirrbar von allen Abstrakti-

---

[39] Musik & Ästhetik, Heft 1/2, 1997, p5.

onsschüben der Zivilisation zu jeder geschichtlichen Zeit vernehmbar, spürbar, kostbar sein läßt. – Soviel läßt sich zum Schluß sagen: Rigoroses Glück ist ohne Musik nicht zu haben.

Beginnen könnte man mit John Oswalds *Spectre* aus dem Jahre 1990.[40]

---

[40] In der Interpretation des Kronos-Quartetts; höre: Dieselben, *Short Stories*, CD, Label Elektra Nonesuch, 1993.

Literatur zum Glück (Auswahl)

Augustinus, Aurelius, *De beata vita/Über das Glück*, lat./dt. Ausgabe, Stuttgart 1989

Bellebaum, Alfred (Hg.): *Vom guten Leben. Glücksvorstellungen in Hochkulturen*, Berlin 1994

Bien, Günther, *Über das Glück*, in: Information Philosophie, 1/1995, p5-16

Bruckner, Pascal, *Verdammt zum Glück. Der Fluch der Moderne*, (dt.), Berlin 2001

Forschner, Maximilian, *Über das Glück des Menschen. Aristoteles, Epikur, Stoa, Thomas von Aquin, Kant*, Darmstadt [2]1994

Horster, Detlef, *Die Aporie individuelle vs. allgemeine Interessen oder Bedürfnisse und ihre Behandlung bei Aristoteles*, in: Alfred Schöpf (Hg.): Bedürfnis, Wunsch, Begehren, Würzburg 1987, p83-97

Hossenfelder, Malte (Hg.): *Antike Glückslehren. Kynismus und Kyrenaismus, Stoa, Epikureismus und Skepsis. Quellen in deutscher Übersetzung mit Einführungen*, Stuttgart 1996

Kursbuch: *Das Glück*, Heft 95, Berlin 1989

La Mettrie, Julien Offray de, *Über das Glück oder Das höchste Gut (,Anti-Seneca')*, hg., übers. u. eingel. von Bernd A. Laska, Nürnberg 1985 (1748-1751)

Martens, Ekkehard, *Was heißt Glück?*, Hannover 1978

Nehamas, Alexander, *Die Kunst zu leben. Sokratische Reflexionen von Platon bis Foucault*, (dt.), Hamburg 2000

Schopenhauer, Arthur, *Die Kunst, glücklich zu sein. Dargestellt in fünfzig Lebensregeln*, hg. von Franco Volpi, München 1999

Schummer, Joachim (Hg.): *Glück und Ethik*, Würzburg 1998

Seel, Martin, *Versuch über die Form des Glücks*, FFM 1995

Simmel, Georg, *Einleitung in die Moralwissenschaft. Eine Kritik der ethischen Begriffe*, Stuttgart/Berlin 1892, p293-467 (*Die Glückseligkeit*)

Zirfas, Jörg, *Glück*, in: Christoph Wulf (Hg.): *Vom Menschen. Handbuch Historische Anthropologie*, Weinheim/Basel 1997, p812-821

Schritte zu einer Synthesis von Physik und sozialem Leben

Anmerkungen zu Andreas Hellmanns großer Arbeit „Perspektiven der Lebensenergieforschungen im 20. Jahrhundert. Die philosophische Rekonstruktion der Orgonphysik Wilhelm Reichs im Hinblick auf einen lebensenergetisch fundierten Begriff des Lebens"

I

Man kommt nicht umhin, diese große, im besten Sinne interdisziplinäre und dabei zugleich philosophisch geleitete Arbeit von Andreas Hellmann wissenschaftstheoretisch und wissenschaftspolitisch zu „verorten", da in einer ungewohnten Verwobenheit das Thema der Arbeit, Lebensenergieforschungen, sich mit der Wissenschaft als sozialem System reibt, wie auch ein zentraler Topos des Inhalts, die Orgonphysik, sich automatisch mit erkenntnistheoretischen Fragestellungen in Verbindung bringt. Wenn, um mit letzterem zu beginnen, Richard Rorty in seinem Buch *Ironie, Kontingenz und Solidarität* schreibt: „Wenn wir den Versuch aufgeben, die Idee einer [...] nichtmenschlichen Sprache mit Sinn zu erfüllen, dann werden wir nicht mehr in Versuchung sein, die triviale Aussage, daß die Welt die Ursache dafür sein kann, daß wir einen Satz mit Recht für wahr halten, zu verwechseln mit der Behauptung, daß die Welt sich selbst, aus eigenem Antrieb, in satzförmige Stücke namens ‚Tatsachen' aufteilt", so gilt der Tatbestand der Verwechslung sicher in übergroßem Maß für diejenige ‚etablierte' Wissenschaft: und zwar sowohl im Sinne der Abwehr all derjenigen Weisen, wissenschaftlich Erleben zu verarbeiten, die behaupten, einer Tatsache auf die Spur gekommen zu sein, wie auch im Sinne der Abwehr all derjenigen Weisen von Wissenschaft, die behaupten, daß kein Satz tatsächlich Tatsachen zu repräsentieren vermag. Hellmanns Arbeit rekonstruiert gerade an den erkenntnistheoretisch ‚extremen‘, der Darstellung entweder schwer oder nur völlig anders denn wissenschaftlich konventionalisiert zugänglichen Gegenständen namens Orgon und Lebensenergie, wie bestimmte Matrizen der Beobachtung, der Darstellung und der Konstruktion innerhalb der Wissenschaft in eine Kippstellung geraten, sobald das Verhältnis von Welt und Satz, von Ding und Wort, von sichtbar und unsichtbar durch konkurrierende Beobachtungen beschrieben wird. Damit wäre man schon in der wissenschaftspolitischen Dimension angelangt: Hellmann schreibt im Wissen um die zutreffende Aussage Luhmanns, daß es das Wissenschaftssystem ist, das bestimmt, was Wissenschaft ist und was nicht (vergleichbar dem Rechtssystem, das bestimmt, was Recht ist und was nicht). Lumann schreibt im Buch *Die Wissenschaft der Gesellschaft*: „Während das Subjekt als Symbol der Inklusion fungiert, kommt im Erfordernis der Intersubjektivität das Diabol zum Vorschein. [..] Als Subjekt hat jeder Anspruch, mit seinem Zweifel gehört zu werden. Im Kontext der Intersubjektivität werden Zweifel gewichtet und in Grenzfällen aus der Kommunikation ausgeschlossen. Dem Zweifler wird dann nicht seine Subjektivität bestritten, aber, was er äußert, wird als eine bloß subjektive Meinung genommen und, wenn die Abweichung hinreichend drastisch ist, der Psychiatrie überantwortet. Auch kommt es auf dieser Grundlage zur Absonderung von ‚Para‘-Wissenschaften, die, wenn hinreichend erfolgreich, gleichwohl Erkenntnisse an die offiziell anerkannte Wissenschaft abgeben können."

Exakt diese Exklusion der Lebensenergieforschung, speziell die Orgonenergie-Forschungen Wilhelm Reichs, aus dem akademisch und institutionell etablierten Wissenschaftsbereich, in eins mit der Rekonstruktion der Erkenntnisse des vermeintlich abgespaltenen Wissenschaftszweiges, markieren wissenschaftspolitisch und wissenschaftstheoretisch (um nicht zu sagen: erkenntnispraktisch) die Ausgangslage und Durchführung der Hellmann'schen Studie. Dabei begeht Hellmann nicht den (vermutlich:) Fehler, aus der Tatsache des Ausgeschlossenwerdens automatisch eine Wahrheit oder eine höher Approximationskompetenz der betreffenden Forschungen zu folgern. Dafür ist seine Kenntnis der diesbezüglichen Schriften Foucaults zu klar; und auch sein Aufweis, wie weit Reich selbst noch in mechanistischen Erklärungsschemata (contre cœur) dachte bzw. dem etablierten naturwissenschaftlichen Denken nachhing, weisen Hellmanns Studie aus als eine, der es nicht um eine Parteinahme geht, sondern darum, im besten Sinne argumentativ rekonstruierend Erkenntnisse über das Mirakel Leben zu erörtern, im Wissen, daß die „Welt die Ursache dafür sein kann, daß wir einen Satz mit Recht für wahr halten", daß dies aber nicht bedeutet, „daß die Welt sich selbst, aus eigenem Antrieb, in satzförmige Stücke namens ‚Tatsachen' aufteilt" (nochmals Rorty).

II

Die Studie beginnt mit einer Einleitung in die Lebensenergie-Forschung Reichs, vor allem aber mit dem Aufweis einer 100 Jahre währenden Forschungstradition, der als unterdrückte oder verdeckte Geschichte nachgegangen werden soll. Zugleich gibt Hellmann schon Hinweise, daß mithilfe der (physikalisch ausgerichteten) Lebens-Forschung bestimmte geisteswissenschaftliche Kategorien (das Außen, die Immanenz), die zumeist eine ‚metaphysische Vagheit' darstellen, nun „hyperraumphysikalisch beschreibbar und technisch handhabbar" geworden sind (p4). Die politische Dimension seiner Studie formuliert Hellmann sehr präzise und zitierwürdig in seiner zweiten These zur Arbeit (p5): „Während die mechanistische Betrachtung des Lebens den öffentlichen und den universitären Diskurs dominiert, und die lebensenergetisch orientierten Ansätze öffentlich abgestraft und/oder weitgehend unterdrückt werden, sind gleichzeitig Techniken auf der Basis gerade dieser Erkenntnisse über die Lebensenergie entwickelt worden und einsetzbar, die darauf abzielen, über den Hyperraum direkt in die Lebensprozesse einzugreifen und den Lebensfluß, der alles erschafft, zu kontrollieren." Nach einer kursorischen Kontextualisierung der für das Thema Lebensenergie wichtigen Gedanken Reichs, Einsteins, Teslas und Deleuzes sowie dem Aufweis von drei Bereichen (Philosophia perennis, wissenschaftlicher Underground, militärische Forschung), in denen eine dem Thema zuträgliche Forschungsdignität abrufbar wäre, formuliert Hellmann ein zentrales Anliegen seiner Studie (p20): „Es ist notwendig, philosophische Termini mit aktuellen naturwissenschaftlichen Theorien und deren Begrifflichkeiten zu verbinden, um diese beiden wiederum an eine aisthetische Theorie zu koppeln, die sagen können muß, was lebendige Erfahrung von Lebensprozessen ist."

In Kapitel I werden die Feindifferenzierungen des Erkenntnisge-
genstandes „Lebensenergie" vorgenommen. Die Begrifflichkeiten
Äther, Vakuum und eben Lebensenergie werden entlang der dazu gemachten Terme, Gedanken und Erkenntnisse von John Davidson,
Thomas Bearden, Edmond T. Whittaker, Bruno Steimle, Oliver Lodge,
Nikola Tesla, Harold Puthoff, Moray B. King, Gerald Feinberg, Chris-
tian Opitz, Hans Niepers, Sven Mielordt, Shiuji Inomata entfaltet.
Ausgewiesen wird damit nicht nur ein enormes Lesevolumen Hellmanns, sondern die Tatsache, wie vielfältig und keineswegs parawissen-
schaftlich sich die Frage nach der Lebensenergie gestellt hat und unter-
schiedlich, doch nicht divergent beantwortet wurde und wird.

Im Exkurs I gibt es eine erste Probe der Forderung, „philosophische Termini mit aktuellen naturwissenschaftlichen Theorien und deren
Begrifflichkeiten zu verbinden"; Hellmann versucht kursorisch vorsok-
ratische Philosophie äthertheoretisch zu interpretieren.

Im darauf folgenden Kapitel II geht es um moderne Eidos-
Theorien, die Hellmann als Theorie formender Felder, als energetische
Strukturen und als Informationsstrukturen reformuliert; damit geht er
nun in die ‚naturwissenschaftlich' schwierige Materie hinein. Im Focus
stehen Rupert Sheldrakes Theorie der morphogenetischen Felder, Harold Saxton Burrs Theorie des elektrodynamischen Feldes (auch Le-
bensfeld genannt; p47), vor allem aber Burckhard Heims allgemeine
Feldtheorie mit seiner Entfaltung der Welt in sechs Dimensionen; sowie
David Bohms Theorie der Impliziten Ordnung, Georges Lakhovskys
Forschungen über die Zellkommunikation („natürliche Zellschwin-
gung"; p61), Roy Rifes Resonanztheorie. Daran schließt sich Kapitel

III an, das ganz Wilhelm Reich gewidmet ist, aber nicht ohne zu erwähnen, wie reichhaltig der Fundus verschiedener Forschungen zum Thema Leben ist: „Die Orgontheorie Reichs ist hier nur ein Ansatz. Der Ansatz Teslas ein anderer. Weitere Ansätze sind: Die Theorie des Außen, die Theorie des holographischen Gehirns von Karl Pribrim, die Nullpunktfeldtheorie, die..." (p64). Nach Hinweisen, wie der Zugang zum Kern der Orgonomie erleichtert werden kann, und Bemerkungen zur Methodologie seiner Arbeit (chronologische als auch themenlogische Vorgehensweise; p68), kommt Hellmann auf die Bionenforschung Reichs zu sprechen: im ersten Kapitelabschnitt auf den Entdeckungskontext und die Entdeckungsprobleme des Orgons (1938), auf das Oranur-Experiment und den Einstieg Reichs in die ökologische Grundlagenforschung (1951), plus dem Ausweisen relevanter Ergebnisse (z.B. Veränderung der Halbwertzeit nuklearen Materials; p82), auf die Sichtbarkeit des Orgons und einer auf Orgon begründeten Erkenntnistheorie (1939-40, 1949) – mit der weitreichenden und unterfütterten These Hellmanns, daß die Reich'sche orgonomische Wissenschaft eine langanhaltende Entwicklung der abendländischen Wissenschaft umkehrt, nämlich die „Entwicklung zu immer unsinnlicherem und abstrakterem Denken" (p87) –, schließlich auf die Krebsforschung Reichs. Im zweiten Kapitelabschnitt rekonstruiert Hellmann Reichs Forschungsmethode entlang der Begrifflichkeiten „orgonomischer Funktionalismus" resp. „Orgonomie" (eine Art zusammenfassendes Baumdiagramm auf Seite 103), damit den Satz Reichs erläuternd, daß der Schutz des Lebendigen funktionelles Denken erfordere (p105). Im dritten Abschnitt des Kapitels III bietet Hellmann eine wissenschaftshistorische Rekonstruktion der Lebensenergieforschung um 1900 an und damit eine vielschichtige Referenz zur Beurteilung des ‚heutigen' Umgangs der ‚community' mit ebendieser Forschungsrichtung. Der vierte Abschnitt ist ganz dem Verhältnis des einstmaligen Freud-Schülers Reich zu Freud gewidmet, exemplifiziert ist die Absetzung Reichs von Freud anhand des Übergangs von der Widerstandsanalyse zur Charakteranalyse bei Reich. Der fünfte Abschnitt beschäftigt sich eingehender mit der Reich'schen Charakteranalyse und wird im sechsten Abschnitt durch die Erörterung der Vegetotherapie ergänzt. Beide Erörterungen münden im siebenten Abschnitt in die theorieumfangsgrößere Analyse der „Pulsation des Lebendigen", nicht ohne Hinweise auf die Anschlußfähigkeit der Reich'schen Überlegungen zu kurrenten Theorien (etwa der der Autopoiesis; p128).

Der achte Abschnitt ist den Eigenschaften der Orgonenergie und der Äthertheorie (man beachte den kategorialen Unterschied zwischen Theorie und ‚Gegenstand'!) zur Verfügung gestellt, insbesondere der Beschreibung des Reich'schen Experimentes XX („primäre Biogenese"; p139) und weiterer orgonphysikalischer Experimente der 40er Jahre (plus einer persönlichen Anmerkung Hellmanns zu diesen Versuchen; p143), um daran anschließend orgonomische Funktionsgesetze in den Blick zu nehmen, anhand derer Reich von Hellmann positioniert wird, und zwar innerhalb des ‚Theoriebogens' Äthertheorie und Orgonenergie(theorie).

Im zweiten Exkurs der Arbeit versucht Hellmann sehr vorsichtig, die „Lebensenergie-Thematik mit den modernen Feldtheorien zusammenzudenken" (p152), im dritten Exkurs spürt er Gemeinsamkeiten und Verschiedenheiten zwischen Reich und Deleuze nach, kommt aber auch auf bestimmte Schieflagen der Deleuze'schen Rezeption ausschließlich des Frühwerks Reichs zu sprechen (p161) und behauptet generell eine gewisse Unterkomplexität der Deleuze'schen ‚Außen-Theorie' im Vergleich zur Reich'schen Orgonenergie(theorie).

Kapitel IV versucht noch einmal den einstigen Stand und das einstige Niveau der Gedanken und Erkenntnisse zur Lebensenergie in der ersten Hälfte des 20. Jahrhunderts zu konturieren und als historisch und wissenschaftlich „ausgeschlossenes Wissen" (so Kapitel IV.1) zu fassen. Im anschließenden Abschnitt fragt Hellmann, inwieweit lebensenergetische Naturgesetze bestehen, wie und ob sie anerkannte Naturgesetze ergänzen oder verändern, und wie die von Reich entdeckte Orgonenergie als „Grenzgänger zwischen unserer mit den Sinnen erfahrbaren materiellen Welt und höherdimensionalen Räumen" aufzufassen ist (p172). Interessant ist dabei, wie Hellmann Reichs Theorie von der der operational geschlossenen Systeme und von der des Chaos resp. der dissipativen Strukturen abgrenzt und dafür eine andere, die Implosionstheorie Viktor Schaubergers, hineinnimmt.

Abgeschlossen wird Hellmanns Studie mit einer krassen Knüpfung: Der Darstellung zeitgenössischer Chronokratie – bis hin zur vorsichtigen Frage, ob nicht ein Zeitumkehrprozeß schon seit einiger Zeit stattfindet (p190) –, und der Darstellung dessen, was Aisthesis im Lichte der Erkenntnisse Reichs und der Bedrohung durch Chronokratie bedeutet. Mit Reichs Erkenntnistheorie, so Hellmann, wird klar, „was das Wort ‚körperlich' in dem Terminus *körperliche Wahrnehmung* überhaupt bedeutet" (p192). Die Arbeit endet optimistisch: „Tiefere

Schichten der Lebensenergien können, wie ich glaube, definitiv nicht mehr für selbstsüchtige oder für Zwecke der Manipulation eingesetzt werden. Irgendwo – noch über das Orgon hinaus – beginnt wirklich das Unverfügbare" (p206).

III

Hellmann verbindet in seiner glänzend geschriebenen, vorzüglich gegliederten und stupendes Wissen ausbreitenden Studie, die den der Materie unkundigen Leser so überfordert, daß er versteht, was ihn überfordert, die allseits gewünschte und geforderte Auseinandersetzung der Philosophie mit den Paradigmen, Themen und Gegenständen naturwissenschaftlicher Provenienz mit einer genuin nichtnaturwissenschaftlichen Kritik; er stellt Beziehungen fest zwischen avancierter philosophischer Theoriebildung und den Theorem Reichs bzw. der Lebensenergieforschung und hält sich gleichsam auch hier an eine distanzierte Perspektive, die ihm erlaubt, im verschlungenen Gewebe aus etablierter Naturwissenschaft, geächteter Lebenswissenschaft und kritischer Leben-Philosophie Brüche und Gemeinsamkeiten auszumachen, wo eher Gemeinsamkeiten und Brüche vermutet werden könnten.

Humberto R. Maturana sprach einmal davon, daß er zu Beginn seiner Autopoiesis-Fortschungen den Anspruch an sich stellte, zur Plausibilisierung seiner Theorie nicht etwa das Modell autopoietischen Lebens zu simulieren, sondern das autopietische Leben selbst. Es war der Anspruch, zum „Ding an sich" zu kommen. – Nämlichen Anspruch, so ist von Hellmann zu erfahren, hatte Reich: Für ihn war Orgon tatsächlich das (Lebensenergie-)Ding an sich, das aufsuchbar ist, mit dem man immer in einem „orgontischen Kontakt" steht (p194). Diese erkenntnistheorietranszendierende Einstellung scheint meiner Meinung verantwortlich zu sein dafür, daß Hellmann in der Arbeit manches Mal seine ‚Adressierung' wechselt: Mal ist die Lebensenergie der ‚Gegenstand' der Erkenntnis, mal ist der Gegenstand die Lebensenergietheorie Reichs, mal ist die Erkenntnis der Theorie der Lebensenergie Gegenstand der Erkenntnis.

Den Stellenwert der Hellmann'schen Rekonstruktion kann man am besten in drei Dimensionen hervorheben: einmal leistet sie eine überfällige Darstellung eines sowohl vernachlässigten wie unterdrückten als auch im Verborgenen gefährlich benutzten Wissens vom Leben und damit ineins eine Entstigmatisierung vorallem Wilhelm Reichs; sie leistet zum zweiten eine exemplarische Darstellung der Ein-und Ausschließungsvorgänge innerhalb und an der Grenze der „wissenschaftlichen Gemeinschaft", die nicht nur mit symbolischer Gewalt bewerkstelligt werden; und sie leistet die Eröffnung eines politisch brisanten Horizontes der Gesellschaften im 21. Jahrhundert: auch wenn der Titel der Studie die „Perspektiven der Lebensenergieforschungen im 20. Jahrhundert" zum Thema macht, sensibilisiert Hellmann fürs 21. Jahrhundert („Wenn Spitzenphysiker wie Burkhard Heim oder Thomas Bearden heute sagen, daß der Einsatz von Hyperraumwellen zu den wichtigsten Aufgaben und Errungenschaften des 21. Jahrhunderts zählen werden, können wir sagen, daß es diese Techniken sind, die zur Grundausstattung der sich herausbildenden *Kontrollgesellschaften* (Foucault, Deleuze) und der *globalisierten Welt* gehören werden. Die die Disziplinargesellschaften ablösenden Kontrollgesellschaften wären dann vor allen Dingen auch zeitbeherrschende Geslelschaften. Kontrolle, auch die Kontrolle des Bewußtseins, liefe über den Hyperraum"; p188).

Das Denken als Gegenstand, der kein Gegenstand des Denkens mehr ist

Zu Andreas Langensiepens Arbeit
„Das Unerträgliche. Zur Tragweite einer Kritik der Gesellschaft"

Andreas Langensiepen hat eine Essay-Arbeit vorgelegt, die nicht nur keinen Vergleich mit anderen Arbeiten dieses Formats erlaubt, sondern auch in der Weise des formulierbar gemachten Denkens mir singulär erscheint. Allenfalls André Vladimir Hetz' Meditation über *Medium – eine Welt dazwischen* (Zürich 1998) und Martin Heideggers *Sein und Zeit* (Tübingen [15]1979) fallen mir noch ein, bezogen auf den Duktus, auf die ausdauernde „mikro- und makrophänomenologische" Umkreisung des Denkens in und mit Begriffen.

Auf einen früheren Text bezogen, der gleichsam in die vorliegende Arbeit eingegangen ist, konnte die Leseerfahrung, die Langensiepen ermöglicht, so beschrieben werden: es ist, als ob durch eine kleine Bewegung ein magnetisches Feld errichtet wird, das dazu führt, daß plötzlich alle bis dato eher ruhigen Moleküle sich „aufstellen", sammeln, um mit Eile durch ein kleines, sie anziehendes Loch (Spalte, Falte) sich hindurchzubewegen – und dort und ineins sich zu verwandeln.

Langensiepen schafft es, Subtextuelles textuell zu machen durch formulierte Metaabstraktion, vielleicht gar schon Endoabstraktion. Er macht dabei das „Übel" (dichotomen, erfahrungslosen Denkens) ex negativo so stark wie nur möglich, um sich selbst der Ernsthaftigkeit/

Widerstandsfestigkeit eines sich erweisenden Denkens und anhebenden Arbeitens zu versichern (zu versichern, daß ‚Mannigfaltigkeit einen Ausweg bietet'; p13). – Wie ist zu denken nicht mehr allein im Wissen, das das eigene Denken der Feind ist, sondern auch jede Form des Dies-Bedenkens, egal wie abstrakt-distanzierend oder wahrnehmend-spürend man vorzugehen gedenkt?

Langensiepen beschreibt begrifflich in einer Weise eine Region im unbekannten abstrakten Denken, einen Vorgang des Denkens sans phrase, wie sie für bildgebende Verfahren typisch ist, die plötzlich Einblick gewähren in Wirklichkeiten des Statthabens und des Fallseins. Er beschreibt gleichzeitig sein Beschreiben mit als eines, das instantan mit Diskriminierung/Abgrenzung als auch mit dem Mannigfaltigen umgeht. Sein Text ist das, was man sonst in die Terme Erkenntnis und Erkenntnisgegenstand unterschieden hat.

Man findet in dieser Arbeit – traditionell betrachtet – keinen Gegenstand, kein Sujet, nichts Abgrenzbares, nichts im Raum Verortbares vor. Man findet vor: das „nicht einmal"-Dasein einer vorübergehend festgehaltenen, eingefrorenen Struktur der Bedingungen des Denkens von Vorstellungen. Man findet vor: eine Leibhaftigwerdung des Werdens von sich in Beziehung einziehenden Denkungen; tanzende, kreisende, unsichtbare Codes, die Langensiepen dazu überreden konnte, sich für kurz auf die Bühne der Schriftsprache zu begeben.

In seinem Versuch, „durch die Unmöglichkeit hindurchzugehen (ohne in eine Aporie zu geraten)" (p14), „zwischen den Dingen hindurchzugehen" (dito), gelingt es dem Schreiber in den meisten Fällen, im Nachdenken der Probleme von Denken und Leben, Identifikation und Exklusion, Kritik und Positivismus dort anzufangen, wo Autoren wie Adorno, Foucault, Deleuze, Derrida, Heidegger, Kafka und Pessoa angelangt sind in der Einsicht in die Kompliziertheit des Offenhaltens von Horizonten („Anders-Denken") bei gleichzeitiger Ordnungswirkung der Bezeichnung. Pointiert heißt es bei Langensiepen: „– geraten wir doch in eine ununterscheidbare [..] Lage [..], in der das, daß es ‚darum geht', zugleich das ist, daß es ‚darum herum geht' – wenn das, ‚worum es geht', darum herum geht, und wenn es darum, ‚worum es geht', herum geht, wenn es auf Wegen geht, die Umwege sind" (p58).

Es ist eine Spur, so Langensiepen, „der wir folgen, in einem Geflecht mannigfaltiger Spuren: die Spur entrinnt allen Bestimmungen, da sie sich nicht eingrenzen läßt, sondern die Grenze zieht, als ihre Spur (sie differiert). Die Spur führt aus der Geschlossenheit eines Schemas heraus. [...] Zugleich jedoch wirkt sie (die Spur, der man folgte) in unbestimmbarer Weise an der Grenzziehung mit, in der sie Spuren hinterläßt (denen man folgt)" (p51). Die Langensiepen'sche Spur folgt der Heideggers und Derridas, ohne Ontologie und Differenzphilosophie zu betreiben.

Langensiepen bezieht nun diese methodologischen, dem Denken und dem Erkennen als Prozeßformen auf die Spur kommen wollenden Gaben auf sein Schreiben selbst; und speziell auf die dadurch neue oder andere Sicht ob einer tragfähigen Gesellschaftskritik, die nicht mehr teil haben soll an den ausdifferenzierten Formen der Exklusion, wie sie unter dem Label „Dialektik" zumeist verharmlost wurden. Er geht davon aus, daß sich nichts an und in der Gesellschaft ändert, „solange nicht ein Denken der Mannigfaltigkeit (des Zusammenhangs) versucht wird. – In einer Fluchtlinie, die das Unerträgliche streift" (p122). Langensiepen versucht dieses Denken, er erwähnt es nicht einfach, was sonst eher die Regel ist. Er führt damit aus, was andere, von ihm sehr sparsam zitierte Autoren eher als Prospekte entwerfen (mit der großen Ausnahme Gilles Deleuze).

Langensiepens Diplomarbeit kann als Prolegomena einer kritischen Phänomenologie des werdenden und passierenden Denkens nach dem Herausbrechen des Denkens aus dem Geist gelesen werden. Es ist eine Studie, wie Denken geschrieben werden kann nach dem Fall der Haltungen des Geistes (logische, philosophische, unterscheidungstheoretische Evidenzen). Wenn, wie er schreibt, ‚das Unerträgliche nicht im Mittelpunkt steht, und das, um was es geht, nicht im Mittelpunkt aufzufinden ist' (p26), und wenn eine ‚Verwesentlichung des Flüchtigen' das wäre, wie dem beizukommen sei: dann hat dies diese Arbeit aufs Glänzenste gezeigt und lesbar gemacht.

Man muß anders Denken, um diese Arbeit an die Ränder des Verstehens zu bringen. Daß Langensiepen nicht den gegenstandstheoretischen Weg des „etwas anderes denken" eingeschlagen hat, sondern das Denken selbst als das „etwas" fliehend setzt, weist diese Arbeit zugleich als eine wissenschaftstheoretisch und erkenntnistheoretisch wertvolle aus. Indes: Sie bleibt und will auch nicht mehr sein als ein „Vor|wort".

Sonden für das Innenleben der Abstraktion

Bemerkungen zu Hans Ulrich Recks Buch „Singularität und Sittlichkeit.
Die Kunst Aldo Walkers in medienphilosophischer Perspektive"

Dieses Buch, das Hans Ulrich Reck innerhalb von drei Wochen geschrieben hat, muß man wohl auch in einem Zug lesen; zumindest ist es förderlich, beim Lesen in Bewegung zu sein. Es ist ein Wirbelzug, ein geschriebenes heftiges Atmen, in das man hineinkommt und das einen mitnimmt. Erschöpfung und ineins Erhellung sind die sehr wahrscheinlichen Zustände nach dem Gelesenhaben. Was vor allem daran liegen wird, daß man das Lesen andauernd nicht aufhören kann, obwohl man will, weil soviele Gedanken nachzudenken sind, die Hans Ulrich Reck entwirft. Und was er entwirft, ist eine weitere Konturierung seiner Theorie der „Kunst durch Medien", die er an und mit der Kunst Aldo Walkers einsichtig zu machen sucht. Worum geht es? Darum, so Reck in einem Konzentrat seiner Arbeit: „Das Eigentliche der Kunst ist nicht zu übersetzen, es wirkt direkt. Die Bedeutung der Kunst erklärt sich nicht im Schema der Repräsentation. Sie ist auch nicht Utopie oder Antizipation, sondern genuine Wirklichkeit. Kunst kann keinen Wahrheitsanspruch haben, da sie ihre eigene gedankliche Wirklichkeit schafft und unmittelbar zur Geltung bringt. Im Gegensatz zur Konzeptkunst geht Walker davon aus, daß synthetisch Neues ununterbrochen in der Kunst wie in der Welt sich ergibt, die sich nicht gegenüber der Kunst zu rechtfertigen hat und dieser keinen besonderen Erklärungswert im Hinblick auf eine offensichtlich und selbstverständlich gegebene Wirklichkeit zuweisen muß. Walker skizziert die Aufgabe des Künstlers als rhetorische Inszenierung von Schnittstellen zwischen Kunst, Realität und Lebenswelt und richtet sich dezidiert gegen die dem Kunstsystem als vermeintlich autonomer Selbstorganisation einge- schriebenen autoritativen Ideologien der Macht. Kunst ist und bleibt ein Medium und Ereignis der Konstruktionen und Perzeptionen im un- auftrennbaren Akt von Sehen und Denken" (p162).

Was in den Ausführungen Recks zu Walker, Kunst, Ereignis und Wirklichkeit vorallem fasziniert, ist eine unglaubliche Differenziertheit der Gedankeninbeziehungssetzung. Die filigran komplexe Abstraktion bewirkt eindeutig Intensität: Es ist wie das Atemanhalten, während man dem Künstler beim Drahtseilakt zuschaut. Etwa: „Das Medium der Kunst macht das Bild der Kunst zu einem Ereignis" (p137). Oder: „Der Freiheitsbegriff der Wirkung entspricht der Sittlichkeit der Evolu- tion der Werke" (p30). Und sehr viele weitere Stellen, deren Diffe- renziertheit berauschend ist (etwa: p25, p33, p43f.). Allein der nur vierseitige „Exkurs zu High-Tech-Folklore, Dynamik und Cyberspace – Das Hieroglyphische in der USA-Kulturmythologie" gäbe Gedanken- stoff für ein eigenes Buch. Und Recks Formulierung der Neuakzentuie- rung der grundlegenden medialen Leistung der Kunst (p45) muß man als unerreichte Verkörperung einer geschmeidigen Vollständigkeit an- sehen (siehe auch p131).

Spätestens nach der Häfte des Buches stellt sich die Frage, warum der Titel die Kunst Aldo Walkers in den Mittelpunkt stellt. Denn bis zu diesem Zeitpunkt erfährt man über Walker zwar etwas, aber nicht soviel, das den Titel der Arbeit rechtfertigen könnte. Ist man mit dem Lesen fertig, dann weiß man, daß der Titel der Arbeit richtig gewählt wurde. Denn, vorerst einmal kryptisch gesagt: Die Kunst Walkers ist auch diese vorliegende Arbeit, die vorliegende Arbeit ist auch Kunst Walkers. Wie das? Auf p99 schreibt Reck: „Es scheint wenig anderes übrig zu bleiben, als den Anspruch auf und die Auszeichnung von Kunst überhaupt wegzulassen, zu überwinden, darauf zu verzichten, und zwar ultimativ und umfassend. Kunst bliebe dann ein Organon zur Entwicklung von etwas, ein Werkzeug zur Erzeugung, das einen reinen Mittelstatus hat, [...]." Was Walker die Kunst ist (andere Kunstwerke, seine Werke), das ist Reck die Kunst Walkers. Er ‚wendet' sein – Walkers – Kunstmachen, seine Beziehung zur Kunst auf ihn an. So wie sich Walker zu seiner eigenen Kunst ins Verhältnis setzt mit einer Ausstellung namens ‚l'ettre d'image par aldo walker', in der er andere Werke anderer Künstler zur Ausstellung brachte, so setzt sich Reck in ein Verhältnis zur Kunst Walkers. Was passiert, ist eine unmögliche Umsetzung als Ereignis, das passiert.

Recks Starkmachen einer anderen Wirklichkeitsdimensionierung von Kunst ist eindeutig einer anderen Dimensionierung von Gesellschaftsdenken verpflichtet. Hier hat kein Ästhetizismus Platz, um zu transgredieren. Recks Fassung einer singularen Sittlichkeit, die im Kunstmachen Walkers liege, ist vielmehr eine weitreichende Resurrektion des Denkens nach einer Moral, die nicht mehr ihre Zuverlässigkeit erkauft durch Abstraktion vom Individuum. Um das zu erreichen, muß die in Kunst liegende Sittlichkeit Teil sein einer Sittlichkeit in der

Gesellschaft. Die Bedingungen einer solchen Sittlichkeit sind in der Lebenswelt zu finden. Das ist der Grund, warum in Recks und Walkers Arbeiten der Gebrauch des Konzeptes namens „Lebenswelt" einen großen Raum einnimmt.

An einigen wenigen Stellen dieser großen Arbeit kann man Fragen stellen, um die Drift Recks durch Genauigkeit zu unterstützen; aber auch, um eigene Unklarkeiten zu formulieren. Etwa:

• Der „Vorrang des Gestus vor dem Ausdruck" (p6 u.ö.) – Wenn ich die durch Reck mir nahegebrachte Kunst Walkers nicht ganz falsch und zugleich Reck nicht ganz falsch verstanden habe, dann könnte soetwas wie eine Ordonanz innerhalb der Kunst Walkers, innerhalb eines Prozesses oder einer Tat der Kunst Walkers gar nicht mehr statthaben (wohl allerdings für den Künstler Walker, der sich dementsprechend ja äußert). Aber er ist ja nicht das Subject der Reck'schen Ausführungen, sondern die Kunst. Will sagen: Wenn jemand Kunst machte mit der Vorgabe, der Ausdruck sei das Primordiale, sei Alpha, dann wäre es nicht bedenkenswert (wenngleich abzulehnen), daß er Rangpositionen verteilte. Jemand, der den Gestus begreift und das Begreifen als Geste fasst, könnte sich meines Erachtens nicht mehr dieser Ordnung bedienen. Ich meine das im Sinne von: Jemand, der dem „Um alles in der Welt das Machbare machen" folgt, macht alles, um das Machbare zu machen. Derjenige aber, der es eher mit der Unterlassung hält, kann nicht (zumindest für mich) um alles in der Welt das zu Unterlassende machen. Er würde dem gleichen Modus folgen wie der Macher. Deswegen ist der Unterlasser, ist er denn einer, strukturell (logisch, notwendig und hinreichend etc.) „unrein": Er wird sowohl machen als auch unterlassen, er wird profillos, könnte man sagen, dies aber nicht aus Inkonsequenz, sondern gerade aus Konsequenz des Unterlassens heraus. Mir ist die Geste auch wesentlicher als der Ausdruck. Aber wenn das, was Walkers Kunst erlebt, zeiträumliche Geste ist: Könnte sie dann nicht neben vielem auch ausdrücklich sein, also vielleicht den Ausdruck so gestikulieren, daß er in seiner reduzierten Weise, nämlich als intrikate und intrinsische Bedingung eines Zeichenprozesses, der exklusives Material sucht, wiederum Teil der Geste wird? Wenn Reck schreibt: Die Werke Walkers versuchen niemals Ausdruck zu sein, „sondern Gestus", und sie versuchen „zuweilen dadurch lehrreich werden [zu] wollen, daß sie diesen Gestus auszudrücken und im Ausdruck des Gestischen zu konzentrieren nicht vermeiden können" (p8): Was ist dann dieses unvermeidbare Konzentrieren? Ist es lebensweltliche, genuin künstlerische, anthropologische, Wirklichkeits- oder Bewußtseinsfaktizität?

Der Gestus-Begriff bei Walker erinnert auch an den von Adorno, in eins mit der Doppelfrontstellung: Bei Adorno Szientismus und Metaphysik, bei Walker (und Reck) Ausdrucksidealismus und ‚Medienkunst'. Adorno sagte[1] zu Horkheimers Aufsatz „Art and Mass Culture": „Es geht wirklich eine Erfahrung davon aus – fast könnte man sagen, der Aufsatz stelle eine Gebärde dar mehr als einen Gedanken. Etwa wie wenn man, verlassen auf einer Insel, verzweifelt einem davonfahrenden Schiff mit einem Tuch nachwinkt, wenn es schon zu weit

---

[1] Max Horkheimer Archiv, VI 1B.58; Brief an Horkheimer, 21.8.1941, zitiert nach: Gunzelin Schmid Noerr, *Gesten aus Begriffen*, in: Zeitschrift für kritische Theorie, 1/1995, p57-92, hier: p73.

weg ist zum Rufen. Unsere Sachen werden immer mehr solche Gesten werden müssen und immer weniger Theorien herkömmlichen Sinnes. Nur daß es eben dazu der ganzen Arbeit des Begriffs bedarf." – Ist Aldo Walkers Kunst dieses Schiff, das schon zu weit weg ist, um noch zu rufen? Eine weitere Stelle:

• p17 + p18 (Anm.): „Was Kunst ist, ist Kunst kraft etwas, das sich immer in irgend einer Weise formt und materialisiert, aber zunächst nichts Spezifisches über die Medien aussagt." | „Kunst, die ausdrückt, wofür sie Mittel und Medien wählt, kann als ‚Kunst mit Medien' definiert werden. Kunst, die spezifisch nur durch die bestimmten Medien realisiert [..] wird, deren Handhabung sich sich methodisch und prozessual in unverwechselbarer Weise und mit besonderen Erkenntnisinteressen und Handlungszielen zuwendet, solche Kunst soll ‚Kunst durch Medien' genannt werden." – Diese wichtige Unterscheidung könnte man ‚anthropologisieren'. Plessner fällt einem sofort ein. „Wenngleich für Plessner die (anschauliche) Form als Manifestation der Grenze (eines ‚körperlichen Dinges') ein wesentlicher Index für Lebendigkeit ist, so daß, wie Adolf Portmann sagt, Selbstdarstellung eines Organismus den gleichen grundlegenden Rang zu bekommen hat wie Selbsterhaltung und Arterhaltung, optiert Plessner nicht dafür, das Phänomen Leben einer *spezifischen* Organisation der Materie zuzurechnen, sondern dafür, Leben als Organisation einer *besonderen* (also organischen) Materie zu fassen.[2] D.h.: Autopoiesis wäre nicht die be-

---

[2] Diese Unterscheidung bei Milan Zeleny, *Ecosocieties: Social Aspects of Biological Self-Production*, in: Soziale Systeme, 2/1995, p179-202.

griffliche Darstellung eines ‚Organisationsprozesses' der Selbstabstrak-
tion/Ek-stase einer Grenzen schaffenden Selbstschaffung, die indiffe-
rent gesetzt ist gegenüber der spezifischen Materialität, Relationalität
und Komplexität des Geschaffenen. Plessner besteht vielmehr darauf,
daß die ‚Wesensmerkmale des Belebten' Phänomene darstellen, deren
Qualität trotz aller analytischen Auflösbarkeit „als Erscheinung ihre Ir-
reduzibilität behält."[3] – Damit kommt dem „Was" der Tatsache, daß
der Mensch, basierend auf Emanzipation zu biologischer (Verhaltens-)
Mehrdeutigkeit, sowohl Freiheitsgrade in der Gestaltung seiner ‚Grenz-
fläche' erworben hat als auch ebendiese Gestalten gerichtet darzustellen und auszudrücken, also zu adressieren vermag (an andere Lebewesen), größere Bedeutung für die theoretische Einholung des Problems
‚Positionalität' zu denn dem „Daß"[4] der Darstellungen, Gestaltungen,
Äußerungen.[5] Oder anders: Daß der Mensch das bisher einzig bekannte Lebewesen ist, das qua Plastizität und Variabilität der Horizontbildung seines Weltinbeziehungsetzens weitestgehend freigestellt ist (ex-

[3] Helmuth Plessner, *Die Stufen des Organischen und der Mensch* (1928), GS IV, hg. v.
G. Dux, O. Marquard, E. Ströker (u. M. v. R.W. Schmidt, A. Wetterer, M.-J. Zemlin),
FFM 1981, p32; oder, p428: „Autonom sind die Lebenserscheinungen als Erscheinungen, womit keine Abwertung gegenüber einer eigentlichen oder tieferen Wirklichkeit
gemeint ist, die etwa der operativen Analyse sich erschlösse."
[4] Um eine philosophische Linie zu ziehen: Das „Daß" bezieht sich auf die physiologische, das „Was" auf die pragmatische Anthropologie; die Unterscheidung ist von Kant
(Bd. XII der Werkausgabe, *Schriften zur Anthropologie, Geschichtsphilosophie, Politik
und Pädagogik 2*, hg. v. W. Weischedel, FFM 1977).
[5] Siehe nur als fortgeschrittene Vertreter einer naturalisierenden Sprachphilosophie, die
das „Was" des Sprechens beinahe schon in eine Ethologie einfließen läßt, Richard Rorty
(*Kontingenz, Ironie und Solidarität*, dt., FFM 1989, p21-51) und Donald Davidson
(*Wahrheit und Interpretation*, dt., FFM 1986, p343ff.); siehe für eine antianthropologi-
sche Fassung des gerichteten Adressierens Peter Fuchs, *Adressabilität als Grundbegriff
der soziologischen Systemtheorie*, in: Soziale Systeme, 1/1997, p57-79.

zentrisch), darf nicht in Gänze auf die Seite hin umgebrochen werden, auf der sich ebendieses ‚Vermögen' organisiert (Sprache, Arbeit, Geist) – denn damit würde man wieder nur anthropozentrisch die Bedingungen zur Ermöglichung ebendieses Vermögens im menschlichen Bewußtsein, in der menschlichen Intelligenz (und in der menschlichen Form von Sozialität) zu sich kommen lassen[6]. Vielmehr käme es darauf an, Fragen zu entwickeln, die die unvorstellbar vielen und massiven Objektivationen menschlicher Abstraktion, Technologie und Organisation, die gemeinhin als Emanzipation von Natur bzw. als zweite Natur gefasst werden, als ein Tableau oder als ein Dispositiv zu verstehen, von dem aus eine weitere, eine andere, eine ‚neue' Horizontbildung entsteht (vielleicht vergleichbar dem Horizont, der durch die evolutive Einmalerfindung der zeichenbenutzenden sprachlichen Kommunikation entstand) – aber wiederum im Rahmen von Leben, nicht im Rahmen von Geist (Technologie)." Und folgende Stelle:

• p105: „Das Gelingen [von Kunst] ist aber nicht Ausdruck einer Beurteilung durch Vergleichung der Form, der Komposition, des Gehalts, sondern nur erlebbar im Modus einer überwältigenden Erfahrung. Umgekehrt: Man kann von gelingender Kunst wohl immer dann sprechen, wenn durch als Kunst erzeugte Artefakte eine solche überwältigende Wirkung, Erregung, Emphase, erreicht wird." – Hier kam man fragen, warum das Gelingen von Kunst eine wichtige Rolle spielt für die Situierung der Kunst. Meint dieses Gelingen etwas anderes als Anschlußfähigkeit? Weitere Fragen:

---

[6] Die Krönung einer solchen Sichtweise: Hegels Inthronisierung eines absoluten Geistes.

• Die Setzung der Kontrastbegrifflichkeiten und -horizonte namens Leben, Lebenswelt, allgemeine Lebenswelt, lebensweltliche Texturen zu den Begrifflichkeiten namens Repräsentation, Selbstreferentia-
lität, ‚Medienkunst', Ausdrückungsausdruck; sowie die Nähe der Kunst
zum Leben (p154: „In der Kunst selber ist bestimmend die sehn-
suchtsvolle Ununterschiedenheit zum Leben und damit die Unbe-
stimmtheit der Kunst") haben bei mir die Frage aufgeworfen: Ist denn
nicht ‚Leben' so umfassend, daß es auch noch die ‚Gegenteile' mit
hinein nimmt ins Leben? Monsieur Luhmann sagte einmal in einem Interview, auch innerhalb einer richtigen Bürokratie sei Lebenswelt...
Was ich fragen will (in Anbetracht, daß sich das Leben auch irren
kann, wie Foucault sagte): Warum soll der auratische Fetisch einer
Subjektivierung nicht zur lebensweltlichen Textur gehören? Recks Satz:
„'Medienkunst' dagegen verlegt [..] noch einmal ins bannende Werk,
in den auratischen Fetisch einer Subjektivierung, was als Entwurf einer
Handlung in den Prozeß der Umwandlung lebensweltlicher Texturen
gehört" (p156) lese ich vielleicht mißverständlich so, als gehöre erste-
res nicht mit in die Lebenswelt. Wenn ich davon ausgehe, daß der späte Husserl, der späte Wittgenstein und der mittlere Habermas mit Lebenswelt etwas gemeint haben, das sich strukturell invariant zeigt gegenüber historischen Ausprägungen partikularer Lebenswelten, dann
kann doch dieser Lebensweltbegriff nicht durch Ausschließung von etwas (auch dem Lebendigen extrem feindlich Gesinnten) gedacht werden; denn dann wird „Lebenswelt" zu „Welt". Oder geht das doch?
• Reck spricht auf Seite 123 von der „permanenten Korrektur-
leistung" der Kunst. Hier weiß ich nicht, was das sein könnte, die Kor-

rektur; und was gerichtet wird. Ich habe hier nur die Vorstellung, daß die von Reck ausgesagte Kunst immer im Zustande kurz vor dem einen Ereignis ist, das das Insgesamt (oder System) radikal kippt; daß in einem passierenden Ereignis die gesamte Struktur der Bedingungen des Ereignisanschliessens deponiert wird und zur Disposition steht, dies aber nicht im Sinne eines Allgemeinen, das nun voll im Besonderen sich evakuiert hat, sondern im Sinne von: die präziseste künstlerische Konzentration im Ereignis eröffnet ebenfalls für einen Moment die Erfahrbarkeit grundlegender Exzentrizität von Welt.

Abschließende Stellen:

• p155: „Kairos-Poetik statt Chronos-Politik – das wäre nochmals ein entschiedenes Programm für die Künste."

Hier ist für mich ein Widerspruch (Programm – Kairos) in den Sinn gekommen, der mich diese Aussage nicht ganz annehmen ließ; dies aber nur, weil mir Kierkegaard einfiel, besonders sein Einsetzen des Paradoxons, und ich darin eine Ähnlichkeit erblickte. Kierkegaard sagt: „Man lebt im Augenblick und allenfalls mit dem nächsten Augenblick als Perspektive. Man kann keine Distanz bekommen."[7] Kierkegaards Versuch, der Gegenwart durch – darf man sagen: paradoxale Emanationierung des Außer-sich-Geratens ein Vermögen (zurück?) zu geben, nämlich das Vermögen, als lebendige Körperlichkeit einem lebendigen Gott zu begegnen, hat eine entscheidende folgerichtige Ne-

---

[7] Søren Kierkegaard, *Die Dialektik der ethischen und der ethisch-religiösen Mitteilung*, dt., hg. von Tim Hagemann, Bodenheim 1997, p31. Vielleicht darf man in Walter Benjamins „profaner Erleuchtung" und in Robert Musils „tagheller Mystik" (oder gar noch in André Bretons „bebender Schönheit") Nachfolger der Kierkegaard'schen Intensität sehen. Erhellendes zur Kierkegaard'schen „Situation" bei Theodor W. Adorno, *Kierkegaard. Konstruktion des Ästhetischen*, Bd. 2 der GS, FFM 1997, p56ff.

gation eingebaut. Denn wenn es nur auf den Moment ankommt, dann kann dieses Nur-auf-den-Moment-Ankommen auch nur momentan gültig sein. Sprich: Der Gebrauch des Paradoxen als eines Stimulans für die Intensität des Denkens ist nicht auf Dauer erfolgreich fortzusetzen (Weinberg). Sprich: Die paradoxe Erzeugung eines Transzendier-Bedürfnisses durch ekstatische Erfahrbarkeit des Verfehlens von Transzendenz transformiert sich selbst durch Wiederholung in eine komplementäre Erzeugung von Bedürfnis und Mangel. – Aber das kann auch ein schiefer Vergleich sein, den ich da anstelle.

• p158 und p162: „Kunst ist nicht mehr Kunst der Darstellung, sondern – vorrangig – Kunst der Transformation." | „Um in einem Zusammenzug nochmals einen Kerngedanken zu exponieren: Das Eigentliche der Kunst ist nicht zu übersetzen, es wirkt direkt."

Auch wenn ich mitbekomme, daß die Sätze in je eigenen Unterscheidungseinheiten eingespannt sind und auf eine je spezielle andere Unterscheidungsseite antworten; und auch eingedenk des Unterschiedes zwischen Transformation und Übersetzung: Es kam mir das Gefühl auf, hier etwas nicht verstanden zu haben. Ein ähnliches Gefühl (und es ist wirklich nur ein Gefühl) kam auf bei den folgenden Sätzen

p156 und p163: „Man wird für Kunst setzen dürfen: Eine Welt ist zuwenig, eine einzige Theorie unzureichend [..]." | „Wie die Welt konstruiert ist, in der man sich aufgrund von Regeln bewegt, besagen eben nicht die Regeln, sondern die Konstruktionsgesetze. Zu merken, wie die Welt wirklich konstruiert ist, bedarf nicht der Regeln, sondern der Verschiebungen [..]." – Ich habe keinen Gedanken, was ‚wirklich konstruiert' sein könnte; und auch keinen für die Frage, ob die Verschiebungen als solche Kreationen sind von Regeln oder von Gesetzen oder von nichts dergleichen. Gehörten Verschiebungen nicht zur techne und zu episteme, wie könnte man sie dann als Verschiebungen bemerken (und nicht einfach als ‚leben, das stattfindet')?

Vielleicht wird an diesen wenigen Stellen schon deutlich, mit welcher Komplexität und Eindringlichkeit Hans Ulrich Reck der Kunst ein Denken zu schenken beabsichtigt, das nicht mehr in den kategorialen Zuschreibungsroutinen einer Kunstgeschichte oder einer Medienkunsttheorie sich entfaltet.[8] Wer daran, an dieser Schenkung, lesend Anteil nehmen möchte, hat sich gleichsam von den eingeschliffenen Betrachtungen zur Kunst zu lösen. Auf ihn wartet eine Sonde für das Innenleben der Abstraktion, eine unbekannte Welt der Kunst.

---

[8] Siehe für Weiterführendes im Konzentrat eines umfassenden Arbeitsprojektes Hans Ulrich Reck, *Mythos Medienkunst*, Köln 2002.

Glossar einiger Begriffe der neueren Medientheorie
zusammen mit Dietmar Kamper (†)

Bemerkung: Es geht im Folgenden nicht so sehr um das Definieren, Beschreibungen und Erklärungen bestimmter, medientheoretisch relevanter Begriffe im Geleise der technischen Informatik, der kybernetischen Kommunikationstheorie oder der mittlerweile vorhandenen Selbstbeschreibungsvokabularien einer virtual reality-Diskursgemeinschaft. Die Begriffe werden vielmehr zu fassen gesucht aus einer Soziologie der gesellschaftlichen Veränderungen heraus, wobei die Veränderungen an der vorderen „Front" der Medien betrachtet werden als avancierte Gestalten einer Restrukturierung der Entkörperlichungs- und Entmaterialisierungsprozesse auf gehobener Stufenleiter. Der Horizont der Formulierungen ist einer der schwindenden, aufgelösten Körperlichkeit. Insofern muß die Aktualität von Jahr zu Jahr überholt werden.

Autismus: Ein maßgebend von Eugen Bleuler 1911 in den psychiatrischen Diskurs eingespeister Begriff, der die Selbstschließung erkrankter Menschen vor der Realität und die daraus resultierende Selbstbezogenheit dieser Menschen bezeichnen soll; zusätzliche Syndromkennzeichnung 1943 durch Leo Kanner: Extreme Form des Alleinseins und ängstlich zwanghaftes Bestehen auf Erhaltung der Gleichartigkeit der Umwelt. In anderer Terminologie bezeichnet Autismus die nicht-enttautologisierte Selbstreferenz eines Bewußtseins (Peter Fuchs). – Heute scheint es plausibel, autistische Syndrome nicht mehr als psychische Störung eines Bewußtseins, sondern als Effekt funktionierender Kommunikation anzusehen; die Bedrohung, die Kommunikation für Autisten darstellt, ist ein allgemeines Merkmal des Verhältnisses von Komunikation und Bewußtsein, welches mit der Explosion der Kommunikationsdichte, -frequenz und -angebote mitexplodiert. Der Autismus ist auf die Kommunikation übergegangen.

Bild: Was ein Bild ist, bleibt weiterhin ungeklärt. Ob man danach fragt, wie Bilder eine ähnliche Repräsentation eines Orginals liefern, wie sie als zweidimensionale, perspektivische Darstellung einer dreidimensionalen Szene funktionieren, ob Bilder strukturell hologrammatisch sind, ob sie nur als mentale bestehen, ob sie epiphänomenal sind, ob sie überhaupt als Informations-Speicher speicherbar sind (Piktoralismus) oder erst durch Texte rekonstruiert werden (Deskriptionalismus), ob es genetisch tradierte Bildspeicher und eine visuelle Grammatik gibt (Franz Wegener) oder ob Bilder, egal welcher Materialität, welcher Technik und welcher soziologischen Produktionzeit, nichts sehen, wiedererkennen und darstellen lassen denn Wiederholungen (Schöpfungslosigkeit des Bildes): all das bleibt ungeklärt. Fest scheint zu stehen: Daß Bilder die kongeniale Entsprechung einer grundlegenden Blind- und Taubheit des hochgerüsteten zivilisierten Menschen sind; die transparente und dadurch effektiv Intransparenz verunsichtbarende Form des nicht mit-

teilenden Teilens von Welt (was zweifellos neue Formen der Tele-
sozialität nicht ausschließt). Bilder in einem sozialen und ästhetischen Sinne setzen sich längerfristig immer an die Stelle des Darzu-
stellenden und zerstören längerfristig immer die für ihre Rezeption
notwendige Erinnerungs- und Einbildungskraft.

Code: Die spezielle Bezeichnung einer speziellen Zuordnung von ver-
schiedenen Kombinationen und verschiedenen Bedeutungen; die
Zuordnung muß eindeutig und reversibel sein. Beispiel Computer:
Das Material der Datenverarbeitung eines Computers sind einfache
Darstellungselemente, die zu Milliarden in der Hardware gespei-
chert sind. Da mit elektrischen Impulsen „gearbeitet" wird, gibt es
nur die Zustände Strom und kein Strom. Entsprechend ist auch die
Darstellung der Zeichen mit Elementen realisiert, die mit nur zwei
Ausdrucksmöglichkeiten auskommen (binäre Elemente). Sollen nun
mehr als zwei unterschiedliche Bedeutungen ausgedrückt werden,
so kann das durch Kombination mehrerer Binärelemente geschehen. Die Zuordnung von Kombination und Bedeutung gewährleistet der Code. Oder Beispiel Sprache: Neben den Merkmalen Arti-
fizialität, Kondensiert- und Konfirmiertheit und symbolmäßige
Verwendung von Sprachzeichen ist es die binäre Codierung der
Sprache in Ja/Nein-Stellungnahmen, die, so Luhmann, die Muse
der Gesellschaft sei. Denn ohne ihre Doppelung aller Zeichen, die
Identitäten fixieren, hätte die Evolution keine Gesellschaft bilden
können. Codes haben, egal ob biologisch, psychisch oder sozial
„gebettet", durchgehend ein Merkmal gemein: Sie beziehen sich

immer auf Relationen resp. Relationierungen von Relationen von Elementen, nie auf die Elemente selbst. Die Frage ist, inwieweit Codes raffinierte Kristallisationen der Geschichte und Entwicklung der durch sie angewiesenen Elementekombinationen sind, oder eher transgeschichtlich anzusetzen sind. – Die Entwicklung innerhalb der Medienkommunikation, nämlich Kommunikationsobjekte zu multicodieren (Jencks), korreliert negativ mit der zunehmend sichtbarer werdenden Härte gesellschaftlicher Codes. Zur Zeit herrscht das wissenschaftliche Phantasma, man könne zumindest den biologischen Code so auf sich anwenden, wie der Computer auf andere Maschinen angewendet werden kann (Computer als Simulation aller anderen Maschinen; ein Meta-Code als Codierungmaschine aller anderen Codes).

Cyberspace: Kunstwortschöpfung aus dem Roman *Newromancer* des us-amerikanischen SF-Autors William Gibson. Bezeichnet ein virtuelle Landschaft, die nur in den vernetzten Computern der Welt existiert. Gilt inzwischen auch als Synonym fürs Internet. Im Cyberspace wird jede tatsächliche Bewegung des Beobachters (Figur), der über Interfaces an die Prozeduren des Bildauf- und Umbaus verbunden ist, in *realtime* hintergrundperspektivisch umgesetzt. Die Zentralperspektive emanzipiert sich vom Beobachter und geht zum Teil aufs das Beobachtete (Berechnete) über. Cyberspace ist auch zu fassen als Visualisierung einer grundlegenden Virtualität menschlicher Sozialität; ihre Simulation einer künstlichen, visualisierten Umwelt kommt zum Ziel genau dann, wenn die menschliche

Wahrnehmung die simulierte/virtuelle Welt als reale Wahrnehmung realisiert. Gelungener Cyberspace ist die endgültige Aufgabe des Raumes als Ereignis real werden lassende Dimension und die abstraktifizierte Sublimation des (abendländischen) Berührungsverbots durch das nun mögliche Eindringen in die Bilder selbst.

Dissimulation: Bedeutet Verstellung, Verstellungskunst, die Verheimlichung, die Verstellung, die Verbergung; von lat. Dissimulatio: das Unähnlich- oder Unkenntlichmachen, die Verkleidung, die Maskierung, der Schein, die Entähnlichung. Der Begriff komplettiert mit dem der Simulation (Vorspiegelung, Vorschiebung, Vorwand, Ähnlichmachung) den theoretischen „Attraktor" namens Indifferenz als Eigenwert moderner Gesellschaften (und nicht Kontingenz, wie Luhmann meint). Nach Bernhard Giesen ist die postmoderne Medienkultur beherrscht vom Zwang zur Dissimulation, d.h. Differenzen und Unterscheidungen zu setzen und zu inszenieren, wo es keine Unterschiede und Differenzen mehr gibt. Ist Ununterscheidbarkeit der Höhepunkt moderner Simulation, so die allgegenwärtige Unterscheidbarkeit der der Dissimulation (Differenzphilosophie); Dissimulation als panische Vorhölle der immer stärker durchschlagenden Indifferenz rigider Codes gegenüber ihrer „Bespannung" mit unterschiedlichen Programmen. Innerhalb eines Bildordnungsmodells von Baudrillard könnte Dissimulation die letzte Ordnung vor dem Zusammenbruch der Ordnung als solche stehen: 1. Das Bild als Reflex tieferliegender Realität (Ordnung des Sakraments), 2. Das Bild als Maske und Denaturierung tieferliegender Realität

(Ordnung des Verfluchens), 3. Das Bild als Maske der Abwesenheit tieferliegender Realität (Ordnung der Zauberei), 4. Das Bild als tieferliegende Realität resp. die Realität als Maske des Bildes (Ordnung der Simulation), 5. Das Realität ersetzende Bild als Differenz zur nicht mehr vorhandenen Realität des Unterschieds von Realität und Bild (Ordnung der Dissimulation), 6. Zerfall der Ordnungsformvorgaben Bild, Realität und Ordnung.

Erinnern, Wiederholen, Durcharbeiten: Läßt man davon ab, Zeit linear und das Raumzeitkontinuum als weiterhin kontinuierend zu denken, und geht dagegen von einem Bruch desselben aus, dann lassen sich mindestens zwei Verfahren des Umgangs der Menschen mit Zeit ausmachen, die nicht auf die Erinnerung zurückgeführt werden können, obwohl sie sie vorausetzen: Wiederholen und Durcharbeiten. Um ein Ereignis, das geschah, sich aneignen zu können, reicht es nicht mehr aus, sich daran zu erinnern. Mit der Frühromantik in Europa brach das Kontinuum des griechisch bestimmten europäischen Bewußtseins, das von Aletheia und Anamnesis lebte, zusammen. Es war Søren Kierkegaard, der als erster von der ,Wiederholung' als der entscheidenden Kategorie der Zeit in der Moderne sprach. Nicht mehr Kontemplation, die Ausgedehntes erinnert, sondern ein rasantes antwortendes Leiden und Tun, das in dem Anspruch des ,Nocheinmal' gipfelt, sollte einen Ausweg weisen. Das Ereignis muß wiederholt werden, damit es wirklich wird. Doch schon Kierkegaard verfehlte die Kategorie. Aus der wirklichen Wiederholung wurde ein seltsamer Wiederholungszwang auf die

Bildfläche. Die dramatische Vergegenwärtigung sich ereignender Urszenen, verstanden als eine Praxis des Heiligen, ist damit in der Schrumpfform zwanghafter Wiederholung auch als eine Katastrophe des Heiligen zu deuten. Wahrscheinlich gehört die Inszenierung von Ereignissen zu einer Strategie der Rehabilitierung des Dramas der Erinnerung. Hier setzt das Durcharbeiten an, das die scheiternde Wiederholung dennoch retten soll. Es geht gegen die Schmerzlust und gegen den Todestrieb, die in solchem Scheitern am Werk sind. Die falschen Vorzeichen betreffen das persistierende Unvermögen der Gegenwart, das sich auch jetzt als wachsende Leere der Zeit, als immer neuer „horror vacui" manifestiert. Wo sich keine Figuration mehr ergibt, wo aus Zeitmangel kein bestimmendes Bild mehr zustande kommt, verfehlt die Wiederholung ihr Ziel mit Zwangsläufigkeit. Ein Hauptmotor dieses Leerlaufs könnte das von jeder Phantasietätigkeit gereinigte Gedächnis sein, das nur noch Schrift ist, pure Buchstäblichkeit. Ein anderer Hauptmotor ist jene Phantasie, die keine Zeit mehr hat, Narbe zu werden, weil sie unkörperlich, d.h. maschinisiert, wurde. Wo beide kurzgeschlossen werden, da entsteht der Computer, von dem man erwartet, daß er zu einer rigorosen Zeitentlastung beiträgt. – Folie und Vehikel des gestaffelten Abstraktionsprozesses ist eine Technolgie der Körperextension, die nicht allein eine Prolongation der Gliedmaßen betreibt, sondern auch eine Expropriation der inneren Organe, insbesondere des Gehirns, nach außen. Es ist diese Externalisierung der menschlichen Symbolfunktion, die in Allianz mit einer Inkorporation der Zeit in der Maschine Richtung und Ziel der Fiktionalisierung der Welt im nachhinein lesbar macht. Dabei geht es um den Wunschtraum einer technischen Überwindung körperlicher Gebrechen: Schmerz, Krankheit, Tod, und zwar einerseits durch Abschirmung der Individuen, andererseits durch Medien, die einem Automatismus der unaufhaltsamen Entwicklung überantwortet werden. An dieser Stelle wird deutlich, wie sehr technologie noch immer Theologie ist.

Fiktion: Erfindung, Ausgedachtes, focus imaginarius, der sich reflexiv selbst markiert als nichtreal wenngleich wirkwirklich. Baudrillard (aus: *Amerika*, München 1987, p136, auf den Unterschied zwischen us-amerikanischer und europäischer Kultur zu sprechen kommend): „Die Fiktion ist nicht das Imaginäre. Sie nimmt das Imaginäre vorweg, indem sie es realisiert. Sie ist unserer Bewegung genau entgegengesetzt, die darin besteht, die Realität in der Imagination vorwegzunehmen oder in der Idealisierung vor ihr zu flüchten. Deshalb werden wir [Europäer; B.T.] uns nie in der wirklichen Fiktion bewegen. Wir sind dem Imaginären und der Sehnsucht nach der Zukunft verfallen. Der amerikanische Lebenstil ist spontan fiktional, weil er die Übersteigerung des Imaginären in der Realität ist." Die Gleichsetzung eines Wirklichen mit einem Unwirklichen ist das Wesen der Fiktion. Je weniger Fiktion als Fiktion eingesetzt wird, desto schwieriger wird die Unterscheidung von fiktionaler und nichtfiktionaler Realität; je perfekter die bildliche Umsetzung fiktionaler Realität passiert und die nichtfiktionale Realität verstärkt über technisch vermittelte Bilder/Texte/Töne wahrgenommen wird, desto zwingender wird Wissen für die Aufrechterhaltung des Unterschieds von Fiktion und Realität.

Futur, das perfekte: Es ist sehr früh bemerkt worden, daß die Vergangenheit über die Gegenwart dominiert immer dann, wenn das Tote an ihr überwiegt. Wo der Zeitbezug neurotisch, wo der Wiederholungszwang zum alleinigen Muster der Realitätsbewältigung wird, hat die Menschheit ihre Zukunft schon hinter sich. Die Wiederholung in der Mannigfaltigkeit ihrer Formen wird zur Geisterbeschwörung, strenggenommen sogar zu einem Totenkult in der härtesten Bedeutung des Wortes, mit dem Effekt der Auslöschung jeglicher Differenz von Innen und Außen. In dieser größten Not greifen die Menschen zu einer verrückten Notlösung: Sie setzen auf Entlastung durch die Maschine. Sie selbst halten die erforderliche Geschwindigkeit der Zeitrotation nicht mehr aus; sie nehmen Zuflucht bei einem Mittel, das die Ausgangsprobleme wahrscheinlich noch einmal intensiviert. Die neue Medientechnologie der beschleunigten Bewegungen stellt den verzweifelten Versuch dar, dem Wiederholungszwang zuvorzukommen, und zwar durch ein technomimetisches Konzept. Der Computer, als Rechenmaschine eine Zeitmaschine, ermöglicht genau solche Bewegungsabläufe, wie eine Zwangsneurose sie vorschreibt: Rückkoppeln der Resultate in den laufenden Prozeß; Bewegung nicht im geschlossenen Kreisverkehr, sondern im 'offenen' Umlauf, aber zum Zwecke des Schlusses; Herstellung eines selbstreferentiellen Systems unter Einsatz der Selbstreferenz als Verhängnis; Automatisierung der Abläufe um jeden Preis, auch um den des Autismus des Betreibers. – Zum ersten Mal in ihrer langen Geschichte hat die Menschheit die Möglichkeit, sich selbst von den Wurzeln, Herkünften und Ursprüngen ihres Lebens radikal abzuschneiden und damit ein Reich jenseits von Notwendigkeit und Freiheit zu gründen, in dem der Tod unbeschränkter Meister ist. Wahrscheinlich wird diese Möglichkeit genutzt, wohl in Gestalt einer panischen Problemlösung. Um etwas vermeintlich Schlimmeres zu vermeiden, wird die Grenze überschritten, die noch das Identifizieren des Unmenschlichen zuließ. Was in der Bilderflut sich bereits angekündigt hat, die mit Leere verdeckte Leere, könnte sich zu einer haltlosen Immanenz des Imaginären aufblähen, von der schließlich kein Zeugnis mehr abgelegt werden kann. *Das öffnet einer völlig neuen Art des Nicht-Seins Tür und Tor im ‚Haus des Seins'. Wurde der Tod bisher nur im ersten Futur erwartet, so rückt er jetzt ins zweite Futur vor.* Hatte sich die vergangene Geschichte zur Not noch in die Kondition pressen lassen, daß sie gewesen sein wird, so entfällt sogar dieser Trost. Auch gewesen sein wird sie nicht, weil für menschen von nun an kein Gedächnis und keine Phantasie mehr hinreichen, um die passierende Selbstvernichtung in irgendeiner adäquaten Erzählung zu fassen. Das Drama der Erinnerung hat an diesem Nichtsein im zweiten Futur sein black out, sein endgültiges Scherbengericht. Und doch: Die metonymische Verschiebung, die in der Technologie der Zeitmaschinen anfängt, läßt einen Ausweg offen. Könnte es nicht sein, daß ein imaginärer Tod die Herrschaft des Blicks beendet und damit die Macht des Wahns, man könne gegen das Leben auf der Erde einen Krieg gewinnen? Könnte es nicht sein, daß im Äußersten des toten Raumes die Umkehrformel gefunden werden kann, die der fast gestorbenen Zeit dann doch ihre Schrecken nimmt? Könnte es nicht sein, daß der veräußerte Wiederholungszwang und die deponierte Zwangsneurose den Menschen die Zeit lassen, endlich durchzuarbeiten?

Illusion: (lat. in ludo = im Spiel) Bedeutet oberflächlich Täuschung, vor allem Selbsttäuschung; im tieferen Wortsinn jedoch „aufs Spiel setzen". Wer sein Leben aufs Spiel setzt, mag sich auch selbst betrügen; der Zusammenhang ist unvermeidlich, aber es geht um eine andere Lebensart, die sich vom common sense der lebenslänglichen Versicherung fernhält. – a) Illusion kann verstanden werden als Grundlage der Praxis des Unterscheidens. Das Wort selbst hatte eine Karriere, die verdächtig einseitig einer marginalen Bedeutung den ersten Rang gibt: der Täuschung, der Selbsttäuschung. Damit ist es jedoch in die Abhängigkeit von einem Wahrheitsdiskurs geraten, unter Ausschaltung seines tieferen Sinns, der jenseits von Wahrheit und Wahrhaftigkeit liegt. Illusion als Tun und Leiden derer, die aufs Spiel gesetzt werden, entstammt dem Wortfeld der Gefahr und gründet sich auf das Risiko als anthropolgische Kategorie. Wegen der fehlenden menschlichen Natur bedurfte es seit jeher der Zusatzanstrengungen, um den „Fehl" zu kompensieren. Aber die Institutionen, diese kulturellen Substitute der Natur, sind von zwei Seiten bedroht, der Ordnung und der Unordnung. Die Illusion der Gefahr ist dann notwendig, wenn die doppelte Bedrohung überhand nimmt. Dann sind Spiele zur Erfindung neuer Regeln erforderlich, die auf möglichst viel Risiko eingehen und das Nichtkalkulierbare zulassen können. Damit betritt man allerdings eine andere Welt, nämlich die der Zauberei, mit ihren Künsten, die das Erscheinen und das Verschwinden betreffen. Diese Welt ist fundamental, nicht exzentrisch. Aber sie gleicht der natura naturans, nicht der natura naturata. Eine magische Matrix kommt ins Spiel, die nach dem Muster notwendiger Fiktionen arbeitet, als schöpferische Erfindung dort, wo nichts mehr zu finden ist. Während die Illusion in der Welt der abstrakten, automatischen Verhältnisse nur noch als Simulation zu haben ist, heißt sie in der Welt der Körper Mimesis. Darüber, was das eine, was das andere ist, weiß man auch heute noch sehr wenig; noch weniger darüber, wie Mimesis Simulation fundiert und wie Simulation Mimesis substituiert. Man müßte die Ablösung der Körper, ihre Entzauberung durch die Maschinen, genetisch und strukturell präziser beschreiben können, um hier weiterzukommen. Sie scheinen die letzte Gewahrwerdung eines Unterschieds zu garantieren, der sich aufzulösen beginnt und gefasst werden kann wie folgt: Ab einem bestimmten Punkt macht es keinen Unterschied mehr, ob man sich daran gewöhnt, so zu tun, als ob man glaube, oder ob man sich darn gewöhnt, wirklich zu glauben: Der Schied zwischen beiden Modi erweist sich nur noch in einer Gestalt, die die Illusion als Illusion zu zeigen vermag; und das vermag, wie es aussieht, der menschliche Körper des körperliche Menschen. **Bewußte Selbsttäuschung:** Wer das Leben des im Zivilisationsprozeß erstarrten Menschen als große Illusion, die eine Melancholie der leeren Zeit überwindet, zu lesen versteht, muß das Muster der strikten Ambivalenz zur Anwendung bringen. Es gibt derzeit kein hinlängliches Kriterium, das Positive und Negative der Kultur gegeneinander abzugrenzen. Die Mimesis als Vermögen der Einbildungskraft fließt ineins mit der Simulation als dem Vermögen der täuschend-ähnlichen Reproduktion. Das liegt am Kurzschluß von Archaik und Technik, der sich von seiten des Körpers mit der Zeitbemächtigung einer großangelegten Chronokratie eingestellt hat. Aus diesem Kurzschluß eine Strategie zu destillieren hieße, gewollte Selbsttäuschung zu praktizieren. Man täuscht (nicht sich selbst, sondern) das importierte Selbst, um den Bann der leeren Zeit zu brechen. Das geht wahrscheinlich auch mit Maschinen. Wichtig ist nur, das die Spur der Illusion nicht verlassen wird, welche die notwendigen Fiktionen der Bühne und die Gesetzmässigkeiten des grundlegenden Szenarios im Theater der Welt als Möglichkeiten des Lebens zu wahren erlaubt. Die große Illusion wäre also groß, wenn der Wortsinn streng zweideutig gehalten werden könnte. Sie beschreibt den imaginären Ort, an dem der Mensch der Gegenwart sich aufs Spiel gesetzt und in ein unaufhebbares Risiko verwickelt weiß. Sie ist weder eine Angelegenheit der Realität noch eine der Symbolik, weder Materie noch Immaterie, weder körperlich noch sprachlich, sondern ein Bildschirm, der nichts zeigt, der aber als Drehscheibe für das Begehren den Kreis von der archaischen Mimesis zur postmodernen Simulation zu schlagen erlaubt. – b) Eine Illusion findet statt, wenn etwas anderes erscheint, als es ist. Die Illusion unterscheidet sich von der Halluzination, die überhaupt keinen Bezugsgegenstand hat. Findet die Illusion in der Wahrnehmung statt, so spricht man von einer Sinnestäuschung. Kennzeichnend für eine Illusion ist es, daß man sie durch die Tatsache, daß man sie als solche erkennt, nicht beheben kann. Die Möglichkeit der Illusion wird in der Erkenntnistheorie benutzt, um die Unterscheidung zwischen Erscheinung und Realität zu begründen. Darauf stützt sich das Argument, wonach uns nicht die Sachen selbst, sondern nur Erscheinungen gegeben sind. Das Argument der Illusion spielt bei der Begründung des Skeptizismus eine große Rolle. Menschliches Erkennen ist ein biologisches Phänomen, das nicht durch die Objekte der Aussenwelt, sondern durch die Struktur des Organismus determiniert ist. Menschen haben ein operational und funktional geschlossenes Nervensystem, das nicht zwischen internen und externen Stimuli differenziert und daher sind Wahrnehmung und Illusion, d. h. innerer und äusserer Reiz, im Prinzip für den Menschen nicht unterscheidbar. Menschliche Erkenntnis resultiert aus individuellen Erfahrungen und ist als Leistung des Organismus grundsätzlich subjektgebunden und damit unübertragbar. Der Gehalt kommunizierter Erkenntnisse richtet sich nach der biologischen Struktur des Adressaten, aber Adressat und Kommunizierender sind keine biologischen Phänomene, sondern soziologische. Diese irreduzible-Verschiedenheit verankert die Wirklichkeit des Illusionären in den „Weltkontakt" des sprechenden und arbeitenden, sich verhaltenden Menschen.

Imagination: (lat. imaginatio für gr. phantasia) Auf deutsch Einbildungskraft; ein von der Vernunft und dem Verstand unterschiedenes Erkenntnisvermögen, fähig der Bilder und der Schemata von grundlegender Bedeutung. Imagination hat hauptsächlich drei Aufgaben: Sie fungiert als transzendentaler Unterstrom des Bewußtseins, zweitens als Vermögen der Vorstellung auch abwesender Dinge, und drittens als mit Angst einhergehendes Verhältnis der Menschen zu ihrem Körper. – Dennoch: Imagination ist ein nur sehr schwer von der Vorstellung, der Phantasie, der Antizipation und der Einbildungskraft abzugrenzender Begriff; im Thesaurus synonym gesetzt mit Einbildung, Einbildungskraft, Fiktion, Utopie, Phantasie und Unwirklichkeit. Vor allen anderen Differenzierungen scheint die zwischen visualisierter und nicht nichtvisualisierter Imagination einen triftigen Unterschied in der Bestimmung auszumachen: Läßt die nur imaginierte Imagination noch die Erfahrung eines Bruchs zwischen der Ereignishaftigkeit von Erfahrung und der Erfahrung von Imagination zu, wobei gar eine Ordonanz sich einstellt (Letzttableau der Realität bleibt die ausgebildete Wirklichkeit, zu der hin die eingebildete Wirklichkeit sich vermittelt), so kehrt sich in der visualisierten Imagination das Verhältnis mindestens um (wenn sich nicht das Verhältnis als solches zerstört und reines Selbstverhältnis wird): ein Bruch ist auch weiterhin erfahrbar zwischen Erfahrung und Einbildung, nun allerdings als unspezifischere Diskrepanz zwischen der Erfahrunglosigkeit des Im-Bilde-Seins (bei gleichzeitiger hoher Ereignishaftigkeit) und der Erfahrung der Ereignislosigkeit des Nicht-im-Bilde-Seins (bei gleichzeitiger hoher Erfahrung von Schmerz, Ungenügen und Nervosität). Die Nicht-Bild-Erfahrung wird zum in Kauf zu nehmenden Appendix einer noch nicht totalen Bildimmanenz. In der Perfektion der Bilder, verglichen mit der weiterhin weitgehend drei- und vierdimensionalen Wirklichkeit, kommt die von Anders aufgestellte These des prometheischen Gefälles in Reinform zum Ausdruck.

Indifferenz: Gilt oft als Nebenprodukt funktionaler Vergesellschaftung. „Fördernde Leistungen können intensiviert werden", so Luhmann mit Blick auf Funktionssysteme, „ohne daß jedes Ereignis alle Teile anginge und alles mit allem abgestimmt werden müßte" (Luhmann, *Soziologische Aufklärung*, Bd.1, Opladen 1970, p123). Damit geht einher eine „erhebliche Beschleunigung systeminterner Anpassungsprozesse, ein überlebenskritischer Zeitgewinn" (ebenda). Es ist so von einer legitimen Indifferenz der Teilsysteme gegeneinander die Rede. Störende Umwelteinwirkungen können in Teilsystemen abgekapselt werden. Auch die Transformation von Problemen aus der Außenwelt ins Innere der jeweiligen Systeme vereinfacht Probleme und ermöglicht ihr sequentialisiertes Kleinarbeiten. Der Blick auf die multizentrische Gesellschaft existiert nicht anders als standortgebunden, aus der Perspektive eines jeweiligen Systems, ohne daß die verschiedenen Perspektiven sich zu einer Totale zusammensetzen ließen. Vom Standpunkt der Theorie funktionaler Differenzierung und aus dem sich mit ihr verbindenden Perspektivismus ergibt sich eine Kritik an der Vorstellung einer Gesellschaftsgestaltung, insofern sie die Repräsentation der Gesellschaft im Zentrum

oder an der Spitze einer Hierarchie voraussetzt. – Die Gleichgültigkeit der mit Codes ausgestatteten Systeme gegenüber dem *animale
sociale* bricht sich invers Bahn mittels einer Gleichgültigkeit der
Menschen gegenüber massenvermittelter Kommunikation, die damit ihr ordnungspolitisches Ziel erfüllt.

Information: Der Begriff ist in der gegenwärtigen wiss. Semantik der
Selbstbeschreibungen von Gesellschaften innerhalb der Triade Materie, Energie und eben Information der bevorzugte („Informati-
onsgesellschaft"); dementsprechend verschiedenen sind die Beschreibungen seiner Aspekte. Neben den Unterscheidungen in ge-
netische, biologische, elektrische usw. Information gilt die interne
Dimensionierung des Begriff in syntaktische, semantische und
pragmatische Aspekte. Die syntaktische Informationstheorie Shan-
nons gilt trotz ihrer Eindimensionalität (Nachrichtenübertragungs-
theorie) immer noch als passende Erklärung von Information. Andere Auffassungen, die Semantik und Pragmatik berücksichtigen,
nehmen jedoch zu (Information ist ein Unterschied, der einen Unterschied macht; Information ist nur das, was verstanden werden
kann; „all objects conveying information are irreducible to the
terms of physics and chemistry"; M. Polanyi). Hauptproblem der
KI-Forschung zur Zeit ist die technische, vielleicht gar logische
Unmöglichkeit, Kontexte und explizit implizit sein müssendes Wissen in Information zu überführen. Information selbst läßt sich nicht
mehr informieren. – Zur Zeit scheint Information sich als prakti-
kable positive Antwort auf den Ekel am Kommunikativen (Ador-

no) durchzusetzen, d.h. als Kontrollinstrument für eine umspannende Beschränkung des semantischen Begreifens auf das Faß- und Handhabbare, auf das zeitoptimierte know-how, auf die griffige Formel, auf das von jeglichen transzendierendem Ballast befreite begriffslose Weiterreichen entkontextualisierter Wissenspartikel. Der Begriff Information hat mittlerweile schon seine eigene Bewertungsunterscheidung generiert: Overnewsed, but underinformed.

Komunikation: von lat. communicare = vereinigen. Der Begriff Kommunikation wird in einer Vielzahl von Definitionen verwendet, die sich z.T. mit anderen Begriffen wie Reaktion, Interaktion oder Verhalten überschneiden oder mit diesen sogar gleichgesetzt werden. Um den Begriff der interaktiven Kommunikation (Interaktion) als Teilbereich der Kommunikation definieren zu können, erscheint es sinnvoll, von einer äußerst weit gefaßten Definition auszugehen. So soll interpersonale Kommunikation zunächst Beziehungen der Kommunizierenden benennen, bei denen über Sprache, Zeichen oder Symbole Informationen ausgetauscht oder vermittelt werden, Kommunikation also verstanden als habitualisierter oder reflektierter Austausch von Gesten, Zeichen, Informationen und deren Interpretation. Kommunikation verläuft in der gängigen Fassung prozeßhaft über mindestens drei Stationen: 1. Sender = Verschlüsselung (Encodierung), 2. Nachricht = Übermittlung (Signalisierung), 3. Empfänger = Entschlüsselung (Decodierung oder Interpretation). Entscheidend für das Zustandekommen von Kommunikation ist die (zumindest teilweise) Identität des für die Aussage benötigten Zeichenvorrats des Senders mit demjenigen des Empfängers. Kommunikation ist nur durch Zeichengebrauch möglich und damit an Zeichen gebunden. Sie ist gleichzeitig die auffälligste Form des Zeichengebrauchs. Kommunikation hat drei Hauptfunktionen: a) Mitteilungsfunktion (Mitteilen von Gedanken), b) Beziehungsfunktion (Regelung der Beziehungen zu anderen), c) Handlungsfunktion (Koordination von Handlungen mit anderen). Kommunikation ist, so scheint es zumindest, nicht dazu da, daß sich verschiedene Menschen besser verstehen, Aufgaben besser koordinieren und Weltsachverhalte besser mitteilen können. Kommunikation scheint generell Welt nicht mitzuteilen, sondern nur einzuteilen; auch bezieht sich das Verstehen als drittes Glied des Begriffs (Information und Mitteilung) nicht mehr auf eine den Kommunizierenden gemeinsam zugrundeliegende Identität, sondern gilt immer mehr als nicht mehr einwandfrei funktionierende Verunsichtbarung eines Mißverständnisses. Audiovisuelle Medien koppeln weitgehend die Komponente des Verstehens von ihren Offerten ab und habitualisieren damit eine bestimmte Form der Einstellung zum Kommunizieren, die, je weniger sie zu teilen vermag, umso mehr mitteilt (das Verschwinden der Information in die Mitteilung, die selbst kein Objekt des Teilens mehr besitzt). **Massenkommunikation** oder auch mediengebundene Kommunikation wurde bisher definiert als jene Form indirekter zwischenmenschlicher Verständigung, die an ein prinzipiell unbegrenztes, anonymes, heterogenes und räumlichzeitlich verstreutes (disperses) Publikum gerichtet ist, die überwiegend einseitig vom Kommunikator zum Rezipienten (Leser, Hörer,

Zuschauer, Nutzer) verläuft und wegen der hohen ökonomisch-technischen Voraussetzungen bisher typischerweise in arbeitsteiligen Großorganisationen (Rundfunkanstalten, Verlagen, Medienkonzernen usw.) produziert wird. Inwieweit diese Definitionen nach der weiteren Verbreitung von computergestützten Medien, einer möglicherweise daraus resultierenden Gleichstellung von Kommunikator und Rezipient sowie abnehmenden technischen und finanziellen Voraussetzungen einer Überarbeitung bedürfen, bleibt abzuwarten. Die Massenmedien können also allgemein verstanden werden als technische und organisatorische Infrastruktur der Massenkommunikation. **Telekommunikation:** Ein Sammelbegriff für alle Formen von Kommunikation mit Hilfe nachrichtentechnischer Übertragungsverfahren. Dabei kann es sich sowohl um Mensch-Maschine-Mensch-, als auch um Mensch-Maschine- oder Maschine-Maschine-Kommunikation handeln. Nach der benötigten Übertragungskapazität unterscheidet man zwischen schmalbandigen (z.B. Fernsprechen, Fernschreiben, Bildschirmtext) und breitbandigen (z.B. Datenübertragung, Fernsehkonferenz, Bildfernsprecher) Diensten sowie nach einseitig gerichteter und zweiseitiger Kommunikation. Die wichtigsten Formen sind: Sprach-, Text-, Bild- und Datenkommunikation. – „Die Komunikation führt die soziale Form durch Banalisierung der Schnittstelle (Interface) zur Gleichgültigkeit (Indifferenz). Daher gibt es in der Kommunikation keine Utopie. Die Utopie einer Kommunikationsgesellschaft hat keinen Sinn, da sich die Kommunikation gerade aus der Unfähigkeit einer Gesellschaft ergibt, über sich hinauszugehen und anderen Zielen zuzustreben" (Jean Baudrillard).

Körper: lat. *corpus*, im Sinne des toten Herrenleibs verstanden, später Leiche, kann um keinen Preis als natürlich oder ursprünglich angenommen werden, vielmehr muß er als lebendig-wirksames ,Resultat' der Evolution, der Vorgeschichte und der Geschichte in Rechnung gestellt werden. Zivilisationstheoretisch ist der menschliche Körper als ,stummer Diener' mächtig gewesen, als durchaus nicht passiver Angriffspunkt für Unterdrückungen und Zurichtungen, welch letztere zumeist in der Maskerade der Emanzipation daherkamen. Nach der einen Seite ist der Körper sterblich, vergänglich und verwesend, nach der anderen Seite ist er als Geschlecht bestimmt, im doppelten Sinne von *gender* und *sex*. Er ist produktiv und reproduktiv, er zeugt und empfängt, er handelt und leidet, unter der Prämisse, daß er selbst zugrunde gehen muß. Erst eine solche Prämisse hält Anschluß an die Geschichte der menschlichen Souveränität; alles andere beschleunigt lediglich die Diziplinargesellschaft, die im panoptischen Zustand das zerstört, was sie zu beherrschen vorgibt. Am Körper kann eine spezifische Leidensgeschichte nachgelesen werden, die eine Folie der Geschichte des europäischen Nihilismus abgibt, also jener geistigen Grundrichtung, die beim kleingeschriebenen „nicht" endet. – Tod und Sex gelten noch immer als die beiden fundamentalen Schwächen des Körpers und sind mit Urängsten besetzt. Um beiden historisch Genüge zu tun, gab es eine einzige zivilisatorische Strategie: Transformation des (vergänglichen) Körpers ins (ewige) Bild. Diese auf Verdrängung und Vergessen basierende Form des Selbstumgangs war früher wenigen Menschen vorbehalten, ist seit einigen Jahrzehnten jedoch jedem prinzipiell zugänglich. Von daher hat sich Entscheidendes gedreht: Die Differenz von körperlicher Realität und Abbild entfällt. Es gibt nur noch Bilder vom Körper, und diese haben eine Tendenz in die Ewigkeit. Bilder sind Denkmäler gewesenen Lebens. Mit einem Wort: Sie sind tot. Erst in der Dimension des zerstückelten Körpers gäbe es Leben, mit dem man etwas anfangen kann. Deshalb bleibt für eine historische Anthropologie des Körpers die Kategorie des Schmerzes unabdingbar. Allerdings ist ein irritierendes Ereignis zu verzeichnen: Während vor Jahren noch von einem partout schweigenden Körper die Rede sein konnte, ist nun scheinbar die Zeit seiner Wiederkehr da. Es mehren sich zumindest verschiedenartige Strategien, die den Körper praktisch und theoretisch in Anspruch nehmen und auf seine „Sprache", auf sein „Bild" reflektieren. Fest steht, das folgende Überzeugungen, nämlich: daß unser Wissen darüber, daß wir ein materieller Körper sind, wie all unser Wissen, von der Existenz dieses materiellen Körpers und seiner spezifischen Organisationsform abhängt; hingegen sind wir durchaus nicht der Überzeugung, daß die Existenz dieses oder einen anderen materiellen Körpers davon abhängt, daß wir wissen, daß sie existieren – daß diese Überzeugungen also gegenwärtig ins Rutschen kommen. Könnte es sein, daß die Verkörperung von Wissen, als die die sozio-kulturelle, also wissenschaftlich-technologische Zvilisationierung vordringlich betracht werden kann, den materiellen Körpern, die in dieser Zivilisationierung hausen, ihren Gewißheits- und Überzeugungsbonus für Existenz entrissen haben? So daß, umgedreht oder vielleicht auf einer höheren Emergenzstufe, die Existenz materieller Körper abhängig zu werden beginnt von einer spezifischen Organisationsform des Wissens? – Wie dem auch sei: Fällig ist mehr denn je eine nicht-reaktionäre Kritik der Moderne, eine Umkehr nicht zu historischen Zuständen, sondern zu geschichtlichen Kräften. In Anbetracht, wie unbekannt der Körper weiterhin ist, ist zu vermuten, daß diese geschichtlichen Kräfte in geschichtsmannigfaltigen Körpern aufzufinden ist.

Mimesis, körperliche (und technische Simulation): Simulation ist unter Bedingungen einer produzierten Welt dasselbe wie Mimesis unter den Bedingungen der Produktion dieser Welt. Simulation will eine gegebene Welt ersetzen, Mimesis schafft eine Realität sui generis. Sie ist das Vermögen der Ahmung, d.h. der menschlichen Maßgabe (von Ohm = Maß), die in einem zeitlichen Prozeß der Rückkopplung Ausdruck und Verkörperung aufeinander bezieht und dabei Leben vor-spielt. Insofern Körper durch Maschinen ersetzt werden, gibt es keine Mimesis mehr, ist Mimesis in Simulation aufgegangen. Das, was beide in der Zwischenzeit verbindet, ist eine illusionäre Erzeugung von Wirklichkeit. Mimesis und Simulation kommen in Illusion überein. Das, was sie trennt, ist der Unterschied von Körpern und Maschinen. Diese Differenz liegt in der Zeit. Das Verhältnis ist asymmetrisch. Zwar sind Maschinen Rituale, aber Rituale sind keine Maschinen. – Das Wort Mimesis (gr.) bezeichnet ein Vermögen, mittels einer körperlichen Geste eine gewünschte Wirkung zu erzielen. Es heißt nicht Nachahmung, sondern Vorahmung, während Simulation (lat.) das technische Her-

stellen von Bildern meint, die einer Realität täuschend ähnlich sehen. Simulation ist ein nachahmendes Verfahren, eine List des
Überlebens. Wenngleich weiterhin keine triftige Unterscheidung
zwischen M. und S. gegeben ist, kann man doch feststellen, daß M.
auf Differenz hinausläuft, S. auf Identität. Körperliche Mimesis
kann verstanden werden als ein Restbestand archaischer Möglichkeiten, der es erlaubt, Täuschung als Täuschung zu diskriminieren.
Simulation will hingegen eine künstliche Doublette herstellen, die
sich nicht unterscheiden soll vom Orginal. Je weniger „Eigenprä-
senz" des Abbilds als Abbild, desto besser die Simulation. Daraus
folgt, daß sie umso besser funktioniert, je weniger sie weiß, was sie
tut. Simulation verläuft in Automation. Sie ist wesentlich technisch
organisiert und gehört dem sekundären Unbewußten an, das insgesamt Kultur heißt. Mimesis hingegen gehört zur Kunst, die das
Ähnliche *als* Ähnliches setzt, die Fiktion *als* Fiktion betreibt und die
Illusion *als* Illusion inszeniert. Simulation qua Nachahmung betrifft
die natura naturata, Mimesis qua Vorahmung arbeitet nach dem
Muster der natura naturans. Simulation ist mit Räumen konfrontiert, Mimesis vollzieht sich in der Zeit: darin liegt die Hoffnung,
daß ein Rückweg vom Bild zur Sprache, ein Rückweg vom Raum
zur Zeit, die ihn öffnet, möglich bleibt, sei es um den Preis des wei-
testen Bogens, den die menschlichen Körper in der Zeit zurückle-
gen können.

Mitteilung: Neben den Begriffen Information und Verstehen die dritte
Komponente einer vollständigen Erfassung des Kommunikations-

begriffs; noch Garantie dafür, daß „Zeichenaustausch" eine soziale Veranstaltung ist, d.h. durch die strukturelle Ozillation zwischen der Mitteilung der Information und der Information der Mitteilung eine kommunikative Einheit potentiell unabschließbar macht. Je weniger die Sozialdimension des Mitteilens als informierende Komponente der Kommunikation gilt, desto maßgebender wird die Sachdimension der Information für die Aufrechterhaltung der Kommunikation; bis hin zum Kollaps resp. zum Ekel vorm Kommunizieren (Adorno). – In der Mitteilung allein kann das Unvorhergesehene, das nicht schon Informierte, das sich in der Gegenwärtigkeit Ergebende passieren; ein Eindruck wird nicht hergestellt, daß, wenn mitgeteilt wird, nichts hergestellt wird, sondern etwas wiedergebenen (das ist abstrakte Kommunikation), sondern vielmehr wird mitgeteilt, daß das, was mitgeteilt wird, im Mitteilen hergestellt wird. Massenmedienvermittelte Kommunikation reduziert systematisch das Mitteilen und damit die Kommunikation in ihrer performativen, ereignis- und zeitsensitiven Gestalt.

Multimedia: Digitale Integration unterschiedlichster Medien in ein Gerät oder auf ein Trägermedium, wobei der Benutzer auf die einzelnen Medien wahlfrei zugreifen kann. Unterschieden wird additives und integratives Multimedia.

Programme: (gr.-lat.: schriftliche Bekanntmachung; Tagesordnung) Programme gelten als inhaltliche Vorgaben für codegeführte Operationen physikalischer, biologischer, psychischer und sozialer Sys-

teme/Organisationen/Maschinen. Sie dienen der Zuweisung sinn-
hafter Ereignisse zu positiven Codewerten (etwa: Gesetze des
Rechts, Theorien/Methoden der Wissenschaft, Budgets der Wirt-
schaft, Unterhaltung/Information/Werbung der Massenmedien. Je
stabiler, invarianter und rigider ein System-Code, desto pluraler die
komplementär zum Code einsetzbaren Programme. Massenmediale
Programme haben nichts von einer in die Zukunft weisenden Programmatik, sondern sind umgekehrt Kasernierungsformen, die zukünftige Gegenwarten zeitlich in der gegenwärtigen Gegenwart
festmachen.

reality fiktion: Fiktionalisierung der Wirklichkeit; meint den Tatbestand, daß Medien nicht mehr nur auf Wirklichkeit reagieren oder
Wirklichkeit reportieren, sondern selbst Wirklichkeit schaffen in
dem Maße, wie sie nicht mehr nur ein Mittel in der Gesellschaft
sind, um über Gesellschaft zu kommunizieren, sondern selbst Gesellschaft werden (Beispiele: Entwicklungen in einer Fernseh-Serie
werden zu Nachrichten der ersten Seite von Zeitungen; RTL-
Werbung für die eigenen Nachrichtensendungen: zielgruppenspezi-
fische Ansprache nicht mehr des ‚Bürgers‘, sondern des spezifizier-
baren Fernsehn-Konsumenten).

realtime: Eine Form der Datenverarbeitung, bei der die Ergebnisse eines Verarbeitungsauftrages innerhalb sehr enger zeitlicher Grenzen
(Milli-Sekunden) verfügbar sein müssen. Es besteht eine grundlegende Unvereinbarkeit zwischen Echtzeit und der symbolischen Re-

gel des Tausches. Letzteres funktioniert nur durch indirekte Interaktion. Es ist gerade die Zeit, welche die zwei symbolischen Momente voneinander trennt und ihre Auflösung verzögert. Echtzeit-Kommunikation scheint die langersehnte Realisation des Denkens zu sein, vollständig materialisiert durch die unaufhörliche Interaktion aller Virtualitäten in Analyse, Synthese und Berechnung. Echtzeit ist die technologisch sich materialisierende reelle Subsumption des ungewissen Sich-Ereignens unter die Gegenwart des Schon-Passierten.

Referenz: Meint, daß das Zeichen in seinem Aufbau verschiedene Beziehungen einschliesst, die sich in drei disjunkte Mengen einteilen lassen: 1. Beziehungen zu anderen Zeichen, die den strukturellen Aufbau des Zeichens ausmachen, 2. Beziehungen zu Objekten, die die Referenzen von Zeichen zu Dingen der Aussenwelt festlegen, und 3. Beziehungen zu Subjekten respektive Interpretierern, worin die kommunikative Wirkung des Zeichens zum Ausdruck kommt. Diese drei Beziehungsarten vertreten je eine der drei Dimensionen, die dem Zeichen innewohnen, nämlich die syntaktische, die semantische und die pragmatische Dimension. Diese drei Dimensionen werden oft in kanonischer Weise miteinander verbunden gesehen, so daß keine von den anderen beiden abgeleitet werden kann, aber erst alle drei zusammen eine Semiose ermöglichen und damit das Zeichen als solches ausmachen.

Schnittstelle: Gilt in der Datenverarbeitung als Bezeichnung für eine Stelle, an der zwei Anlageteile zusammengeschaltet sind und deren genormter technischer Aufbau die Übertragung von Daten zwischen diesen Teilen ermöglicht, z.B. zwischen der Zentraleinheit und den Peripheriegeräten oder zwischen Techenwerk und Arbeitsspeicher eines Computers. Schnittstelle meint also eher Verknüpfungs- und Anschlußstelle. – Im Wortsinne dagegen meint Schnittstelle die Hypothese der Auffindbarkeit von Schnitten, Wunden, Narben am menschlichen Körper, die als Indizien dafür gelten können, daß das Eskamotieren des menschlichen Körpers in und mittels abstraktifizierter Gesellschaften nicht spur- und reibungslos passiert; der zugerichtete Körper als nichteliminierter „Ort" der Erinnerung an und der Rekonstruktion der immensen Kosten der abendländischen Geschichte, deren Teleonomie die radikale erinnerungslose Befreiung von jeglicher deixisabhängigen, verletz- und sterblichen Körperlichkeit sein könnte.

Simulation: Der Begriff Simulation wird nach der VDI-Richtlinie 3633 folgendermaßen definiert. „Simulation ist das Nachbilden eines Systems mit seinen dynamischen Prozessen in einem experimentierfähigen Modell, um zu Erkenntnissen zu gelangen, die auf die Wirklichkeit übertragbar sind." Folgende Simulationstechnologien besitzen für produzierende Unternehmen und Engineering-Dienstleister die größte Bedeutung: Ablaufsimulation, Grafische 3D-Simulation, FEM-Simulation und Mehrkörpersimulation. Ziel der Abbildung eines realen Sachverhalts mittels einer mathematischen Theorie ist die Entwicklung eines möglichst einfachen, innerhalb abgesteckter Grenzen gültigen Modells. Es gibt kein perfektes Modell in dem Sinne, daß sämtliche Parameter des realen Systems Berücksichtigung finden. Das Experimentieren mit einem Modell heißt Simulation. – Nach Baudrillard dissimuliert sich die nichttechnisch verstandene Simulation abstrakter Gesellschaften mittels des Einsatzes von Realität. Nach einer historischen ‚Eskalation' simulativer Praxen entlang der Vortäuschung, Ersetzung, Auflösung und Löschung von Realität wird diese zu einer mit sich identischen Realität realer Simulation; die Unterscheidungkraft von Unterscheidungen geht verloren. Nicht das ein Politiker lügt, ist das Problem im Zeitalter der Simulation, sondern das er glaubt, was er sagt, wenn er lügt, und daß das Gesagte das einzige ist, was für ihn zählt, und daß er weiß, daß es schließlich außerhalb der machtgestützen Sage überhaupt nichts anderes gibt. Die Baudrillardsche Mühe manifestierte sich in einer angestrebten Subversion. Nicht mehr Kritik am Falschen (mit dem Festhalten an der Differenz von Wahrheit und Lüge), sondern Übertreibung der Alternativlosigkeit, eine Strategie des Scheins sollte die Lösung des Banns bewirken. Auch der Schein hat kein Gegenteil, wie die Simulation auf den Stufen zwei und drei (siehe weiter oben unter Dissimulation). Aber die artifizielle Herstellung von Fiktionen, von Imaginationen, von Schein als Schein kommt zu spät. Die politische Wirklichkeit ist in der Selbstdemaskierung immer schon besser als jede Absicht. Ein bestimmter Punkt ist im Zeitalter der Simulation kollektiv überschritten: Niemand kann mehr definitiv unterscheiden, ob eine Lüge eine Lüge ist, ob ein Ereignis wirklich stattgefunden hat ode nicht, ob eine Nachricht erfunden oder zutreffend ist, ob die individuellen Produktivkräfte des Menschen: Glaube, Liebe, Hoffnung, Einbildungen darstellen oder wahr sind. Auch der Wahn ist produktiv, nicht nur die Macht. Die einzige Chance in diesem Zusammenhang besteht in dem Aufspüren der Gesetzmässigkeiten der Simulation, die einen offenbar harten Duktus angenommen hat. Die Wirklichkeit der Bilder, noch vor einigen Jahrzehnten als Antidot gegen die unaufhaltsame Entfernung der Menschen gepriesen, führt heute einen Tod im Schilde. Das schrankenlose Imaginäre verzehrt alle Bindungen und stellt sich nach und nach als Todeszone heraus, als selbstgemachtes hyperkomplexes Labyrinth. Deshalb ist es unzureichend, die Simulation lediglich deskriptiv oder logisch zu analysieren, wie Friedrich Kittler es neuerdings unternimmt. Er bringt sie in den Zusammenhang einer binären Codierung der Welt: Affirmation heißt Bejahen, was ist. Negation heißt verneinen, was nicht ist. Simulation ist dagegen über Kreuz geschaltet: Sie bejaht, was nicht ist, und eröffnet so enen Freiraum. Vergessen wird dabei, daß die Simulation die Bilder braucht und daß an allen Bildern Sterbegeschichten haften. Simulation heißt, so betrachtet, Rückzug in eine neue Innerlichkeit; sie ist Mischeffekt aus Verunsicherung und Sicherheitsstreben. Dummheit als eine der labyrinthischen Verwirrung entgegengesetzte, beschränkte Sicht der Dinge geht gewissermaßen auf ,Nummer Sicher'. Komplexitätsreduktion, soziologisch und politologisch als das Nonplusultra systemadäquaten Verhaltens propagiert, ist selbst Ursache einer Kette unendlicher Komplexionen. Simulation als Lösungsansatz für komplexe Probleme steigert unentwegt die Komplexität der Reduktionen und die Dummheit der Dummheit.

Software: Etwas, was es nach Friedrich Kittler nicht gibt. Gängig werden unter Software Programme von Computern oder Computersystemen verstanden, die unabhängig von der Hardware die Eigenschaften und Funktionen eines Computers bestimmen. Mithilfe von Software (System- und Anwendersoftware) kann jeder Computer zu einer virtuellen Maschine werden, d.h. Computer A kann Computer B simulieren (dessen Eigenschaften nachahmen); heutzutage werden auf Computern auch sog. neuronale Netze simuliert, deren Hauptmerkmal es ist, ohne Software zu funktionieren.

Telematik: Die Möglichkeit elektronischer Nachrichtenübertragung hängt wesentlich davon ab, daß Sende- und Empfangsvorgänge in den Geräten mit der Übertragungs- und Vermittlungstechnik abgestimmt sind. Dies wurde durch die Verbindung der Datenverarbeitungstechnik (Mikroelektronik) oder Informatik mit der Nachrichtentechnik (Telekommunikation) möglich. Telematik ist ein Kunstwort aus *Tele*kommunikation und Infor*matik*. (Ebenso aus franz. *Tele*communication und Auto*matique*: Wenn Endgeräte aufgrund vorher gegebener Steuerbefehle den Sende- und Empfangsvorgang selbständig ausführen und wenn in der Vermittlungstelle die Verbindungen automatisch hergestellt werden; automatische Nachrichtenübertragung). Telematik ist der eigentliche Oppositionsbegriff zur menschlichen Kommunikation.

Virtualität: Der Begriff Virtualität verdankt sich dem lateinischen Begriff vis (Kraft, Energie, Inhalt, Bedeutung, bedeutet aber auch: Gewalttat, Vergewaltigung, Bedrängnis). Der Oberbegriff des Gewaltopfers heißt immer Lebewesen. Mit vis ist das Wort vir verwandt (Mann, Werwolf, Soldat, Liebhaber, Held); daraus wiederum leiten sich ab virtus (Tatkraft, Tugend) und virgo (Jungfrau). Die Virtualität ist zwar keine Junggesellenmaschinerie mehr, aber sie führt wie in einem Exzeß des Bourgois deren Tradition fort (siehe auch die durch maschinelle Virtualität ermöglichte Produktion von Computerviren). Entrückt sich die vis mit der technologischen Realisierung der „verkehrten Welt" (Marx) bürgerlicher Tagträume in den virtuellen Raum und betreibt dabei ein Grufti-Spiel der verbrannten Erde? Virtualität ist keine neue Eigenschaft der elektronischen Vergesellschaftung, wenngleich sie hier die anschaulichste Gestalt anzunehmen scheint. Sie beginnt schon da, wo *alter* eine Erfahrung *Egos* (etwa der Verknüpfung von Eigenschaften verschiedener Materialien) übernehmen kann, ohne selbst die Erfahrung machen zu müssen. Von Seiten der Religionsgeschichte steht die Figur des körperlosen Engels resp. die Figur des unter seiner Körperlichkeit leidenden Anachoreten fürs Virtuelle. Virtuelle Körperlichkeit, im Sinne eines Körpers, der in den immateriellen Welten des Cyberspace beheimatet ist, scheint ein Widerspruch in sich zu sein. Denn die Materie des Körpers, sein Fleisch und Blut liegt quer zu den a-stofflichen Welten der Bits und Bytes. Dennoch begegnet man auf den Streifzügen durch die Netzwelten oder beim Blick in die computersimulierten, dreidimensionalen virtuellen Realitäten ,Körperfragmenten'. Diese werden nicht aufgrund materieller Qualitäten als solche wahrgenommen, sondern in erster Linie weil sie funktionale sowie hauptsächlich soziale Aspekte des „realen" Körpers im Cyberspace reproduzieren. Neben der Bewegungs- und Raumfunktionalität, die auch in virtuellen Umwelten Orientierung, Navigation und Interaktion erst ermöglicht, konstituiert sich virtuelle Körperlichkeit durch die Sprache des Körpers, seine Eigenschaft als Signifikant sowie als Grundlage von Werten und Normen. Es sind dies vor allem Aspekte sozialer Körperlichkeit, die auch in den immateriellen Welten des Cyberspace existieren und letztlich virtuelle Körperlichkeit aus der Taufe heben. Durch die Differenz eines materiellen und immateriellen Körpers wird in der Folge ein Potential der Infragestellung unseres bisherigen Verständnisses des Körpers eröffnet.

Wahrnehmung: Ästhetische Wahrnehmung heißt zweimal dasselbe: aisthesis, war-nemen. Das meint das Spüren in der Doppelspur des Anderen und der Zeit. Das meint zugleich eine Offenheit für das Fremde und ein Angewiesensein auf ein nicht-definierbares Außen. Das Thema wird virulent erst im zwanzigsten Jahrhundert und entstammt einer Gegenbewegung gegen die Vergeistigung. Das Denken – so heißt es – erschöpft sich nicht in einer endlos ewigen Selbstbezüglichkeit des Begriffs, sondern bleibt lebendig durch das Viele und das Vielfältige der materiellen Dinge. Die Richtung, die die Wahrnehmung nimmt, ist allerdings unabsehbar. In einer weitgehend abstrakt gewordenen Welt geht es wahrnehmend um Ausbruch, mindestens ums Brechen der geschlossenen Horizonte einer geistigen Immanenz. Deshalb ist Wahrnehmung nicht im Sinne einer Aufrechnung der noch existierenden lebensweltlich bedeutsamen Wahrnehmungsfähigkeiten zu behandeln, sondern in der Form einer „Kriegsberichterstattung". Wahrnehmung, die auch in Betracht ihrer selbst ausschlaggebend ist, hat die Struktur eines Chiasmas; sie wurzelt in Endlichkeit; sie verfährt zutiefst leidenschaftlich (und also a-logisch) und sie bleibt diskontinuierlich. In den Versuchen, sie im Gegenlauf zur simplen Definition auf komplexe Weise darzustellen, fällt immer wieder das Bestreben auf, eine Problemstruktur zu beschreiben, an der das herkömmliche Denken scheitert. Die begleitende Annahme jedoch, daß ein Scheitern der Theorie der Wahrnehmung aufhilft, ist nicht zwingend. Sie ist lediglich der Ausleger eines anderen Spiels, wie es am Ende des zwanzigsten Jahrhunderts den sensiblen Zeitgenossen vorschwebt, um die Angst vor der Angst zu verlieren. Das Spiel heißt: die Vollendung des ehemals universalen Denkens in einem Autismus des Geistes zu hintertreiben. – Wahrnehmung, obwohl doppelt pointiert: passiv und aktiv, soll entgegen der seit Kant üblichen Übertreibung des Konstruktiven, Spontanen, Aktiven in der Beherrschung dessen, was es gibt, als Leidenschaft, als Leiden an der überwältigenden Welt, ausgewiesen werden. Dabei wird der Wortsinn in Anspruch genommen, der eine doppelte Bedeutung festhält, nämlich Achtgeben und Achtung haben, Gefahren blitzschnell begreifen können und der Verehrung fähig sein. Damit strukturiert die Wahrnehmung eine der fundamentalen Außenbeziehungen der

Menschen, wie etwa die Einbildungskraft eine fundamentale Innen-
beziehung des Menschen darstellt. Trotz aller Willfährigkeit im Horizont der Annahme eines durchgehenden Konstruktivismus ist
Wahrnehmung, besonders ästhetische Wahrnehmung, nicht kon-
struktiv zu vereinnahmen, sondern enthält ein in der Hauptsache
sperriges Moment, das die Angewiesenheit, möglicherweise das
Ausgeliefertsein der menschlichen Sinne ausmacht. Wahrnehmung,
aisthesis, ist das Andere des Bewußtseins. Insofern wird viel darauf
ankommen, die Differenz beider so klar wie möglich herauszustel-
len. Es gibt bewußte und unbewußte Wahrnehmung, und es ist der
unbewußte Anteil, der sich zu einer Bedrohung des Bewußtseins
für den Fall seiner Abgeschlossenheit auswachsen kann. *Wahrnehmung ist keine im engeren Sinne geistige Tätigkeit, sondern eine
Passion des Körpers.* Sie rührt an den Schmerz und funktioniert
umso besser, je näher sie sich am Leiden situiert. Doch ist dies kein
Einwand gegen eine Grundfassung der Wahrnehmung als Leidenschaft. Wahrnehmung, aisthesis, ist eine Art KörperDenken, das
sich des Anderen und der Zeit bedürftig weiß. Es ist einerseits Parteinahme für das Materielle der Dinge, andererseits Tribut an die
Sterblichkeit. Diese Doppelfunktion, nämlich radikal-materiell-
körperlich und radikal-historisch-zeitlich zu sein, öffnet ein weites
Feld für Belege. Das geht von der überwältigenden visionären Erfahrung bis zur Meditation von Bildern und Kunst, von der Neusi-
tuierung fundamentaler Metaphern im Bereich der Literatur bis zur
alltäglichen Schockerfahrung. Ein Rückgang zu den transzendentalen Bedingungen des lebendigen Anderen ist erforderlich, um jene

von Hegel prophezeite Selbstbefriedigung des Geistes in einer leeren Wiederholung bloßer Schemata hintergehen zu können. Allerdings gerät man auch so in das ‚Herzzerreißende der Dinge'. Die
Fähigkeit der Wahrnehmung, sich selbst zu achten und das Außen
als Gefahr wahrnehmen zu können, ist derzeit mit einer umgekehr-
ten Situation konfrontiert. Die Gefahr kommt von innen, daß Außen ist aller Verehrung wert. Einerseits eine Selbstverschließung im
Imaginären, andererseits ein Zusammenbruch aller Brücken zum
Anderen, bietet die aktuelle Situation eine Herausforderung, die
mit Denken und Handeln allein nicht mehr bestanden werden kann.
Erst die Wahrnehmung des kategorial gekreuzigten Selbst würde es
ermöglichen, vom Kreuz des Denkens herabzusteigen und sich denkend auch endlich am Leben zu beteiligen. Erst die Entdeckung des
Monströswerdens des Geistes sichert dem Körper – und damit dem
Außen – eine Chance der Aufmerksamkeit, eine Aufmerksamkeit,
die in der Rezeption massenmedialer Zeichen (Bilder, Texte, An-
zeichen) nicht mehr erreicht zu werden vermag, zumindest solange
nicht, wie Zeichen nicht als Dinge behandelt werden.

Wiederholung: Grundart der zeitlichen Bewegung, in der Umläufe di-
verser Rhythmen nach identischem Muster verzeichnet werden
können; faßt engere (tägliche, wöchentliche etc.) und weitere Zeit-
spannen (jährliche, jahrhundertelange etc.) zusammen und ist der
Beschleunigung und der Verlangsamung fähig. Wiederholungen
können auch im Leerlauf geschehen (Repetition) oder erfüllt sein
(Renovation). – Wäre irgendeine Wiederholung vollständig, so

könnte sie niemals mehr zu Ende gehen; wenn nichts wiederholbar wäre, könnte nichts verstanden werden. Massenmedien, die über eine mediensystemspezifische Formierung der Information prozessieren (exponentieller Verbrauch von Informationen), ozillieren gegenwärtig immer heftiger zwischen dem Drang, sich vollständig zu wiederholen (expliziter Selbstbezug des Mediums in den durch sie transportierten Botschaften; das, was bei McLuhan noch als Implikat galt, nämlich: *„Das Medium ist die Botschaft"*, wird nun praktisch und operationabel) und damit in einer nicht mehr hermeneutisch aufschließbaren Hermetik zu landen, und andererseits dem Drang, in einen Verbreitungsüberschlag von Informationen einzugehen, der sich immer weiter von Verstehen ablöst. – Enzensbergers Rat, hier die Bedingungen zur Ermöglichung einer westlichen Meditationspraxis zu orten, scheint zu optimistisch angesetzt.

Zeit: (gehört im Sinne von Abgeteiltes, Abschnitt zu der idg. Wurzel dꭥ[i] „teilen; zerschneiden; zerreißen"; auch wahrscheinlich enge Verbindungen zu den Worten Zeile und Ziel.) Wie kommt man weg von der These, daß das Dasein in seiner äußersten ‚Seinsmöglichkeit" die Zeit selbst ist?; wie von der anderen These, daß erst Zukünftigsein Zeit gibt, Gegenwart ausbildet und Vergangenheit im Wie ihres Gelebtseins wiederholen läßt?; und wie von der Grundannahme, daß das Grundphänomen der Zeit Zukunft ist? Was passiert mit dem Selbst als Anschlußgarantie ans Dasein, wenn das Ansichtigwerden der unheimlichen Zeit nicht mehr dadurch verdrängt werden kann, indem man Zeit in die schlechte Gegenwart des Alltags wirft (Heidegger) und also keine Zeit hat? Was passiert, wenn die schlechte Gegenwart des Alltags in die Unheimlichkeit der Zeit geworfen wird? Und endlich: Was passiert, wenn man davon ausgeht, daß nicht nur alle Ökonomie sich auflöst in eine Ökonomie der Zeit (so der bekannte Satz aus Marxens *Grundrisse*), sondern auch alle auf Identität hin ausgerichtete Reflexion? Auf diese Probleme lassen sich immer noch die Formen des massenmedialen Zeitumgangs und -verbrauchs rückbeziehen. Massen- und mittlerweile auch Individualmedien haben ein sehr zwiespältiges Verhältnis zur Zeit: Sie müssen zeitgleich Zeit vernichten und leere Zeit füllen. Sie bedienen sich dafür jedoch der einfachsten Zeitform, der chronologischen, für die kodexhafte Zeitformate zur Verfügung gestellt werden, an denen sich spezielle Inhalte beinahe sklavenhaft zu binden haben. Die fehlende Ereignishaftigkeit des Erfahrens von Medieninhalten, die durch eine immer perfektere Bildhaftigkeit von Ereignissen substituiert wird und sukzessiv als fehlende unerinnerbar gemacht werden soll, wird zudem kompensiert durch technische Inszenierungen von Zeitgleichzeitigkeit (online, live-Sendungen) sowie durch die willkürliche Verfügbarkeit von Medienzeit durch den Konsumenten (Speicherung). *Erfahrene* Zeit, die struktuell immer unmöglicher wird, mutiert zu einer *durchfahrenen*, also beschleunigten Zeit. – Die Auswirkungen auf die individuellen und gesellschaftlichen Dosierungsverhältnisse von Erinnerung, Vergessen und (Geistes-) Gegenwart sind durch die Homogenisierung der noch diversen Zeiten von Erfahrungsformen nicht abzusehen und bedürfen wohl der nächsten Generationen.

Wie man das notwendig Unsichtbare zu Gesicht bekommt, ohne verrückt zu werden. Eine fast metaphysische Anmerkung zu „Godards Kino"

„Es gäbe Gründe zum Verzweifeln, doch die Existenz kann nicht verzweifeln".

Jean-Luc Godard im Gespräch mit Youssef Ishaghpour[1]

I Para-Strophe

Daß ein Mittel oder Werkzeug, das man benutzt, im Moment oder Prozeß der An- und Verwendung besser unsicht- und unvorstellbar sein sollte, ist oft festgestellt und beschrieben worden. Man denke nur an Martin Heideggers Begriffspaar Vorhandenheit/Zuhandenheit[2], oder an das Paar proximaler Term/distaler Term Michael Polanyis[3]. Sitzt man im Kino und schaut einen Film, sollte es nicht passieren, daß man die körnige Leinwand zu Gesicht bekommt, auf die man sieht. Spricht man zu jemandem hin, sollte es nicht passieren, daß einem die Worte, die man sagt, ins Bewußtsein kommen. Denkt man nach, sollte es nicht passieren, daß man über das Nachdenken nachdenkt. In allen diesen Fällen träte nämlich ein, daß ein Medium (Stoff, Worte, Gedanken), das bestimmte Formen (Figuren) ermöglicht (Bilder, Sätze, Ideen), sich selbst zu einer Form verwandelte: aber für diese Form

---

[1] In: Lettre International, 60/2001, p60-74, hier: p74.
[2] *Sein und Zeit*, Tübingen [15]1979, p71-75, p275.
[3] *Implizites Wissen*, dt., FFM 1985, besonders p18ff.

stünde dann kein Medium bereit, zumindest keins, das sich sofort an-
böte, der verwaisten Form ihr Formsein oder Formhaben zu gewährleisten.[4] Es sind genau diese Momente der brechenden Beziehung zwischen Medium und Form, in denen Poesis und Innovation passieren
können: In einer Unmöglichkeit, die dadurch, daß sie passiert, etwas
ermöglicht, das bisher unmöglich war. Neue Formen entstehen, neue
Medien werden eingesetzt, Funktionen der Form verlagern sich ins
Medium, Funktionen des Mediums wandern in die Form aus... . Die
moderne, maßgebend bildende, also phänoästhetische Kunst hat sich
in dieser Problemlage Medium/Form experimentell umgetan, hat die
Form ohne Inhalt, einen Inhalt ohne Form, Form und Inhalt ohne Bedeutung zu bilden versucht. Hans Belting[5] faßte gar die moderne
Kunst (zumindest ab Cézanne und Rodin) darin zusammen: Daß die
sichtbaren Werke (die Formen) immer auf das unsichtbare Werk (*das
Medium der Form*) verweisen, auf die noch unentdeckte, unbekannte,
unsichtbare Form, die allerdings nicht mehr zu finden ist. Knapp zwei
Jahrhunderte lang erzeugte dieses ‚Suchen ohne zu finden' die libidi-
nös-ästhetische Spannung für das Schaffen von Kunst, so Belting. Heute allerdings nicht mehr. Die Schlacht zwischen Medium und Form,
zwischen Idee und Material sei vorbei; die das Absolute touchierende

---

[4] Medium, Form und Medium/Form wir hier in der auf Fritz Heider zurückgehenden
systemtheoretischen Fassung verstanden: das Medium als lose Kopplung von Elementen, die Form als feste Kopplung. Asymmetrie besteht in der Dringlichkeit des Brau-
chens der je anderen Seite: die Form ist mehr aufs Medium angewiesen denn umgekehrt.
[5] Siehe sein Buch *Das unsichtbare Meisterwerk. Die modernen Mythen der Kunst*
(München 1998). Der Titel ist eine Anspielung auf die berühmte Erzählung *Das unbekannte Meisterwerk* von Honoré de Balzac.

Illusion oder Imagination, etwas zu schaffen, das sich selbst schafft, eine Form zu finden, die ihr eigenes Medium bereitstellt, ein Medium zu kreieren, das seine eigene Form vorstellt, sei ebenfalls am Ende. Resigniert sähe man ein, daß es aus dem Gefängnis ‚Medium/Form' kein Entrinnen gibt.

Ein wirkgeschichtlich mächtiges Experimentieren mit dem Verhältnis zwischen Medium und Form werde nun einkassiert: Auf diesem Terrain drücke sich keine Kultur mehr aus, sondern nur noch Kunst einiger Künstler.

Wenn dem so wäre, wenn also die kulturgeschichtliche Energieversorgung in denjenigen Gebäuden der Kunst abgeschaltet würde, die an Medium/Form-Verhältnissen experimentierten und weiterhin experimentieren[6]: Warum dann noch dem Unsichtbaren als einer möglichen Erscheinungsweise des *Mediums der Form* nachgehen? Warum nicht einfach bei dem bleiben, was man sieht, wie man sieht, wie man das Sehen sieht usw.? Was wäre, wenn die Behauptung zuträfe, daß sogar die Zeit des Noch-nicht des Unsichtbaren, also der Moment, in dem Unsichtbares bloß ein noch nicht Sichtbares geworden ist, hinter uns liegt? Man also nicht mehr auf das Undarstellbare resp. Nichtdargestellte und auch nicht mehr auf das Unbezeichenbare resp. das Nichtbezeichnete zurückgreifen kann, wie es philosophische Postmoderne und philosophische Psychoanalyse taten und noch tun? Was passiert, wenn der ‚Visualismus' nicht mehr als in einer parasitären Beziehung zur Unsichtbarkeit kreierenden Einbildungskraft stehend gedacht

---

[6] Siehe, mit einem anderen Anschnitt, aber hier durchaus treffend, die großartige Studie von Hans Ulrich Reck, *Singularität und Sittlichkeit. Die Kunst Aldo Walkers in medienphilosophischer Perspektive*, unveröffentlichtes Manuskript, Köln 2001.

werden kann? Und man eher davon auszugehen hat, daß die Einbildungskraft als abgespaltene Form einer technologischen Substitution sinnlicher Synthesis erscheint[7] und also Unsichtbarkeit aufgehört hat, eine der prominentesten Figurationen des *nicht reflexiv hergestellten Negativen* zu sein?

II Kata-Strophe

Godards Kino löst etwas ein, was in der Einlösung um all die skizzierten Bedenken ob der begrifflichen und ästhetischen Dignität des Unsichtbaren weiß. Godard weiß, daß es nicht mehr viel Unsichtbares gibt, das sich seiner „Existenz" dezidiert *nicht* der Sichtbarmachung verdankt. Und es löst etwas ein, was man vielleicht die Sichtbarmachung des Films nennen könnte: Godard kann zeigen, daß ein Film ein Film ist. Er macht all das des Films sichtbar, was in der Regel unsichtbar bleiben muß, damit man beim Filmschauen auf das sehen kann, *was der Film zeigt*, und nicht auf das sehen muß, *was den Film (das Filmen) zeigt*.[8]

Die zweite Einlösung Godards, daß ein Film ein Film ist, kann vielleicht durch einen Vergleich weniger kryptisch werden: Frederic

---

[7] „was das Kino durchlaufen hat | und davon geprägt worden ist | kann nicht mehr woanders eindringen"; Jean-Luc Godard, *Histoire(s) du cinéma*, 4 Bde mit CDs, München 1999 (ECM Records), hier: Bd.1, p20. Und, bezogen auf den Gegensatz Einbildungskraft versus Imagination: „es sind nun fast fünfzig Jahre | daß sich die Kinogänger in der Schwärze | der verdunkelten Säle | am Imaginären erhitzen | um wieder warm zu werden vom Realen [...]" (Bd.1, p27f.).

[8] Ich meine hier mehr als nur das ins Bild hineinragende Mikrophon, Unübereinstimmungen der Postproduktion mit dem aufgenommenen Material, ein falsches Continue im Film, eine falsche Schnittfolge des Films usw. Ich meine vielmehr den Film selbst, der sich plötzlich vor das Gefilmte schiebt und nur noch sehen läßt, daß etwas zu sehen ist.

Jameson beschreibt in seinem Buch *Spätmarxismus. Adorno oder Die Beharrlichkeit der Dialektik*[9] unter anderem eine Eigentümlichkeit des Stils von Adorno, nämlich ab und an ins Vulgärsoziologische abzudriften. Er kommt zu dem Punkt, daß eine solche vulgärsoziologische Referenz auf ein Außen des Denkens verweist „– sei es das System selbst in der Form der Rationalisierung, oder die Totalität als sozioökonomischer Mechanismus von Herrschaft und Ausbeutung –, das sich der Darstellung durch den einzelnen Denkenden oder das individuelle Denken entzieht. Die Funktion der unreinen nach außen orientierten Referenz besteht weniger darin, zu interpretieren, als vielmehr die Interpretation als solche des Feldes zu verweisen und dem Denken die Erinnerung daran einzusetzen, daß es selbst notwendig einem System entspringt, daß ihm entgleitet und welches es [..] perpetuiert [..]." Mit anderen Worten: Die Funktion der vulgärsoziologischen Referenz ist es, auf der Ebene des begrifflichen Inhalts das zu repräsentieren, was dem Begriff als solchem entgeht, nämlich die Totalität seiner eigenen Form (Slavoj Žižek).

Was nun aber bei Adorno noch die Gestalt einer *sprachlichen Repräsentation des Entgehens* annimmt, nimmt bei Godard die Gestalt der *filmischen Präsentation des präsenten Films* an. Was bei Godard die Stelle des Entgangenen einnimmt, *ist* der präsentierte Film. Was Adorno, so Jameson, kritisch durch die Erinnerung an ein Außerhalb des Begriffs begrifflich zeigen wollte, nämlich, so Žižek, die Totalität der eigenen begrifflichen Form, das zeigt Godard mit dem präsentier-

---

[9] dt., Hamburg/Berlin 1991. Das folgende Zitat auf p41.

ten Film. Er zeigt es *mit*, nicht *durch* den Film.[10] Der gezeigte Film ist das dem Sichtbarmachen Entgleitende, und zwar: sichtbar! Und diese zweite Sichtbarkeit, die ja ihrerseits wieder eine Unsichtbarkeit braucht, um zu *sein*, ruht nun existentiell auf einer Unsichtbarkeit auf, die die des Lebens ist. Godards Kino versorgt seine filmische Sichtbarkeit ,zweiter Ordnung' also nicht mit einer (film)systemisch generierten Unbeobachtbarkeit, sondern mit der Uneinsehbarkeit, die dauernd passiert, wenn man lebt. – „ô quelle merveille | que de pouvoir regarder ce qu'on ne voit pas | ô doux miracle de nos yeux aveugles".[11] Und warum? Godard: „das Kino ist als einziges | immer gegenwärtig gewesen | in allem, was es betrachtete".[12]

Eine zweite Referenz, um das Eigentümliche Godard'schen Filmschaffens weniger unklar auszusagen, sind zwei Aussagen Jean Baudrillards. Für seinen Angriff auf das perfekte Verbrechen[13] (das ist die vollständige Vernichtung der Realität) findet Baudrillard folgende Formulierungen: „[..] jedes Denken muß vor allem versuchen, sie [die Realität, B.T.] zu demaskieren. Dafür muß es selbst maskiert vorgehen und sich als Trugbild anbieten, ohne Rücksicht auf seine eigene Wahrheit." Und: „Die absolute Regel des Denkens ist es, die Welt so zurückzugeben, wie wir sie bekommen haben – unbegreiflich – und wenn möglich noch etwas unbegreiflicher." Beide Aussagen stehen

---

[10] Man kann hier ein chiasmatisches Verhältnis aufmachen mit einer Unterscheidung, die Hans Ulrich Reck immer wieder ausarbeitet, nämlich die Unterscheidung Kunst durch Medien versus Kunst mit Medien. Das Godard'sche ,Zeigen mit dem Film' wäre paradoxerweise (?) das Reck'sche ,Kunst durch Medien'.

[11] Jean-Luc Godard, *Histoire(s) du Cinéma*, a.a.O., Bd.1, p15.

[12] derselbe, a.a.O., Bd.4, p30.

[13] *Das perfekte Verbrechen*, dt., München 1996; Zitate p155 und p164.

konträr zu Godards Kino. Setzte man Denken und Filmen für einen Moment lang gleich, dann könnte man für Godard sagen: Jedes Filmen muß vor allem versuchen, daß die geschaffenen Bilder zur Erlösung des Realen (des realen Lebens) beitragen[14]. Es geht Godard überhaupt nicht um Maske, Maskierung oder Demaskierung.[15] Es geht ihm eher darum, mittels seiner (filmischen, cinematographischen, medialen) Kunst tatsächlich den Sprung ins (alltägliche, reale) Leben zu schaffen. Und gerade dadurch auf eine Art künstlerisch zu werden, wie es im Kino und im Leben selbst selten ist oder vielleicht nur selten geworden ist. Übertreibend formuliert: Gerade weil Godard Kino als Kunst ernst nimmt, schafft er es, Filme zu machen, in die sich das Leben evakuieren kann. Beziehungen, Nöte, Dringlichkeiten, Unmöglichkeiten, Themen und Probleme des Lebens, die Godards Filme, Godards Kino zeigen, die er „verfilmt", werden durch Godards Filmästhetik zu wirklichen Aspekten des Lebens. Und damit zugleich seine Ästhetik zu einer wirklichen Ästhetik im Leben, vielleicht sogar als Leben.

Dies ist möglich, weil Godards Kino nicht die negative Bewegung einer Philosophie nutzt, um das aufzuführen, was beinahe jede skeptische Philosophie ausmacht: nämlich einen Angriff des Lebens auf sich selbst.[16] Godard erschließt das Leben in seinen Filmen, und zwar Le-

---

[14] „que l'image est d'abord de l'ordre de la rédemption, attention, celle du réel", so Godard; siehe derselbe, Histoire(s) du cinéma, a.a.O., hier: Bd.3, p45.

[15] In „kritischer" Perspektive ließe sich allenfalls sagen, daß Godard das Kino emanzipieren will von der Gedächtnissklavenhaltung, die das Kino zur Zerstreuungsindustrie gemacht hat (*Histoire(s) du cinéma*, a.a.O., Bd.1, p62).

[16] So sieht es Ludger Lütkehaus zum Beispiel für die Philosophen Friedrich Nietzsche, Max Scheler und Eugen Fink; derselbe, *Nichts. Abschied vom Sein, Ende der Angst*, Zürich 1999, p509.

ben, das ab origine ein filmisch erschlossenes Leben ist. Und dies gelingt ihm, weil „sein" Kino absolut geschlossen ist. Diese Geschlossenheit seines Kinos fußt wiederum auf der absoluten Ernstnahme der ausholenderen Geschlossenheit des Lebens. Das Leben kann nur gelebt werden (und nicht übersetzt, bezeichnet, übertragen gelebt werden). Und weil es nur einen Modus hat, da zu sein, dafür aber einen oder den Generalmodus schlechthin, kann, wird Leben nicht angegriffen, das Leben so offen sein, daß es sich auch im Gefilmtwerden, im Cinematographischwerden als Leben behauptet.

Godards Kino-Geschlossenheit hat nichts mit Maskierung zu tun. Es hat auch nichts mit einem Trugbildwerden zu tun. Es hat nichts Opakes an sich, nichts Verhärmtes. Godards Geschlossenheit ist eine Form nach dem Ende der Form als Leere und Zerrissenheit. Wenn Hegel schreibt: „Aber nicht das Leben, das sich vor dem Tode scheut und von der Verwüstung rein bewahrt, sondern das ihn erträgt und in ihm sich erhält, ist das Leben des Geistes. Er gewinnt seine Wahrheit nur, indem er in der absoluten Zerrissenheit sich selbst findet"[17], dann gilt für Godard vielleicht dies: Das Leben des Kinos (Geistes) und das Erfahren des Films (Bewußtseins) haben zu sich gefunden, ohne ihre Wahrheit dabei gewonnen zu haben. Ihre „Wahrheit" ist, ohne Wahrheit zu sich gefunden zu haben. Ihr Zusichgefundenhaben läßt weder die absolute Zerrissenheit hinter sich (Hegel'sche Ruhe), noch weilt sie in der Zerrissenheit (Nietzscheanische Unruhe). Man könnte sogar übertreibend eine riesige anti-Lacan'sche Volte in Godards Kino ausmachen, bezogen auf das Lacan'sche Theorem vom Spiegelstadium als

---

[17] G.W.F. Hegel, *Phänomenologie des Geistes*, Bd.3 der Werke, FFM 1970, p36.

Bildner der Ich-Funktion von 1949.[18] Wenn die Interpretation des Spiegelbildes und der Spiegel-Ichbildung richtig ist, die Sloterdijk anstellt, daß nämlich das gesichtete Sich-Selbst im Spiegel nicht nur ein Selbst-Gesamt sehen läßt, sondern mit dem Sehen die grausame Zeit der bildlosen „Hölle des Frühlebens" nun endlich abgelöst wird durch „das wunderbar trügerische Versprechen, künftig immer auf dieses Bild zu – wie unter Illusionsschutz – leben zu dürfen"[19]: wenn dies also zuträfe, dann könnte man Godards Kino verstehen als Unternehmen, diesen Illusionsschutz schlicht wegzufilmen, ohne sich dabei Psychose einzuhandeln. Denn auch die Unterstellung, daß nur die primäre Selbstverkennung durch Bildung einer Sich-selbst-ganz-Sein-Illusion vor monströsen Selbstgewahrwerdungen schütze, wird weggefilmt. Godard filmt die überflüssige unsichtbare Installation einer ich-bildenden Selbstverkennung weg, indem er sie sichtbar macht als sichtbar überflüssige Installation. Dabei verschwindet die Möglichkeit, auf „dieses Bild zu leben zu dürfen". Und es entsteht die Möglichkeit, auf das Leben zu Bilder machen zu dürfen. – Setzte man Leben mit der Möglichkeit von Geschichte gleich, ließe sich kryptisch pointieren:

Godards Kino kann Geschichte wollen und nicht wollen. Also etwas, was man nach Günter Dux nicht kann (Man kann Geschichte nicht wollen oder nicht wollen).

Und auch beim zweiten Satz Baudrillards – „Die absolute Regel des Denkens ist es, die Welt so zurückzugeben, wie wir sie bekommen haben – unbegreiflich – und wenn möglich noch etwas unbegreifli-

---

[18] Siehe eine diesbezügliche anti-Lacan'sche Volte bei Peter Sloterdijk, *Sphäre I. Blasen*, FFM 1998, p543-548.
[19] Sloterdijk, *Blasen*, a.a.O., p544.

cher" – entsteht ein voller Kontrast zu Godard. Setzte man auch hier wieder eine Verhältnishaftigkeit von Denken und Filmen an, so müßte der Satz, bezogen auf Godard, lauten: Die absolute Regel des Filmens ist es, die Weltlichkeit und Lebendigkeit der Welt uns so zurückzugeben, wie wir ihrer noch nie begegnet sind, einfach weil wir leben und nicht filmen.[20] Was wir dadurch bekommen, ist eine filmische Begreifbarkeit der Weltattribute ‚Welthaftigkeit' und ‚Lebendigkeit', die im Leben selbst unbegreifbar sind. Daß wir sie im Film begreifbar gemacht bekommen, ist eine ungeheure Unbegreifbarkeit. Diese Unbegreifbarkeit, die man durch Godard begreifbar gemacht bekommt, ist nur die gedankliche Filiale der Unsichtbarkeit, die man durch Godard sichtbar gemacht bekommt.

Mini-Exkurs

Die Weltarmut in der Welt, die sich durch partnerlose Punkte (Bewußtseine) und ein beliebiges Ringsum[21] auszeichnet, heftet sich seit Beginn des Kinos abstrakter an die Welt selbst; die Weltarmut innerhalb des In-der-Welt-Seins ergänzt sich durch eine Weltarmut der

---

[20] Robert Musil meinte an einer von mir nicht mehr wiedergefundenen Stelle seines „Der Mann ohne Eigenschaften" sinngemäß, daß das Erleben und Erfahren heutzutage sich vom einzelnen Menschen abgezogen habe, um in die Sachverhalte einzuwandern, in die wissenschaftlichen Analysen, in die kulturellen Produkte Film, Buch, Journalistik, Technik, Kunst. Man würde sich einer Naivität überführen lassen, lege man noch Wert darauf, etwas selbst erfahren und erlebt zu haben. Godard schafft es, genau diese Loslösung des Lebens vom Menschen als solches Loslösen erlebbar zu machen: mit Film. Und nochmals: Nicht im Sinne von ‚Ich zeige euch kulturtechnisch-künstlerisch, wie wenig Leben von/für euch übriggeblieben ist'. Vielmehr im Sinne von ‚Ich zeige euch, daß Leben nicht nur als Leben comme il faut da ist, sondern sich auch (gerade) in der technischen Abstraktion „weiterlebt"'.
[21] Peter Sloterdijk, *Sphären II. Globen*, FFM 1999, p614.

Welt selbst im Modus des Auf-der-Welt-Seins, wobei die Welt, auf die die Welt „kommt", der ERD-PLANET (im Sinne Michel Serres') ist; das menschliche In-der-Welt-Sein wie das weltliche Auf-der-Welt-Sein führen zu einer Aufsprengung haltgebender Beziehungssetzungen, weil das *Passen-in* keinerlei Korrespondenz mehr hält zu einem *Passen-auf*[22]: so wie die Menschen in der Welt durch Gewalt eine dünne Verbindung aufrechterhalten mit der Vorstellung einer gerechten Welt, die auf sie passt und in die sie passen, so übergibt sich die in–sich eingeschlossene Welt mit ihrer Weltarmut in die Weltlosigkeit der Steine (Heidegger), um durch die mondialen Gewalten in ihrem Innen ohne Außen den Test darauf zu führen, doch auf einer Welt (Erde) zu sein, die nicht weltlos ist, weil sie eben die mundane Welt ‚beherbergt'. – Was sonst nur die mondialen Gewalten schaffen, das schafft Godard mit seinem Kino: Erfahrbar zu machen, daß man auf einer Welt ist, die nicht welt- und leblos ist.

Exkursende

III Katarakt

Nochmals: Unsichtbares sichtbar zu machen ist im günstigsten Falle anstrengend, im ungünstigen Falle erschreckend, verstörend, grauenvoll. Und das gilt nicht nur fürs ästhetische Weltverhältnis. Das Grauen sitzt im Detail. Je genauer man hinschaut, spricht, denkt, und

---

[22] Zur Verwendung dieser In- und Auf-Passungen im sprachphilosophischen und wahrheitstheoretischen Rahmen siehe Hauke Brunkhorst, *Kritische Theorie als Theorie praktischer Idealisierungen*, in: Zeitschrift für kritische Theorie, 4/1997, p81-99, bes. p86ff. – Die Unmöglichkeit, vom In-unsere-Welt-Passen auf ein Auf-die-Welt-Passen zu schließen, wird vielleicht im Falle des Zusammenpassens von mundaner und mondialer Welt zu einer Unerträglichkeit, die sich in Gewalt äußert.

das heißt: je genauer man auf das Schauen selbst achtet, auf das Sprechen selbst, auf das Denken selbst, desto klarer wird, wie notwendig gelingendes Sehen, Sprechen/Hören und Denken davon abhängt, daß man übersieht, was man tut, ohne zu sehen, daß man übersieht. – Diese wahrnehmungsphänomenologische Evidenz steht nicht für sich alleine: man kann sie wiederfinden in der (kulturellen) Ausbildung höflicher Konversation und Konversation, in der Diplomatie, in den kurrenten Beobachtertheorien. Aber auch wiederfinden als Kernstück psychoanalytischer Theorie (Lacans), nämlich als nie zu erreichendes, unmögliches und gleichsam alles Imaginieren und Symbolisieren dirigierendes Reales. Gilt letzteres auch für Godards Kino? Nein.

„Nouvelle Vague ist die Geschichte eines Stück Meeres oder eines Sees. Es gibt eine Welle, in der man ertrinkt, und danach eine zweite, in der man wieder erwacht" – diese den Film *Nouvelle Vague* fassenden Sätze werden Godard zugeschrieben. Allerdings ist es nicht fahrlässig, diesen Satz auch auf das Kino *Nouvelle Vague* zu beziehen. Was da ertrinkt, ist nicht der Protagonist allein; die Nouvelle Vague Godards geht da in der ersten Vague unter (*The Long Goodbye* betitelt). Aber wie soll das geht, das Untergehen einer Welle in einer Welle? Einfacher ist da schon das Erwachen in resp. Auftauchen aus der zweiten Welle zu verstehen. Aber das ist nichts angesichts der Beschreibung des Films als die Geschichte eines Stück Meeres. Das ‚Erfilmen' leerer Hände, blinder Augen, des Geben-was-man-nicht-hat – zentrale Topoi Godard'schen Kinos: Waren sie die Voraussetzungen und gleichzeitig Bausteine des Vermögens, bewegtem Wasser eine Geschichte abzutrotzen?

Nicht die Geschichte eines Stück Meeres oder Sees, sondern die eines Stück bewegten Stillstandes resp. stillstehender Bewegung hatte György Ligeti im Sinn mit seinem musikalischen Werk *Atmosphères* aus dem Jahre 1961. Harald Kaufmann hat dieses Werk sehr ausführlich beschrieben. Er kommt auf eine zentrale Bestimmung dieser außergewöhnlichen Lautbarung, nämlich: „[...] Die Stimmen bewegen sich, und trotzdem steht der Klang im ganzen still. [...] Zeitliche Logik wird in eine quasi räumlich geordnete Vorstellungswelt umgedeutet."[23] – So wie Ligeti musikalisch-künstlerisch Zeit in Raum umdeutet, so wandelt Godard filmisch-künstlerisch Leben *in* Film und Film *im* Leben um.

Godard macht aus Zeitgenossen Raumgenossen, die in der Zeit (des Bildes und der Bewegung) Raumgenossen bleiben können.

Es gibt nichts mehr zu übersetzen, weder das ‚verlorene Ur-Objekt', noch die Mutter, noch den Vater, noch das Leben, noch die Geschichte, noch das Kino. Godard zeigt, daß der größte Freund des Raumes das Kino gewesen ist. Godard scheint einer der letzten großen Filmemacher zu sein, der sich daran erinnert.

---

[23] Harald Kaufmann im Beiblatt der LP WER 60022, Wergo-Label.

Anthropologie als archäologisch-kybernetische Inventur
Eine Bemerkung zu Kants Anthropologie[1] als Dokument einer Anthropologie nach dem Tode des Menschen

für Dietmar Kamper

„Die aktuelle Debatte um den Menschen [..] ist von einer kruden Allgemein-
verständlichkeit, an der nichts klar und deutlich ist, es sei denn das vage Be-
drohliche des Problems. Es finden unentwegt Ausweichmanöver statt. Ersatz-
weise versucht man das Denken selbst zu reglementieren, bevor es angefangen
hat. [..] Keine polizeiliche Maßnahme kann das Risiko mindern, das im Denken des Offenen liegt. Der Mensch aber ist im Verständnis der herkömmlichen Anthropologie die offene Frage schlechthin. Man muß sich also umdre-
hen und zwar zu einer Radikalität des Denkens, das sich weder bange noch
dumm machen läßt. So erst kann man den Vorläufen von Kant bis Foucault
gerecht werden und die historischen Tendenzen mit den anthropologischen
Beständen vermitteln"; *Dietmar Kamper*

I

Die folgenden Seiten gehen konsequent einer Lesestimmung nach,
die sich beim nochmaligen Lesen der pragmatischen Anthropologie
Kants ,hartnäckig' gehalten hat. Diese Stimmung läßt sich so fassen:

---

[1] Folgende Werk-Ausgabe wird benutzt: Immanuel Kant, *Schriften zur Anthropologie,
Geschichtsphilosophie, Politik und Pädagogik* 2, Werkausgabe, Bd. XII (mit Gesamtre-
gister), hg. von Wilhelm Weischedel, FFM [8]1991, darin: *Anthropologie in pragmatischer Hinsicht*, p395-690. Seitenzahlen im Text.

Kant schreibt über den Menschen und über die Menschen als jemand, der den Menschen und die Menschen philosophiegeschichtlich schon abgeschrieben hat. Alle immer wieder auffindbaren Stellen in seinem Text, die auf Fortschritt und Fortentwicklung anspielen, sind rhetorische Momente eines lakonisch resignierten Blickes darauf, daß das Wunder der Offenheit des Menschen historisch und kulturell nicht mehr entfaltbar sein wird: als Mensch. Stellte man an Kants Anthropologie die drei Fragen, die die Vernunft dem Erkenntnisvermögen zu stellen hat – „Was will ich? (frägt der Verstand) | Worauf kommt's an? (frägt die Urteilskraft) | Was kommt heraus? (frägt die Vernunft)" (p547) –, so ließen sich folgende Antworten geben:

1. Kant will eine Art Manual, ein „Handbuch" (p402) für die Sphäre des praktischen, realen Umgangs und Soseins der Menschen liefern, im Wissen, daß diese Sphäre und die darin möglichen Weisen des Umgangs und Soseins keine historisch intermediären sind, sondern vielmehr historisch abgeschlossene Weisen. Sie können der Mathematik oder Kybernetik übergeben werden. Kant berichtet aus dem Menschenpark; sein Bericht dient der Inventarisierung dessen, was bleibt, wenn alle Metaphysik des Menschen weggeräumt ist. D.h., Kants Motto könnte gewesen sein: Man sollte die Welt, in der man lebt, wenigstens kennen, wenn man schon keine mehr hat.[2]

---

[2] Es so zu sehen widerspricht der Einschätzung Foucaults, der im Gegenteil bei Kant die Hineinnahme der Natur in „die Welt" vernimmt. Foucault: „Physische Geographie und Anthropologie nehmen nicht länger eine neben der anderen Platz wie die zwei symmetrischen Hälften einer Weltkenntnis, die sich als Gegensatz des Menschen und der Natur artikuliert; die Aufgabe, sich zu einer Weltkentniss [im Original deutsch; B.T.] zu wenden, ist vollständig einer *Anthropologie* anvertraut, welche die Natur nur noch unter der

2.   Kant kommt es darauf an, seine Beschreibungen so zu situieren, als beziehen sie sich auf den Menschen als Zufall, nicht aber auf den Menschen als Schicksal oder gar Gefahr.[3] Während die Auffassung des Menschen als Schicksal die Differenz von Natur und Geschichte betont und die Auffassung des Menschen als Gefahr von einer vollendeten Indifferenz von Natur und Geschichte ausgeht, ist die Auffassung des Menschen als Zufall getragen von der Überzeugung, daß es Identität von Geschichte und Natur gibt, „wenn auch immer wieder prekär, im Rahmen eines areligiösen, wissenschaftsgläubigen Horizontes; der Mensch ist nur Mensch und sonst nichts, das Humane ist der unbestreitbare Gipfel der Evolution, der Anthropologe ist der Hüter des Humanen: darin besteht das anthropische Prinzip der Wissenschaften von der Natur" (Dietmar Kamper[4]). Kant will den Menschen als Zufall ‚behandeln' – auch wenn „der Mensch sein eigener letzter Zweck ist" (p399), also der Zufall ein extrem unwahrscheinlicher gewesen sein muß –, während er doch implizit wußte, so meine Unterstellung, daß der Mensch in der beginnenden Katastrophe der industrialisierten Moderne dringli

---

bereits bewohnbaren Form der Erde [im Original deutsch; B.T.] kennt" (*Einführung in die Anthropologie von Kant* (1961), übersetzt von Ute Frietsch, unveröffentlichtes Manuskript, Berlin 2000, p12).

[3] Siehe zu dieser von Dietmar Kamper und dem Verfasser gemeinsam gefundenen Differenzierung Verf., *Der Zufall des Schicksals Mensch versus Schicksalsproduktion am zufälligen Menschen*, in: derselbe, *Soziologische Marginalien* 3, Marburg 2000, p22-34.

[4] Dietmar Kamper, *Der Mensch als Schicksal, Zufall und Gefahr*, unveröffentlichtes Exposé für eine gleichnamige, nichtrealisierte Tagung, Berlin 2000, p2.

cher als Gefahr, als Geschoßbahn (Michel Foucault) beschrieben und erfragt werden sollte.

3. („Was kommt heraus?") Aus Kants Anthropologie in pragmatischer Hinsicht kommt ein Menschenmuseum, ein begrifflicher Menschenpark heraus, der exzentrisch paradox ‚grundiert' sein könnte. – Dazu später mehr.

II

Dem Reichtum der Kantischen Anthropologie wird also im folgenden Gewalt angetan. Dabei werden die Widersprüchlichkeiten genutzt, die im Werk durchaus nicht zu logischen oder plausiblen Brüchen führen. Vielleicht ist es zudem hilfreich, sich Kants Anthropologie in pragmatischer Hinsicht als Alterswerk eines Gelehrten vorzustellen, der gegen Ende seines Lebens sich dem menschlichen Lebewesen – nicht zu verwechseln mit dem Lebewesen Mensch – als solches (um nicht zu sagen: mit einem zoologischen Blick) widmen wollte, der eigenen Kultur als Schule der Welt (so Foucault), und der nicht mehr nur akademisch den Bedingungen, Faktoren und Erklärungen der Ermöglichung von menschlichem Leben meinte nachspüren zu müssen; deswegen die Verschriftlichung dessen, was über zwei Jahrzehnte hinweg (Winter 1772/73 bis Winter 1795/96) als Wintervorlesung den Studierenden „nur" zu Gehör kam und für Kant selbst den Status von Weltkenntnisvermittlung besaß, dargereicht in „populären Vorträgen" (p402), an denen auch „andere Stände" Gefallen fanden.

Und vielleicht könnte es gleichsam sinnvoll sein, Kants pragmatische Anthropologie zu verstehen als eine vor ihrer Zeit stattfindende

Erwiderung auf die Einsicht, „daß der Mensch verschwindet wie am Meerufer ein Gesicht im Sand"[5]; sie zu verstehen als harmlos erscheinende Vorläuferin einer Foucault'schen Annahme, nach der die Humanwissenschaften durch Beobachtung und empirische Erfassung von Menschen in Disziplinarräumen und totalen Institutionen, durch das Sammeln von Kleinigkeiten und Kleinlichkeiten aus ebendiesen Institutionen überhaupt den Menschen des modernen Humanismus geboren haben[6]; sie zu verstehen als eine *Anthropologie nach dem Tode des Menschen*[7], als ein *Rückblick auf das Ende der Welt*[8], als eine anthropologische Rekonstruktion des perfekten Verbrechens[9], verübt an der menschlichen Realität und Imagination.

Mehr noch, nun mutwillig spekuliert: Vielleicht war Kants Buch eine Vorlage für D'Arcy Wentworth Thompsons 1917 veröffentlichtes Werk *Über Wachstum und Form*[10]. D'Arcy Thompson wollte mit seinem der Biologie zugehörigen Buch nicht zu denen gehören, die nach den Verschiedenheiten oder grundlegenden Gegensätzen zwischen Phänomenen organischer und anorganischer, belebter und un-

---

[5] So die berühmten letzten Worte Michel Foucaults in seinem Buch *Die Ordnung der Dinge: eine Archäologie der Humanwissenschaften* (dt., FFM 1974, p462).

[6] Michel Foucault, *Überwachen und Strafen – die Geburt des Gefängnisses*, dt., FFM [11]1995, p180.

[7] So der Titel des von Dietmar Kamper und Christoph Wulf herausgegebenen Sammelbandes (FFM 1994). Untertitel: Vervollkommnung und Unverbesserlichkeit.

[8] So der Titel des ebenfalls von Dietmar Kamper und Christoph Wulf herausgegebenen Bandes (München 1990).

[9] Jean Baudrillard, *Das perfekte Verbrechen*, dt., München 1996.

[10] In gekürzter Fassung neu herausgegeben von John Tyler Bonner, dt., FFM 1983. D'Arcy Thompson läßt sein Buch mit einem sinngemäßen Zitat Kants beginnen: Kant zufolge sei Chemie zwar eine Wissenschaft, aber nicht Wissenschaft, da das Kriterium echter Wissenschaft auf ihrer Beziehung zur Mathematik beruhe (p21).

belebter Dinge forschen, sondern zu denen, die nach gemeinsamen Prinzipien oder wesentlichen Ähnlichkeiten suchen.[11] Präzise faßt er sein Vorhaben so zusammen: „Meine einzige Absicht besteht darin, einige der einfacheren äusseren organischen Wachstums-, Struktur- und Formphänomene mit mathematischen Aussagen und physikalischen Gesetzen in Beziehung zu bringen, wobei ich ständig den Aufbau des Organismus *ex hypothesi* als eine materielle und mechanische Gestaltung ansehe."[12] Wollte Kant nicht mit seiner umfassenden Aufzählung von inneren und äußeren Merkmale der Menschen, von Verhaltensweisen, Situations- und Empfindungskonstellationen, sprich: durch Aufzählung ‚anthropologischer' Struktur- und Formphänomene ebendiese ‚entanthropomorphisieren', indem er sie zwar nicht mit mathematischen Aussagen in Verbindung gebracht hat, aber doch insinuierte, daß die menschlichen Gestaltungen nach anderen denn menschlichen Gesetzen geregelt werden? Gehörte seine pragmatische Anthropologie nicht doch schon in „das Feld dunkler Vorstellungen", nach Kant „das größte im Menschen"? Denn, so Kant weiter: „Weil es aber diesen [Menschen; B.T.] nur in seinem passiven Teile, als Spiel der Empfindungen wahrnehmen läßt, so gehört die Theorie derselben doch noch *zur* physiologischen Anthropologie, nicht zur pragmatischen, worauf es hier eigentlich abgesehen ist" (alle Zitate p419).

Sicher, das hört sich alles andere als sinnvoll an, bedenkt man nur, daß Kant mit seiner pragmatischen Menschenkenntnis den Men-

[11] D'Arcy Thompson, a.a.O., p27.
[12] D'Arcy Thompson, a.a.O., p30.

schen als frei handelndes Wesen adressierte, um aufzuzählen, was es aus sich selbst machte, machen konnte und machen sollte. Gernot Böhme schreibt unmißverständlich: „Für Kant war das Ziel der angestrebten Stilisierung klar: der Mensch sollte sich durch Zivilisierung, Kultivierung, Moralisierung zum vernünftigen Wesen machen."[13]

Für Kant war das Ziel so klar, daß er gar aus Vernunftgründen für bestimmte anthropologische Prozesse die Vernunft dezidiert nicht in Anschlag brachte, etwa bei der Liebe zum Leben und zum Geschlecht. Kant: „Die stärksten Antriebe der Natur, welche die Stelle der unsichtbar das menschliche Geschlecht durch eine höhere, das physische Weltbeste allgemein besorgende Vernunft (des Weltregierens) vertreten, ohne daß menschliche Vernunft dazu hinwirken darf, sind Liebe zum Leben, und Liebe zum Geschlecht" (p614f.). Hier geht Kant davon aus, daß diese von ihm vollständig ontogenetisch und phylogenetisch verstandene Liebe nicht anders kann als die Geschäfte der Vernunft mit auszuführen; Vernunft also im „anthropologischen Substrat" bereits installiert sei (ein Gedanke, den 200 Jahre später Habermas übernimmt, um die formalpragmatischen Merkmale herrschaftsfreier Rede gleichsam ins Unverfügbare zu placieren).[14]

Und auch der für Kant zentrale innere Begriff des Menschseinkönnens läßt es absurd erscheinen, Kants Vorlesungsbuch als Aufbewahrungsbuch menschlicher Zustände nach dem Ende des Menschseins aufzufassen. Man könnte gar einen Freiheitsexistentialismus des Men-

[13] Derselbe, *Anthropologie in pragmatischer Hinsicht. Darmstädter Vorlesungen*, FFM 1985, p9.
[14] Auf diese Stelle bei Kant wird später nocheinmal zurückzukommen sein, besonders auf die Anmerkung 4, die am Ende des Abschnitts angebracht ist.

schengeschlechts avant la lettre in bestimmte Aussagen Kants hineinlesen, die den Menschen unverrückbar ausweisen als dasjenige Wesen, das nicht anders kann, als sich zur Freiheit (von/durch) hin auszurichten; etwa diese Aussage: „Sie [die Leidenschaften; B.T.] werden in die Leidenschaften der natürlichen (angebornen) und die der aus der Kultur der Menschen hervorgehenden (erworbenen) Neigung eingeteilt. Die Leidenschaften der ersteren Gattung sind die Freiheits- und Geschlechtsneigung, beide mit Affekt verbunden" (p602). Freiheitsneigung ist für Kant demnach eine natürliche Neigung, also etwas, was die Natur aus dem Menschen macht, und nicht etwas, was der Mensch aus sich macht. Kant ist sich sicher, daß das Gelingen des Menschsein- und Vernünftigseinkönnens nur von der Ausführung abhängt, nicht aber von der Anlage.

Man kann hier jedoch schon fragen: Ist er sich sicher, oder hat diese Versenkung eines dezidiert kulturanthropologisch aufzuschlüsselnden Freiheitsvermögens in die Natur des Menschen nur den Sinn, ebendieses Vermögen resp. diese Neigung vor den Menschen zu schützen? Es steht außer Frage, daß Kant mit seiner Anthropologie Menschenkunde betreiben wollte, die auf Erkenntnis und auf Fortschritt, auf moralische, pragmatische und auf technische Weiterentwicklung ausgelegt zu sein hatte.[15] – Die Frage ist nur: Was für ein vernünftiges Wesen hatte Kant im Sinn? Daß dieses Wesen notwendigerweise menschliche Attribute sein eigen nennen mußte, scheint evident. Aber war es tatsächlich ein menschliches Wesen, das er im Auge

---

[15] Allerdings ohne Naivität. Kant, in der Anmerkung (p615): „Die höchste Stufe der Kultur ist der Kriegszustand der Völker im Gleichgewicht und das Mittel ist die Frage wer von ihnen fragen soll ob Krieg sein soll oder nicht."

hatte? Daran zu zweifeln erscheint abwegig, hat man die Untertitelei der beiden Teile seiner Anthropologie und zudem Kants diesbezügliche Randnotiz vor Augen. Die Teile untertitelte Kant mit „Von der Art, das Innere sowohl als das Äussere des Menschen zu erkennen" (Teil 1) und mit „Von der Art, das Innere des Menschen aus dem Äusseren zu erkennen" (Teil 2). Zu diesen Teilen, anthropologische Didaktik und anthropologische Charakteristik genannt, bemerkt Kant (p623): „Der erstere ist gleichsam die Elementarlehre die zweite die Methodenlehre der Menschenkunde." In Fragen umgebrochen heißt es bei ihm: „Was ist der Mensch?" und „[Wie] Woran ist die Eigentümlichkeit jedes Menschen zu erkennen?" (ebenda). Foucault sieht in dieser Behandlung des Innen und des Außen sogar eine Überzeugung Kants zum Ausdruck gebracht, nämlich die, „daß der Mensch nicht über seine Möglichkeiten verfügt, ohne zugleich in ihre Manifestationen eingelassen zu sein."[16]

Sprich: Kants Überzeugung, daß es ein äußerungs- und ausdrucksunabhängiges, ein zeit- und raumresistentes Wesen „Mensch" gibt, war so stark, daß er den Menschen durchaus in den Erkenntnisraum hineinstellen konnte, in dem er Objekt der Gesellschaft, der Technik, der Kultur und des Umgangs wird, also zu einem Effekt der Manifestationen.[17] – Was wir heute mit einem strukturalistischen und soziologi-

---

[16] Michel Foucault, *Einführung in die...*, a.a.O., p47.

[17] Vielleicht nimmt hier der Gedanke Adolf Portmanns seinen Ausgang, daß Selbstdarstellung eines Organismus den gleichen grundlegenden Rang zu bekommen hat wie Selbsterhaltung und Arterhaltung. Foucault schreibt weitergehender, daß Kants allgemeine Anthropologie nur möglich war in einem Raum, „in dem das Beobachten seiner selbst weder auf ein Subjekt in sich noch auf das reine Ich der Synthese Zugriff hat, aber auf ein Ich, welches Objekt ist und präsent nur in seiner phänomenalen Wahrheit.

schen Blick beschreiben würden als „Was aus dem Menschen gemacht wird", beschrieb Kant durchaus noch im Rahmen eines „Was der Mensch aus sich macht", also pragmatisch. Dieser im reinsten Sinne aufklärerische Pragmatismus[18] aber scheint mir eine noch etwas unmutig zoologisch angesetzte verhaltenstheoretische[19] Inventarisierung eines Wesens namens Mensch zu sein, eine Inventarisierung, die von Geschichte, aber auch von Chronologie abgelassen hat, und nur an wenigen Stellen mit lakonischer Ironie ein Loblied auf den bürgerlichen Menschen singt.[20]

Beispiel

Sollte Kants Anthropologie nicht mehr recht präsent sein, ist es vielleicht hilfreich, eine etwas längere Stelle zu zitieren, die es womöglich weniger absurd erscheinen läßt, Kants Unternehmen als zoologi-

---

[...] Kurz: Man sieht sich einen der Anthropologie eigenen Bereich abzeichnen, einen, in dem sich die konkrete Einheit der Synthesen und der Passivität, des Affizierten und des Konstituierenden, als Phänomen in der Form der Zeit gibt" (*Einführung in die...*, a.a.O., p17f.).

[18] „Aber in den Darstellungen der zur Moralität [..], mithin zur reinen Vernunft gehörigen Begriffe (Ideen genannt) das Symbolische vom Intellektuellen (Gottesdienst von Religion), die zwar einige Zeit hindurch nützliche und nötige Hülle von der Sache selbst zu unterscheiden, ist Aufklärung" (p498) – übertragen auf hiesigen Zusammenhang: Den Menschen von seinen Manifestationshüllen zu unterscheiden ist Aufklärung.

[19] Im Sinne instrumentellen Lernens bzw. Nichtlernens und im Sinne der ‚klassischen' Konditionierung bzw. Nichtkonditionierung. Siehe dazu Andrzej Malewski, *Elemente einer Verhaltenstheorie*, dt., in: Walter L. Bühl (Hg.): *Reduktionistische Soziologie. Soziologie als Naturwissenschaft?*, München 1974, p125-148.

[20] Die gute Mahlzeit in (maximal zehnköpfiger) guter Gesellschaft (p617); Humanität als die Denkungsart der Vereinigung des Wohllebens mit der Tugend im Umgange (p616); der Feierabend als der größte Sinnengenuß (p613); „Leidenschaft [..] wünscht sich kein Mensch. Denn wer will sich in Ketten legen lassen, wenn er frei sein kann?" (p582); jedem Vergnügen muß der Schmerz vorhergehen (p551) usw.

sche Inventarisierung aufzufassen. Unter dem Abschnitt *Von dem höchsten moralisch-physischen Gut* (p615) kommt Kant u.a. auf die Situation des gemeinsam geteilten Mahlzeit zu sprechen und sagt dazu folgendes:

> „Bei einer vollen Tafel, wo die Vielheit der Gerichte nur auf das lange Zusammenhalten der Gäste (coenam ducere) abgezweckt ist, geht die Unterredung gewöhnlich durch drei Stufen: 1) Erzählen, 2) Räsonieren und 3) Scherzen. – A. Die Neuigkeiten des Tages, zuerst einheimische, dann auch auswärtige, durch Privatbriefe und Zeitungen eingelaufene. – B. Wenn dieser erste Appetit befriedigt ist, so wird die Gesellschaft schon lebhafter; denn weil beim Vernünfteln Verschiedenheit der Beurteilung über ein und dasselbe auf die Bahn gebrachte Objekt schwerlich zu vermeiden ist, und jeder doch von der seinigen eben nicht die geringste Meinung hat, so erhebt sich ein Streit, der den Appetit für Schüssel und Bouteille rege, und nach dem Maße der Lebhaftigkeit dieses Streits und der Teilnahme an demselben, auch gedeihlich macht. – C. Weil aber das Vernünfteln immer eine Art von Arbeit und Kraftanstrengung ist, diese aber durch einen *während* desselben ziemlich reichlichen Genuß endlich beschwert wird: so fällt die Unterredung natürlicherweise auf das bloße Spiel des Witzes, zum Teil auch dem anwesenden Frauenzimmer zu gefallen, auf welches die kleinen mutwilligen, aber nicht beschämenden Angriffe auf ihr Geschlecht die Wirkung tun, sich in ihrem Witz selbst vorteilhaft zu zeigen, und so endigt die Mahlzeit mit Lachen; welches, wenn es laut und gutmütig ist, die Natur durch Bewegung des Zwerchfells und der Eingeweide ganz eigentlich für den Magen zur Verdauung, als zum körperlichen Wohlbefinden, bestimmt hat; indessen, daß die Teilnehmer am Gastmahl, Wunder wie viel! Geisteskultur in einer Absicht

der Natur zu finden wähnen. – Eine Tafelmusik *bei* einem festlichen Schmause großer Herren ist das geschmackloseste Unding, was die Schwelgerei immer ausgesonnen haben mag. Die Regeln eines geschmackvollen Gastmahls, das die Gesellschaft animiert, sind: [...]" (p620f.)

Gewiß läßt sich diese bewertende Beschreibung einer sozialen Situation bzw. Inszenierung als gelungene ethnomethodologische, interaktionsritualtheoretische Studie avant la lettre lesen. Allein, mir scheint im Duktus dieser ,Aufzählung'/Gebrauchsanweisung, der sich durch das gesamte Buch zieht, eine andere Ausgangslage bemerkbar zu machen: eben jene eines archäologisch orientierten Zoologen, der sich über Gebräuche, Prozduren, Inszenierungen und Verhaltensweisen von Lebewesen ausläßt, die es nicht mehr gibt, wenngleich sie da sind, die also letztlich nur noch zuhanden, aber nicht mehr vorhanden sind.

Beispielende

Meine These ist, daß Kants pragmatische Anthropologie keine mehr ist, die einen wie immer konturierten Kreis des Menschen annimmt, keine mehr ist, die den homo-mensura-Satz als Ausgang nimmt; vielmehr ist sie schon eine, die kybernetisch auf dieses Wesen Mensch schaut, um für ebendieses Regelkreise, Regelbahnen, Chiasmen, hinreichende und notwendige Kopplungen und Rückkopplungen auszumachen. Zu solch einer obskuren Sicht tragen nicht etwa Sätze Kants bei wie dieser: „Es ist merkwürdig, daß wir uns für ein vernünftiges Wesen keine andere schickliche Gestalt, als die eines Menschen denken können" (p472). Vielmehr ist es ein Zentralsatz Kants, nämlich dieser: „Man nennt das durch Ideen belebende Prinzip des Gemüts Geist" (p573). Da Kant einige Seiten vorher konstatiert, „Geist ist das belebende Prinzip im Menschen" (p544), kann man wie folgt zusammenfassen: Das Prinzip des Gemüts, das durch Ideen belebt, ist das belebende Prinzip im Menschen. Foucault fragt zurecht, wie das gehen soll, daß ein Konzept der Vernunft, dem in der Sinnlichkeit kein korrespondierendes Objekt gegeben ist, dem Gemüt Leben geben kann.[21] Die Uneindeutigkeit in diesen Passagen rührt meines Erachtens her aus einer Unentschiedenheit Kants, entweder das Prinzip (Regulation) oder das Belebende als Zentrum der Idee des Geistes und des Gemüts zu behaupten. Nur das Belebende rechtfertigt, weiterhin anthropo-logisch zu argumentieren. Aber nur die Regulation erlaubt, weiterhin Vernunft transzendental zu denken.[22] Kant hat sich nicht entschieden, aber gleichsam die Unentschiedenheit in seinem Text bemerkbar gehalten. Nochmals: Nicht zu beschreiben, was der Mensch oder Menschen sind und wie sie vernünftig werden können ist der Focus der Kantischen Anthropologie. Focus ist vielmehr das sich Reproduzieren intelligenten Lebens und Verhaltens schlechthin, betrachtet für diese eine spezifische Organisationsform, die wir Mensch nennen.

---

[21] Foucault, *Einführung in die...*, a.a.O., p37.

[22] Auf die Urteilskraft bezogen schreibt Kant: „/- Die Urtheilskraft ist überhaupt das Vermögen der <Bestimmung> [~~Unterscheidung des~~] der allgemeinen Regel [~~der~~] In Ansehung der bedingung des besonderen was unter ihr steht. (*subsumir*en) Dies geschieht durch *schemata* welche entweder den Begriffen des Verstandes [~~gem~~] oder dem Verstande überhaupt gemäs <u>allgemein</u> (weil Urtheilskraft ein oberes Erkenntnisvermögen ist) entworfen werden"; Text der Faksimile-Reproduktion mit der Bezeichnung „Loses Blatt Henrici_155", zu finden unter: www.uni-marburg.de/kant/webseitn/ka_n_hen.htm, 04/2002.

Kant betreibt keine kybernetische Anthropologie, sondern anthropologische Kybernetik. Seine Inventarisierung des inneren und äußeren Menschen im Tun und Lassen, im Anerkennungs- und Leistungs-
kampf, mit seinen Neigungen, Schwächen, Begierden, Leidenschaften
und Vernünften unterscheidet sich *formal* nicht von der Beschrei-
bungsweise, die Valentin Braitenberg für das Verhalten kybernetischer
Vehikel ansetzte.[23] Braitenberg läßt künstliche Vehikel so ‚interagieren', daß sie nach einer bestimmten Zeit einen komplexen Umgang
miteinander und an sich entfalten, ohne auch nur ein Jota von dem zu
besitzen, was Bewußtsein heißt. Man könnte die Ähnlichkeit, die ich
zwischen Kants Anthropologie und Braitenbergs filigraner Versuchsan-
ordnung sehe, vielleicht auch so kenntlich machen: Merleau-Ponty
kommt in seinem Buch *Das Auge und der Geist*[24] auf die besondere
Physis des menschlichen Leibes zu sprechen und eben darauf, daß mit
einem anderen Leib (anderer Beschaffenheit der Hände, der Augen)
es auch keine Menschen gäbe, sondern etwas anderes. Das, was Merleau-Ponty die bestimmte Leiblichkeit des Menschen ist, ist Kant die
bestimmte Weise gesellschaftlichen Umgangs Ende des 18. Jahrhunderts. Wiewohl er anthropologisch spricht, so spricht er doch historisch, will sagen: Dieser historisch-anthropologische ‚Leib' der menschlichen Gesellung und der inneren und äußeren Artefakte des Menschen kann und wird sich verändern. *Verändert er sich, ist nicht von
vornherein ausgemacht, daß es sich dann weiterhin um Menschen
handeln muß, die sind.* Kurz: Kant würde nicht die Ansicht Schelers

---

[23] Derselbe, *Künstliche Wesen. Verhalten kybernetischer Vehikel*, dt., Wiesbaden/
Braunschweig 1986.
[24] dt., Hamburg 1984, p17.

vertreten, nach der das Wesentliche des Menschen eine Wesenstatsache sei, die nicht auf die natürliche Lebensevolution zurückgeführt werden könne.[25] Kant schreibt vielmehr seine Anthropologie für eine Menschenform, deren Inhalt (das Bewußtsein, das Selbstbewußtsein, das ‚Subjekt') weiterhin noch auf den Menschen in der sozioanthropologischen Daseinsdimension angewiesen ist, im Sinne von: So wie Tiere den Gesetzen und Regeln der Natur unterliegen, so die Menschen den Gesetzen und Regeln der Anthropo-Kultur. Aber das muß nicht immer so sein. Braitenberg zeigt, wie ohne Bewußtsein komplexe Sozialitäten entstehen können. Kant zeigt, wie mit Bewußtsein, gar mit Vernunft der Mensch gezwungen ist, so eigenartigen Dingen ausgesetzt zu sein wie etwa dem Begehren, dem richtigen und falschen Verhalten, den Sinnen, dem Neid, er also noch bis zu den Ohren in eine menschlichen Sphäre eingelassen ist, die ihren Tribut verlangt: Nämlich Autonomie als Reaktion auf Heteronomie, also die permanente Sicherung des sich in der Gewalt Habens, um nicht den Gewalten der Natur (des Menschen) ausgeliefert zu sein. Diese ‚Selbstzucht' geht nur im Modus der Herrschaft. Und innerhalb dieses Modus namens Herrschaft bietet Kant die Vernunft an; die Vernunft als die dem Menschen angemessenste Form von Herrschaft. Die Grenzen der Entfaltung von Vernunft des Menschen sind die Grenzen, die durch Herrschaft gesetzt werden. Und die Grenzen der Herrschaft wiederum werden gesetzt durch die Heteronomie der (menschlichen) Natur.

---

[25] Max Scheler, *Die Stellung des Menschen im Kosmos*, München 1947, p35.

Exkurs

Was Autonomie bedeutet, die der Heteronomie geschuldet ist, und die folglich in ihrer Art der Beziehung zur Heteronomie, nämlich reaktiv, keine ‚souveräne Autonomie'[26] sein kann, das beschreibt Peter Bulthaup nach meinem Dafürhalten exakt, und zwar so:

> „Soweit die Naturwesen nach einem instinktgesteuerten, fest program- mierten Reiz-Reaktionsschema sich verhalten, das für alle Exemplare der Gat- tung gleich ist, sind Gattung wie Exemplar Resultate einer blinden Naturge- schichte. Diese Gattungen konnten sich nicht mit einer eigenen Geschichte gegenüber der Naturgeschichte selbständig machen. Die Verselbständigung zu bewerkstelligen, muß der Komplex der Reiz-Reaktionsmechanismen un- terbrochen werden, wobei die äußere Bedingung dieser Unterbrechung, Herrschaft, die das unmittelbare Stillen von Bedürfnissen unterbindet, allein nicht hinreicht, denn mit dem natürlichen Verfall der Herrschenden würden die Exemplare und mit ihnen die Gattung in den Naturzustand zurückfallen. Nur wenn Herrschaft kontinuierlich tradiert wird, erscheint sie den Be- herrschten als natürliche Bedingung ihres Daseins, nur dann vermag sie die unmittelbare Befriedigung von Bedürfnissen nicht nur durch äußere Gewalt, sondern durch verinnerlichte Gewalt, durch Normen, zurückzudrängen und zur Bedingung der Konstitution einer ihrer selbst bewußten Subjektivität zu werden. Tradition, das keineswegs nur spirituelle Gedächnis des Kollektivs, ist ein Moment der Konstitution des Gegenstandes der Anthropologie, dem unterm Polytheismus noch fehlt, was der biologischen Gattung schon eignet: Allgemeinheit. [...] Durch den Übergang vom Polytheismus zum Mono-

---

[26] ‚Souveräne Autonomie' ist, so man Georges Bataille verpflichtet ist, ein Ding der Unmöglichkeit. Souveränität und Autonomie sind extreme Gegensätze. Für Kant je- doch, so meine Auffassung, mitnichten.

theismus wird erst die Übermacht für die Menschen dauerhaft bündnisfähig. Da aus dem Prinzip von Herrschaft die besonderen Formen, in denen sie sich realisiert, nicht zu bestimmen sind, das Prinzip aber sich nur als ein allgemeingültiges durchsetzen kann, müssen die besonderen Formen, in denen es erscheint, auch für sich diese Allgemeingültigkeit behaupten. Die Vermittlung des abstrakten Prinzips und der besonderen Formen seiner Durchsetzung erscheint als Akt der Willkür, die in der Bestimmungslosigkeit des Prinzips liegt: die Gebote sind aus der unzulänglichen Transzendenz diktiert, vorweg das erste, das die Befreiung von der Heteronomie mit der Unterwerfung unter das Prinzip in eins setzt. [...] Historisch wurde die abstrakte Negation alles Besonderen selbst zur ethischen Norm."[27]

In Kants Rhetorik ist die zuletzt angesprochene Aneignungs- und Vernichtungsbeziehung zwischen Abstraktion und dem Besonderen keineswegs artikuliert. Im Gegenteil (und wie schon erwähnt) befinden sich das Abstrakte und das Konkrete bei Kant in einem Ergänzungsverhältnis, nicht in einem Negationsverhältnis. Seine Buchteile setzt er nämlich so in Beziehung: „Der erstere ist gleichsam die Elementarlehre die zweite die Methodenlehre der Menschenkunde." In Fragen umgebrochen heißt es bei ihm: „Was ist der Mensch?" und „[Wie] Woran ist die Eigentümlichkeit jedes Menschen zu erkennen?" (alle Zitate p623). Aber Kant wußte, so meine Unterstellung, daß das ‚vernünftige' Vermögen abstrakter Negation des Besonderen auch nur als ein Besonderes zu gelten hat, das alles tut, um nicht mehr als Besonderes

---

[27] Peter Bulthaup, *Zur gesellschaftlichen Funktion der Naturwissenschaften*, FFM 1973, p120-21.

zu gelten, zu erscheinen und zu sein. Solange die Anmaßung der Besonderheit namens herrschende Vernunft, nicht als Besonderheit zu
gelten, zu erscheinen und zu sein, verleugnet und verdrängt werden
muß, solange sind alle autonomen Erscheinungformen und Gestalten
ebendieser Vernunft ,Anwendungsfälle' der Heteronomie.

Exkursende

Wiewohl Kant also seinem Bemühen, die Autonomie des Menschen zu „behaupten", eigentlich nur historistisch und nicht anthropologisch nachkommen kann[28], hält er in der Ausformulierung seiner
Schrift dezidiert an der Unvergleichbarkeit des Menschen mit Erschei-
nungen jener Lebensevolution fest, die Scheler so stark ablehnte
(Evolution betrifft nicht das Menschenwesen, so Scheler). So kommt
Kant unter der Abschnittsüberschrift *Vom Können in Ansehung des
Erkenntnisvermögens überhaupt* auf das Gewohntwerden und schließlich auf die Angewohnheit zu sprechen, um dort zum Ausdruck zu
bringen, wie gefährlich es ist, wenn der Mensch mit nichtmenschlichen
Wesen in eine Klasse gerät. Kant: „Die Ursache der Erregung des
Ekels, den die Angewohnheit eines andern in uns erregt, ist, weil das
Tier hier gar zu sehr aus dem Menschen hervorspringt, das instinktmä-
ßig nach der Regel der Angewohnheit, gleich als eine andere (nicht-
menschliche) Natur geleitet wird, und so Gefahr läuft, mit dem Vieh
in eine und dieselbe Klasse zu geraten. [...] In der Regel ist alle Ge-

---

[28] denn, nochmals: Historisch anthropologisch gibt es nur Besonderheiten und die Geschichte der Verkennung/Verdrängung von Besonderheiten zugunsten der Setzung von
Allgemeinheiten (*der* Mensch), die ihre Besonderheit mit Gewalt (und Vernunft) leugnen.

wohnheit verwerflich" (p440). Alle Gewohnheit ist für Kant in der Regel verwerflich, weil die Gewohnheit noch ohne vernünftige Regelung auskommt: sie passiert regelmäßig, aber nicht als regelgemäßes Tun, das von einem Subjekt ausgeht, das sich in seiner Gewalt hat. Im *Abschnitt Allgemeine Anmerkung über die äusseren Sinne* (p451ff.) steht folgendes: „Je empfänglicher der Vitalsinn ist (je zärtlicher und empfindlicher), desto unglücklicher *ist der Mensch*; je empfänglicher für den Organsinn (empfindsamer), dagegen abgehärteter für den Vitalsinn der Mensch ist, desto glücklicher ist er; – ich sage glücklicher, nicht eben moralisch-besser; – denn er hat das Gefühl des Wohlseins mehr in seiner Gewalt" (p452). Will sagen: Der empfindliche, ungeregelte Mensch ist unglücklich (aber dafür moralisch?), der empfängliche, geregelte Mensch ist glücklich (aber dafür unmoralisch?). Zwischen dem ‚Sich-affizieren-Lassen' und dem ‚Sich-in-der-Gewalt-Haben' gibt es nichts, was vermitteln könnte.[29]

III

Wie sähe nun der Mensch aus, der glücklich geregelt und zudem in der Welt und mit der Welt sein Dasein moralisch fristet? Der Mensch, der endlich so geregelt ist, daß er sich nicht mehr für eine Ausnahme hält im Vergleich zu allen anderen operational geschlossenen, selbstreferentiellen, nichttrivialen Maschinen, die das Leben und das Soziale kreiert haben? – Vielleicht ist hier die Stelle erreicht, die

---

[29] Übertreibend gesagt ist das vielleicht genau die Stelle, die Blaise Pascal im Sinn hatte mit den Worten, es sei gefährlich, dem Menschen zu eindringlich vor Augen zu führen, wie sehr er den Tieren gleicht, ohne ihm seine Größe zu zeigen; und es sei ebenso gefährlich, ihm zu eindringlich seine Größe ohne seine Niedrigkeit vor Augen zu führen.

Michel Foucault im Sinn hatte, als er die Quintessenz seiner Beschäftigung mit Kants Anthropologie so bündelte: „Die Geschoßbahn der Frage: Was ist der Mensch? auf dem Feld der Philosophie vollendet sich in der Antwort, die diese zurückweist und sie entwaffnet: der Übermensch."[30] Foucault las Kant so, daß dieser auf das den Menschen Übersteigende hin dachte, auf das „Nach" des Menschen, diese Konsequenz jedoch nicht einlöste; damit, so Kamper, sei Kant letztlich doch bei einer „Abfertigung des Menschen durch die physiologische und die pragmatische Anthropologie"[31] geblieben. Demgegenüber habe heute, so Kamper weiter, „die Historische Anthropologie nur die Chance, die von der bisherigen Anthropologie-Kritik leergeräumte Stelle des Menschen radikal offenzuhalten, wohlwissend, daß die Negativität seit einigen Jahren selbst arbeitslos ist (Georges Bataille)."[32]

Mir scheint, daß Kant mit seiner Anthropologie auch schon zu den Offenhaltern gehört, wenn auch verzwickt. Denn er ist keinesfalls überzeugt, daß die Vervollkommnung der alleinige Horizont des Denkens des Menschen ist; er teilt die Unterscheidung „Vervollkommnung versus Unverbesserlichkeit" durchaus (erinnert sei nur an seine Physiologisierung der Freiheitsneigung, an seine Bestimmung der Verrechtsräumlichung des Krieges als höchster kultureller Leistung der Menschen, an seine Bestimmung des kultivierten Menschen als lügend schauspielender Mensch [p442f.]), aber: er bezieht sie nicht mehr auf diesen einen Menschen dieser einen Gattung Mensch[33], er zieht viel-

---

[30] Michel Foucault, *Einführung in die...*, a.a.O., p95.
[31] Dietmar Kamper, *Horizontwechsel*, München 2001, p121.
[32] ebenda.
[33] Man könnte hier schon die Begriffe Menschen-Liga, Zivilisationsliga, Humandiversifikation einfügen; siehe dazu Hans Peter Weber, *Wie spät ist es?*, in: menschen formen (Hg.): *menschen formen*, Marburg 2000, p10-59, hier: p14, 16, 23.

mehr, so die These, innerhalb seiner Pragmatik nochmals eine Unterscheidung ein. Nämlich die Unterscheidung humane Anthropologie versus nachhumane Anthropologie.[34] Seine pragmatische Anthropologie in den Zeilen adressiert weiterhin den homo sapiens sapiens; die zwischen den Zeilen den homo absconditus (Helmuth Plessner), die Menschenform nach der Form Mensch. Kant inventarisiert den endlichen Menschen, der als einziges endliches Wesen zugleich die Unendlichkeit ist, die aber, geborgen in der Zukunft der Geschichte, den endlichen Menschen zum Verschwinden bringen kann. Kant, so meine Mutmaßung, weiß das, weiß um den in der Zukunft nicht mehr vorhandenen Menschen, und fertigt mit seiner Anthropologie beinahe impressionistisch eine Auszugsgestalt der Unendlichkeit an, in der die pragmatische Wahrheit der Menschen in den Grenzen seiner, Kants Zeit aufgeführt wird, dabei an der „anthropologischen Illusion" (Foucault) festhaltend, daß alle noch so unmögliche Möglichkeit der Unendlichkeit/Offenheit des Menschen durch diesen einen ‚Flaschenhals' der pragmatischen Manifestation im Anthropo-Kosmos hindurch muß. Oder weniger groß gesprochen: Was immer auch in der Offenheit der Beantwortung der Frage, was der Mensch sei, herauskommen werde: Mit der pragmatischen Anthropologie kann man wissen, daß er zumindest einmal als Mensch Mensch gewesen sein wird.

---

[34] Diese implizite Teilung rührt meines Erachtens aus der gerade noch verhinderten Teilung des Kantischen Subjekts her (das empirische und das intellektuelle Bewußtsein als Akteure der Wahrnehmungs/Sinnlichkeits- und Verstandesbeziehungen). Kant verneinte die Existenz eines „doppeltes Ichs"; vielmehr sprach er von einem doppelten Bewußtseins dieses Ichs. Siehe Michel Foucault, *Einführung in die...*, a.a.O., p17.

Exkurs[35]

Solch eine eben erwähnte Form nach der Form (in ihrer Funktion als Leere) können wir heute – von Kant aus gesehen also schon in einer fortgeführten Beantwortung der Frage, was der Mensch ist – nur noch unter machttechnischen Einsichten denken, als eine fortgesetzte mächtige Durchsetzung einer bestimmten Menschenform, die nun an den Leib geht.[36] Sprich: Die Geschoßbahn der Frage: Was ist der Mensch? auf dem Felde der Philosophie und auf dem der „Lebenswissenschaften" beantwortet sich mit der „Projektilisierung" des Menschen als Antwort. Das hat mit der meist mißgedeuteten Nieztscheanischen Fassung des ‚Übermenschen' nichts zu tun. Oder doch?

Was das heißen könnte, Menschenformergreifung nach der Zeit der Offenheit des Menschen, hat Karl Jaspers deutlich gemacht. Für ihn stand Anfang der 30er Jahre des letzten Jahrhunderts der Mensch in Gefahr, nicht mehr mit den Parametern „Schicksal" und „Zufall" in den fortschreitenden Zivilisationskräften verwirbelt zu werden, sondern mit der ausschließlichen Parametrisierung der Gefahr. „Entscheidung wollen, heißt nicht mehr Schicksal ergreifen, sondern in sicherer Machtstellung gewaltsam sein"[37], so Jaspers.

---

[35] Siehe zum Exkurs der Verf., *Der Zufall des Schicksals Mensch versus Schicksalproduktion am zufälligen Menschen*, a.a.O., p22-34.

[36] Siehe dazu aus einer feministischen Perspektive Gerburg Treusch-Dieter, *Postevolution statt Revolution. Nicht mehr die Gesellschaft – die Körper werden verändert*, in: *Die Unruhe und die Zufriedenheit oder die Tragödie des Scheiterns*, Katalog zur Ausstellung „1848" im Rahmen der 14. Europäischen Kulturtage Karlsruhe 1998, hg. vom Badischen Kunstverein Karlsruhe, Karlsruhe 1998, p44-62.

[37] Karl Jaspers, *Die geistige Situation der Zeit*, (1932), Berlin/New York 1979, p71.

Was Jaspers noch durch einen Gegensatz trennte – Schicksalsergreifung in der Dimension des Menschsein-Daseins auf der einen Seite, gewaltsame Machtergreifung in der Dimension der Durchsetzung einer bestimmten Menschsein-Form auf der anderen –, scheint sich gegenwärtig aneinanderzuschließen: und zwar technisch operational, nicht mehr nur historisch sozial. Was vorher noch den Weg über Geschichte und soziale Welt gehen mußte, geht jetzt direkt ein in die technisch objektivierte und stillgestellte Geschichte des Wissens in Gestalt der Pharmazie, der Technoinfrastruktur, des genmanipulierten Formens von Formen. Die Historizität der Bedingungen zur Ermöglichung der Produktion von symbolischen, apparativen und vielleicht auch sozialen Maschinen scheint das letzte Moment zu sein, das nicht in einen geschichtslosen Ablauf von geschichtlosen Prozeduren eingespeist werden kann. Aber auch dann bliebe als letzte Geschichte nur noch die der Entwicklung der zunehmenden Annäherung naturwissenschaftlicher Technik und technischer Naturwissenschaft übrig; Sozialgeschichte (inklusive der pragmatischen Anthropologie!) als Sonderfall einer historischen Pause, die sich im Gegenteil als Explosion historischer Dynamik mißverstehen mußte.

Kann man für diesen Anschluß – mit einiger Grobschlächtigkeit, gewiß – in Hegels Figur des absoluten Geistes die idealistisch-philosophische Vorläuferin erkennen, der Geist, der vom Himmel gestiegen ist und sich schon in den Straten des Geschichtlichen bewegt (und Gespenster produziert), um dann doch die Stillstellung von Geschichte in der Zukunft zu betreiben (eigentümlich formuliert: Kairos resorbiert zeitliche Geschichte, um Kronos als Form arbeitslos zu ma-

chen), bewegt sich der Geist heutzutage in den Straten der Kombina-
torik des Genoms, der Information und der Biologie. Es ist der biologisch bezeichnete, nicht mehr ausschließlich der geschichtlich(e) bezeichnete Mensch, der jetzt in eine sich restrukturierende Politökono-
mie eingespannt wird, in der die Menschen entweder nur noch ihren
Körper zu verlieren haben, oder zunehmend als körperliche Zuschreib-
, Überschreib- und Umschreibmasse adressiert werden (natürlich bleiben die Disziplinar- und Kontrollformen, die den Menschen als soziale
Masse Mensch ansteuern, intakt).

Ja, man könnte fast eine perfide Neubesetzung erblicken, die darin besteht, daß der Vorgang, der nach Marx die politische Emanzipation
der bürgerlichen Epoche überwindet und zur menschlichen Emanzipation führt, wenn und genau wenn der wirkliche individuelle Mensch in
seinem individuellen Leben, in seinen individuellen Verhältnissen *Gat-
tungswesen* geworden sein wird[38], sich heute nur dann mit solch Ziel
einstellte, wenn der wirklich individuelle Mensch in seinen individuellen Verhältnissen ein *biologisches Wesen* geworden sein wird. Kann
man noch – Grobschlächtigkeit auch hier – in den Konzepten der materialen Geschichtlichkeit von Menschen, den Konzepten der formalpragmatischen Aktualisierungsdimension des kommunikativen Handelns als Monitor eines im anthropologischen Substrat Gebundenden,
und schließlich in Konzepten des Körpers als „subjektiver Faktor" Ge-

---

[38] Siehe hierzu die Auseinandersetzung Dietmar Kampers mit der Marxschen Unterscheidung von politischer und menschlicher Emanzipation in seinem Aufsatz *Das Ende
der bürgerlichen Revolution. Grundlinien einer Logik der Geschichte*, in: derselbe
(Hg.): *Abstraktion und Geschichte. Rekonstruktionen des Zivilisationsprozesses*, Mün-
chen/Wien 1975, p180-204, hier: p186ff.

sellschafts- und Menschenbilder ausmachen, die die Aufgabe über-
nahmen, die Nichtfestgestelltheit des Tieres namens Mensch zu behaupten, also sich gegen die Naturalisierung des Menschen stellen, die
als Konvergenz der Menschenwelt auf sich selbst behauptet wird, so ist
man zur Zeit auf einen in sich vielfältigen Körper-, Geist- und Lebewesenkonservatismus verwiesen, will man dem neuen, asozialen Verge-
sellschaftungsschub, der sich den Menschen als körperliches Lebewesen
aneignet, irgend Paroli bieten.

Exkursende

Kant betrieb mit seiner Anthropologie einen Körper-, Geist- und
Lebewesenkonservatismus, wenngleich dieser Konservatismus einem
Menschen galt, dessen Bestimmung doch eigentlich schon feststand: Er
würde nicht anders als aus sicherer Machtstellung heraus gewaltsam
werden können. Daß die soziohistorische und die soziokulturelle Ver-
fasstheit von Menschen eine durch und durch intermediäre, interime
Organisationsweise der Menschenform ist – davon, so scheint mir, war
Kant überzeugt. Nur welche Organisationsweise der Menschen, welche
Organisationen des Menschen und welche Formen des Menschen nach
dem bürgerlichen Horizont, in dem Kant dachte, statthaben könnten:
das erwähnt Kant mit keinem Wort. Es ist zum Beispiel erstaunlich,
daß in seiner *Anthropologie* kein wesentliches Wort zur Technik auf-
taucht. Auch wenn die Industrialisierung in Königsberg noch keinen
richtiggehenden Einzug gehalten hat, so muß Kant doch zumindest
Kenntnis davon gehabt haben, daß mit der Erfindung der Dampfma-
schine (1765), des Straßendampfwagens (1769), des mechanischen

184

Webstuhls (1785)[39] voraussichtliche Veränderungen für die gesellschaftliche Vermittlung und den gesellschaftlichen Verkehr verbunden
gewesen sind, die für die Praxis anthropologischer Pragmatik Bedeutung haben bekommen müssen.

IV

Zum Abschluß mächte ich auf eine Erwähnung eingehen, die am
Anfang des Textes unter der imaginierten Antwort auf die dritte Frage
(„Was kommt heraus? frägt die Vernunft") steht. Behauptet wurde
dort, daß aus Kants Anthropologie in pragmatischer Hinsicht ein Menschenmuseum, ein begrifflicher Menschenpark herauskommt, der exzentrisch paradox ‚grundiert' sein könnte. Was es mit dieser Grundierung auf sich haben könnte, die als exzentrisch paradoxe über die bis
jetzt versuchte Grundierung der Kantischen Anthropologie als post-
humane hinausgeht, soll in den folgenden Sätzen angerissen werden.
Dabei bleiben die Sätze zur exzentrischen Paradoxie wohl kryptisch, da

---

[39] Dies sind nur die technischen Beispiele auf Augenhöhe einer Anthropologie, die den
Menschen in seiner ‚pragmatischen Wahrheit' fassen möchte. Man könnte noch weitere
wissenschaftlich-technische Einschläge in der Zeit zwischen 1760 und 1790 ausmachen,
die nicht weniger das ‚philosophische' Denken über den Menschen hätten beeinflußen
können – aus heutiger Sicht gesehen natürlich. Wenn Blumenberg feststellt: „Für die
herankommende technische Welt [zu Beginn der Neuzeit; B.T.] stand keine Sprache zur
Verfügung, und es versammelten sich hier wohl auch kaum die Menschen, die sie hätten
schaffen können. Das hat schließlich zu dem erst heute – da die technische Sphäre erst-
rangig ‚gesellschaftsfähig' geworden ist – kraß auffallenden Sachverhalt geführt, daß
die Leute, die das Gesicht unserer Welt am stärksten bestimmen, am wenigsten wissen
und zu sagen wissen, was sie tun" – um wieviel weniger stand Kant eine Sprache zur
Verfügung? Siehe Hans Blumenberg, *Wirklichkeiten in denen wir leben – Aufsätze und
eine Rede*, Stuttgart 1996, p60.

sie aus einem größeren Zusammenhang herausgerissen werden, der hier nicht gebührend dargestellt werden kann.

Bei der Kurzschließung von Kants Anthropologie und der exzentrischen Paradoxie handelt es sich um eine kleine Stelle in der Anthropologie, im ‚Abschnitt' *Zweites Buch. Vom Gefühl der Lust und Unlust*. Dort schreibt Kant: „Der Schmerz ist der Stachel der Tätigkeit und in dieser fühlen wir allererst unser Leben; ohne diesen würde Leblosigkeit eintreten" (p551).[40] Tätigsein vermittelt, vergegenständlicht also erst ein Fühlen des eigenen Lebens, aber nur dann, wenn das Tätigsein mit Schmerz, besser: im Schmerz passiert. Ohne Schmerz könnte man auch tätig, also produktiv sein, aber ohne Lebendigkeit. Lebendige Produktivität setzt Schmerz voraus; ohne Schmerz wäre Produktivität weiterhin möglich, aber leblos: man lebt, um zu arbeiten, wobei die Arbeit nicht mehr das Leben produziert. Zusammenziehend könnte man sagen: Ohne Produktivität des Schmerzes keine Produktivität des lebendigen Menschen, also auch keine pragmatische Anthropologie, die ja auf die Erforschung dessen geht, was der Mensch, „als freihandelndes Wesen, aus sich selber macht, oder machen kann und soll" (p399). Wenn nun die den ganzen hiesigen Text unterliegende These treffend sein sollte, nach der Kant den Menschen in lebendiger Tätigkeit, den Menschen als lebendiges, körperliches, anthropologisches Wesen implizit abgeschrieben hat, dann muß die Leblosigkeit der Tätigkeit des Menschen, die Leblosigkeit des Menschen der unsichtba-

---

[40] Man darf hier durchaus an den Produktionsgedanken im Sinne des Marxschen ‚In der Produktion ihres Lebens...' denken, also an die Tatsache, daß das menschliche Leben erarbeitet werden muß, schmerzhaft. Siehe Alfred Sohn-Rethel, *Geistige und körperliche Arbeit. Zur Theorie der gesellschaftlichen Synthesis*, FFM 1970, p27.

re Focus oder die unausgesprochene Referenz seiner Inventarisierung gewesen sein. Sprich: der Mensch nach der Produktivität des Schmerzes (des Lebens).

Das Theorem der exzentrischen Paradoxie[41] schließt daran an. In soziologischer Perspektive meint es zunächst, daß die Beziehungsform-bildungsprozesse sozialer Systeme nicht mehr auf den Ereignispool der Interaktionssysteme (des Sozio-Anthropo-Kosmos'), in denen ‚Menschen' wesen, als Material/Medium zurückgreifen, und daß sie dabei die prinzipielle kommunikative Nichterreichbarkeit der Gesellschaft durchs ‚Individuum' verschärft wahrnehmbar werden lassen. Es meint dann weiter, daß exzentrische Paradoxie die technische Existenz der ‚Menschen' nach der Produktivität des Schmerzes ist, wobei der Schmerz anhält (der Schmerz *der*, nicht *durch* Abstraktion). Der Schmerz in seiner produktiven wie destruktiven Gewalt ist abgesprengt.

Wenn Balzac schreibt: „Der große, wahre Schmerz also müßte so mordend sein, daß er zugleich Vergangenheit, Gegenwart und Zukunft vernichten, keine Äußerung des Lebens unberührt, das Denken für immer zunichte machen, sich unauslöschlich auf Stirn und Lippen schreiben, alle Quellen der Freude vernichten oder versiegen lassen und so der Seele Ekel vor allem einflößen würde"[42] – so gälte dies fürs exzentrisch Paradoxe abzüglich der Seele. Leblose Tätigkeit wäre also schon die Arbeit des Anthropologen namens ‚Mensch' an der und seiner Natur, wenngleich nur zum Ziele hin, nicht schon in der Ausfüh-

---

[41] Siehe Verf., *Exzentrische Paradoxie. Sätze zum Jenseits von Differenz und Indifferenz*, (voraussichtlich) Marburg 2002.
[42] Honoré de Balzac, *Die Frau von dreißig Jahren* (1830-35), dt., Hamburg 1960, p63.

rung selbst. Leblose Tätigkeit ist die Arbeit in kapitalistischen Produktions- und Arbeitskreisen. Für beide Zeiten und Dimensionen gilt: „[D]er Schmerz verliert die Kontrolle, sobald der Schaden zu groß wird. Wir finden in solchen Fällen einen Zusammenbruch der Vertrauensverhältnisse, die allen Nachrichten zwischen Körper und Geist zugrunde liegen."[43]

Exzentrische Paradoxie als Denkfigur ist eingebunden in einen Denkhintergrund, der markierbar ist durch die ontologische Differenz (exzentrische Negationalität), die anthropologische Differenz (exzentrische Positionalität), und durch die „soziologische" Differenz (das wäre die exzentrische Paradoxität). – Exzentrische Paradoxie wäre nun gegenüber exzentrischer Positionalität ein Begriff, der dafür einsteht, daß Menschen nicht mehr im Punkte der Vermittlung stehen und diese zugleich bilden; daß Menschen aber auch nicht zugleich daneben stehen und dabei dem Verlieren ihrer nicht mehr gegebenen vermittelnden Zentralität (Identität) oszillierend zuschauen (das korrespondierte mit der Differenzphilosophie). Exzentrische Paradoxie würde dafür einstehen, daß Menschen einen Zeitraum bezogen haben, in dem sie zugleich anwesend abwesend und abwesend abwesend sind – das bedeutet zumindest eine Verrückung des Seins; in dem sie zugleich im Innen außen und im Außen außen sind[44] – das bedeutet zumindest eine Verrückung des Sozialen; in dem sie schließlich im Essentiellen

---

[43] Alexander Kluge, *Chronik der Gefühle*, 2 Bde, FFM 2000, Bd.1: Basisgeschichten, p720.
[44] Das meint etwas anderes als die Fassung von Deleuze und Guattari, das Außen als nicht-äußeres Außen und das Innen als nicht-inneres Innen zu denken; es meint allerdings nur, es denkt noch nicht. Siehe Gilles Deleuze & Félix Guattari, *Was ist Philosophie?*, dt., FFM 1996, z.B. p69.

nur noch mit entweder möglichen Unmöglichkeiten oder unmöglichen Unmöglichkeiten zu tun haben – und das bedeutet zumindest eine Verrückung des Sinns.[45] Diese Verrückungen, die hier hinreichend als Effekte exzentrischer Paradoxie bedeutet werden, lassen es nicht mehr zu, in ihnen selbst oder mit oder durch sie ein „Werden" zu behaupten: Wenn Deleuze die Mehrheit der Menschen, insofern sie im Standardmaß analytisch begriffen ist, als Niemand-Odysseus identifiziert, „während die Minderheit das Werden eines jeden darstellt, sein potentielles Werden, insofern er vom Modell abweicht"; wenn er feststellt: „Das Werden ist immer minderheitlich"[46] – so geht er davon aus, daß es Kräfte des Werdens jenseits der Bereiche des Rechts und der Herrschaft gibt. – Dieses „Werden" (becoming) ist im Aufriß einer Wirklichkeit, die exzentrisch paradox geworden ist, nicht mehr möglich, soziologisch betrachtet. Aber dieses Werden (human becoming) wird auch schon in Kants Anthropologie als Unmöglichkeit ausgewiesen, nun anthropologisch betrachtet. Der Übermensch, den Foucault als treffende Antwort auf die Kant'sche Frage nach dem Menschen findet,

---

[45] Es handelt sich bei dieser Markierung nicht um eine Paraphrase der Immanation, wie sie Gilles Deleuze entwirft; diese Immanation ist nach meinem Empfinden noch zu stark mit dem Gegenbegriff, Emanation, verklammert. Siehe Gilles Deleuze: *Die Immanenz: ein Leben...*, dt., in: Friedrich Balke & Joseph Vogl (Hg.): *Gilles Deleuze. Fluchtlinien der Philosophie*, München 1996, p29-33. Und auch nicht ist hier auf Bataille zu verweisen (Georges Bataille, *Die innere Erfahrung (nebst Methode der Meditation und Postskriptum 1953)*, dt., München 1999, p43), wenn er sagt: „Das Sonderbarste: sich nicht mehr als alles wollen, ist das höchste Bestreben des Menschen, ist, Mensch sein wollen (oder, wenn man will, den Menschen überwinden – das sein, was er frei von dem Bedürfnis wäre, nach dem Vollkommenen zu schielen, indem er das Gegenteil täte"). Das Gegenteil: wo und was wäre es innerhalb exzentrisch paradoxen Daseins?

[46] Gilles Deleuze, *Kleine Schriften*, dt., Berlin 1980, darin: *Philosophie und Minderheit*, p27-29; Zitate p27f.

wird genauso einschneidet, unvergleichbar und katastrophal in die Welt des Lebens einbrechen wie der Mensch es tat. So wie „die" Natur mit dem Menschen Sprünge machte[47], so wird der ‚Übermensch' mit dem Menschen umspringen.

Reinhard Brandt wies einmal darauf hin, daß Goethe im Dezember 1798 seine Stimmung beim Lesen der Anthropologie Kants unter anderem darin pointierte, daß von der Kant'schen Vernunfthöhe aus das ganze Leben wie eine böse Krankheit aussähe und die Welt einem Tollhaus gleich komme. Und Schiller, so Brandt weiter, monierte, daß Kant zu häufig die ‚pathologische Seite' am Menschen herauskehre, er also ‚seine Flügel nicht ganz von dem Lebensschmutz habe losmachen können'.[48] Das sind treffende Sätze, auch wenn man die Referenz namens ‚Weimarer Idealismus' und den dadurch möglichen Kontrast zum ‚Königsberger Realismus' nur noch in flacher Weise nachempfindet. Vorallem Schillers Antonin Artaud alle Ehre machendes Wort „Lebensschmutz" scheint geeignet, um abschließend nochmals auf den zentralen Punkt zu kommen, um den es mir ging, nämlich: Mit der pragmatischen Anthropologie ist Kant einmal hinabgestiegen in die Biosphäre, Abteilung menschlicher Umgang und Lebensklugheit, um zu beschreiben, was und wie dieses Lebenwesen Mensch sich artiku-

---

[47] Der Satz „Die Natur macht keine Sprünge" („Natura non facit saltus"; Gottfried Wilhelm Leibniz) stand als Matrix für die Etablierung der Naturwissenschaften im 17. Jahrhundert. Erst knapp 100 Jahre nach Kants Anthropologie (1877, Ludwig Boltzmann) beziehungsweise knapp über 100 Jahre später (1900; Max Planck) kam heraus, daß die Natur dauernd springt.

[48] Reinhard Brandt, *Im Frühling zu lesen, wenn die Bäume blühen. Kants Anthropologie und ihr mißliches Echo*, in: Frankfurter Allgemeine Zeitung, 9. Mai 2001, Seite N 6.

liert.[49] Das aber, was den Menschen als Form ausmacht – Vernunft, Verstand, Urteilskraft –, sind Vermögen, die in einer anderen denn sozialen oder gar anthropologischen Sphäre angesiedelt sind. Die Wirklichkeit der Transzendenz bedarf noch der biologischen, soziologischen, psychologischen Plastizität. Noch. Sie bedarf noch des hier und jetzt zuhandenden Menschen. Noch. Genau diese Plastizität „sammelt" Kant ein, präzise, filigran. Es ist eine Sammlung, die selbst nichts an Theorie- oder Begriffsdignität an sich hat; mit der also die Evolution der Transzendenz in der Zukunft nichts anzufangen wissen wird, und die allenfalls als embryonale Vorlage für kybernetische Komplexitäten zu gebrauchen sein wird.

Kants Anthropologie in pragmatischer Hinsicht ist eine nach dem „Tode" des Menschen, so wie „wir", Menschen, ihn kennen. – Das Buch, mit einer Auflage von 2000 Exemplaren gestartet, übertraf damit übrigens alle Auflagen früherer Werke.

---

[49] Außerhalb der *Anthropologie* wird die *pragmatische Anthropologie* von Kant nicht erwähnt (nur in der Vorlesungsankündigung von 1775-1776). Die pragmatische Anthropologie hat demnach in der Systematik der kritischen oder der Transzendentalphilosophie keinen Ort und läßt sich auch nicht post festum zu ihr in ein systematisches Verhältnis setzen, so Reinhard Brandt.

Maria Talarouga & Herbert Neidhöfer

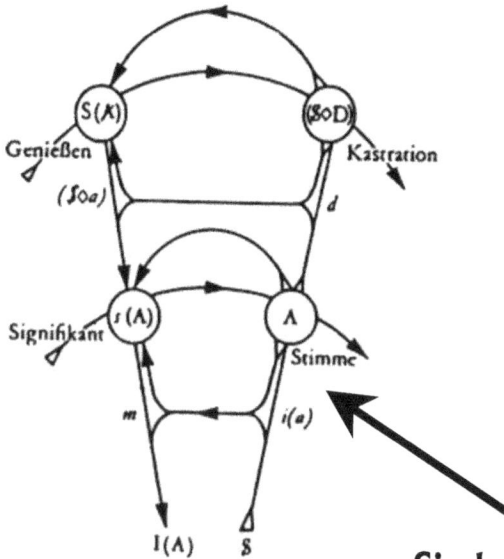

Sie befinden sich hier!
Das Blick-Bild-Verhältnis in der Psychoanalyse

Vortrag, gehalten am 10. Mai 2002
im psychoanalytischen Salon der Berliner Gruppe für Psychoanalyse

Für Bernd,
ohne den viel Gutes nicht passiert wäre

Sehr verehrte Damen und Herren,

aus der Erfahrung heraus, die Maria und ich bei unseren bisherigen gemeinsamen Projekten sammeln konnten, erwuchs für heute Abend der Vorsatz, *explizit* in den Rollen aufzutreten, die sich sonst meist *implizit* von selbst ergeben haben, nämlich die Rollen des *good cop* und des *bad cop*. Sie kennen das bestimmt aus diversen Kriminalfilmen, zuletzt vielleicht selbstreferenziell aus *L. A. Confidential*: der eine Polizist setzt dem Verdächtigen verbal hart zu, um dann kurz vor dem Überschlag in Tätlichkeiten mit einem heftigen Abgang den Raum zu verlassen – das ist der *bad cop*; und wenn der draußen ist, kommt der Auftritt des *good cop*: der distanziert sich von den rüden Methoden seines Vorredners, zeigt Verständnis für die Lage des Verdächtigen und bietet jenem mit einem Hinweis auf seine Beziehungen Hilfe und Beistand an, vorausgesetzt, der Verdächtige vertraue sich ihm jetzt vollkommen und wahrhaftig an, sonst allerdings könne er für nichts und vor allem nicht für seinen rüden Kollegen garantieren. – Ihnen dachten wir die Rolle des Verdächtigen zu.

Im Verlauf der Arbeit nun an diesem Vortrag *über das Bild-Blick-Verhältnis in der Psychoanalyse* (im Allgemeinen und der Psychoanalyse Lacanscher Prägung im Besonderen) wurde klar, daß sich bei der Trias Maria – Herbert – Lacan (Sie, beziehungsweise der Anlaß des Vortrags war plötzlich aus dem Spiel, was heißen soll: es ging nur noch um die Sache) keine klare Rollenverteilung mehr festmachen ließ. Diese klare Rollenverteilung ist aber zumindest auf der Seite der *cops* notwendig, denn es handelt sich ja um eine Inszenierung; und bei zwei

bösen Polizisten wird der Verdächtige bloß bockig und ruft nach seinem Anwalt, während er bei zwei guten Polizisten denkt, mit den beiden Trotteln werde ich schon fertig.

Das erste Bild nun, das Sie sehen werden, ist folgendes: der *bad
cop* Jacques Lacan hat soeben mit einem heftigen Auftritt den Raum
verlassen, der *good cop* Maria hat Verständnis für meine Lage bekundet und ich, der ich mich in der Rolle des Verdächtigen wiederfinde,
artikuliere ihr gegenüber das, was ich *mein Unbehagen an der Psychoanalyse* nennen möchte (*Unbehagen* in dem ambivalenten Sinn, in
dem es Freud gegenüber der Kultur artikuliert hat).

Der Ausgang meines Unbehagens war folgender: Slavoj Žižek behandelt in seinem Essay „Philosophie von der Psychoanalyse aus betrachtet" das Phänomen von selbstimmunisierenden theoretischen Systemen, wie etwa die Theorien von Marx, Freud und Lacan es sind (die
Namen nennt Žižek, man könnte sicher auch noch andere nennen), er
behandelt das Phänomen allerdings nicht vornehmlich aus der Praxis
der Immunisierung gegenüber einer Kritik von außen heraus – die
Replik des Marxisten wäre dann: *du mußt ja so argumentieren, denn
du hast dein Klassenbewußtsein noch nicht erreicht,* beziehungsweise
die des Analytikers: *du mußt ja so argumentieren, denn du hast ja
noch nicht die Coucherfahrung gemacht* – Žižek argumentiert vielmehr, ausgehend von Sokrates und Christus, mit *der Autorität des
Theoriestifters*:

Der Skandal Lacans, die Dimension seines Werkes, die der Vereinnahmung in die akademische Maschinerie widersteht, läßt sich letztlich
daran festmachen, daß er sich offen und schamlos als solche Autorität

postulierte, d. h. daß er in der Beziehung zu seinen Anhängern die Kierkegaardsche Geste wiederholte: was er von ihnen verlangte, war nicht Treue gegenüber irgendwelchen allgemeinen theoretischen Aussagen, sondern gerade Treue zu seiner Person.[1]

„Der Polizist findet am *Tatort* keine Lösung, der Polizist ist eine Lösung."[2] – Für die *Praxis der Psychoanalyse* ist diese Position der personalen Treue zweifellos unabdingbar[3], aber daß sie, was die *Praxis der Theorie* angeht, „der Vereinnahmung in die akademische Maschinerie widersteht", wage ich zu bezweifeln, um dies zu unterbinden würde ich doch eher auf das Prinzip *sine fida* – *sola scriptura* bauen. Dabei ergibt sich mir folgendes Paradox: die Texte des poststrukturalistischen, späten Lacan, auf die Žižeks Forderung nach personaler Treue in höherem Maße zutrifft, faszinieren mich mehr als die des strukturalistischen Lacan, der sich, wie ich glaube, mit seinen linguistischen Anleihen noch um die Regeln der Akademie bemühte.

Auf was ich hinauswill ist folgendes: geht man von der Position dessen aus, der sich mit Kunst beschäftigt, dann gilt es, die von den systemischen Theoriestiftern entlehnten Bilder und Metaphern zu res-

---

[1] Slavoj Žižek, Philosophie von der Psychoanalyse aus betrachtet; in: Edith Seifert (Hg.), Lacan und das unmögliche Erbe des Vaters, Berlin 1992, S. 23f.

[2] Georg Seeßlen, Beichten und Büßen in Serie. Das 500. Mal: Der „Tatort" als kleines Kompendium bewältigter Lebenskrisen; in: Frankfurter Rundschau vom 17. 5. 2002.

[3] Hierzu eine wunderbare Beschreibung Žižeks aus dem gleichen Essay (S. 29): „Im Prozeß der Psychoanalyse haben wir auch [wie in der Habermasschen Kommunikation] zwei Subjekte, die zueinander sprechen; doch anstatt sich einander zuzuwenden und Argumente auszutauschen, liegt das eine von ihnen auf der Couch, starrt in die dünne Luft und gibt unzusammenhängendes Geschwätz von sich, während das andere meist still bleibt und das erste mit dem Gewicht seiner unterdrückenden stummen Gegenwart terrorisiert ..."

taurieren, denn die können (und wollen in der Regel auch!) sich ihrer
nur partiell bedienen. Das Ganze gilt natürlich vice versa: man macht
es beim Auslegen der Texte und Bilder – was ja auch nicht theoriefrei
geht –, indem man mit Aspekten der theoretischen Systeme macht,
was die mit Metaphern und Bildern machen (mehr kann – und will! –
man vom Kunstdiskurs aus auch nicht). Mit restaurieren meine ich, zu
versuchen, die Bilder und Metaphern in der Fülle ihrer Aspekte zu
deuten. Wie etwa die Rolle der Echo bzw. der Sprache bei der Einführung des *Narzißmus* durch Freud marginal bleibt, so wird auch beim
Ödipus-Stoff oft verdrängt, daß es zuerst der Vater war, der nach
dem verhängnisvollen Orakel das Kind ermorden wollte[4]. Das Ganze
könnte man als fakultatives Angebot, doch den Gebrauch einmal zu
überprüfen, an die Systeme verkaufen – es könnte für beide etwas he-
rausspringen, zumal beide das nämliche wollen.

Damit behaupte ich natürlich nicht, daß es illegitim ist, einen Aspekt eines Bildes als Emblem einer Theorie zu benutzen, ich denke
nur, daß mehr darin steckt und daß es die Beachtung dieses Mehr ist,
was „der Vereinnahmung in die akademische Maschinerie widersteht".

Eine Möglichkeit für mich als Literaturwissenschaftler, von Lacans
Praxis der Theorie zu profitieren, wäre das, was ich als *die Methode
des geliehenen 12. Kamels* bezeichnen möchte – ich werde versuchen,
dies gleich im Zusammenhang mit Ovids *Metamorphosen* (flankiert
von einer Erzählung H. P. Lovecrafts) auszuführen. Zuvor gehe ich
noch – mit Kafka – auf Peter Sloterdijks Kritik an Lacan ein, um am
Ende dann auf eine Analogie zwischen den Schriften und überlieferten

---

[4] Vgl. dazu Douglas Milburn, Kindesmord, Berlin/Schlechtenwegen 1982, S. 81f.

Seminaren Lacans und Kunstwerken in Bezug auf ihren Status als „‚heilige' Texte"[5] zu kommen – das ganze wie gesagt immer unter der Voraussetzung, daß ich ein Literaturwissenschaftler bin und kein Analytiker, und als Literaturwissenschaftler auch kein expliziter Lacanianer, sondern höchstens – ich glaube, man sagt in der Chemie so – ein Lacanianoid.

Jetzt möchte ich zunächst Maria das Wort geben, die einen neuen Blick auf Lacans Spiegelstadium werfen wird – das ist das Herz unseres Vortrags.

---

[5] Žižek, Philosophie von der Psychoanalyse aus betrachtet, S. 23.

Was das Unbehagen an der Psychoanalyse betrifft, kann ich mich nur auf die apokryphe Aussage Freuds berufen, als er von der Verbreitung der Psychoanalyse in Amerika gesagt haben soll: „Sie wissen nicht, daß wir ihnen die Pest bringen." Eine Pest, die sich von den heutigen ideologisch-technokratischen Anhimmelungen mancher, die in der Verbreitung der Viren eine Zukunftsrealität sehen, darin unterscheidet, daß es sich um eine *Nosos* handelt. Eine Krankheit die, wie im sophokleischen Ödipusdrama, das angebliche Subjekt des Wissens zu der ethischen Notwendigkeit zwingt, eine Position aus der Erfahrung der Kastration heraus anzunehmen, die der Lebendigkeit gewidmet ist; eine Position die das Subjekt einnehmen kann, nur wenn es mit dem „Jenseits des Lustprinzips" sein Anschauen bereichert.

Ich habe heute den Wunsch, Bilder aus diesem Jenseits des Lustprinzips zu zeigen, d. h. durch den psychoanalytischen Blick einige Bilder des Diesseits hervorzuheben, ungeachtet dessen, ob dieser Blick als „technisierter" oder „mechanischer" sich zeigt, um anschließend zu der Frage des psychoanalytischen Bildes über zu gehen, um nachträglich einen Blick zu schaffen, der uns im Bilde hält.

Erstes Bild meines Vortrages ist das berühmte Spiegelstadium Lacans, das einen besonderen anthropologischen Blick auf das Subjekt wirft, indem es als Apparat den Narkissos-Mythos technisch, vielleicht mechanisch spezifisiert. Kann sein, daß die Apparate Freuds wie auch Lacans bezüglich der heutigen Technologisierung als ziemlich altmodisch erscheinen, nicht desto trotz sind sie aktuell, da sie als Metaphern bzw. als Bilder wichtigen Momenten der Gattung Anthropos eine Dauerhaftigkeit verleihen.

Ich erinnere noch daran, daß wir, um Lacans Apparate zu ver-
bildlichen, seine anthropologische Triade: Imaginäres, Symbolisches,
Reales brauchen. Das sind Bänder, die wir bei allen psychoanalytischen
Auffassungen Lacans in einer synchronen Dimension im Kopf haben
müssen, sogar im Bild einer Ver-ringung.

Beim Imaginären geht es eher um die phantasmatische Fähigkeit
des Menschen, beim Symbolischen um die Verbindung dieser Fähigkeit mit der signifikantischen Ordnung, z. B. die des Sozialen, und
beim Realen geht es eher um die unfaßbare, unheimliche, vielleicht
traumatische Dimension dieser Fähigkeit. Einer fiktiven Systematisie-
rung halber, würde ich sagen, daß der frühere Lacan mit dem Imaginären, der spätere mit dem Symbolischen, und der ganz späte mit dem
Realen geblickt hat. Es wird behauptet, daß die Ausführung des Lacan-
schen Spiegelstadiums sich innerhalb der ersten Etappe, jener des Imaginären, entfaltet, welche das Werk von Lacan anfänglich einprägt. Es
soll aber nicht vergessen werden, daß das Spiegelstadium Lacans nach
seiner Studie über die paranoische Psychose ausgearbeitet wurde. Ich
werde versuchen, das Spiegelstadium aus der Perspektive von Lacans
Studie über die Aggressivität vorzutragen.

Damit hoffe ich, die Besonderheit der Umkehrung zu zeigen, mit
der Lacan fast entropisch operiert, der Umkehrung, die als Mechanismus des Unbewußten allen Analytikern bekannt ist.

Ich würde das Spiegelstadium Lacans in zwei Zeiten trennen, Zeiten, die die Wahrnehmung des Kindes betreffen: Die erste wäre die
Antizipation der Wahrnehmung des Bildes, die zweite wäre die Antizipation der Wahrnehmung des Blicks.

Erste Zeit:

Das Kind im Alter von 6 bis 18 Monaten (und dies ist nicht ent-
wicklungspsychologisch, sondern anthropologisch zu verstehen) entdeckt sein Körperbild im Spiegel. Es ist das erste Mal, in dem das Kind
seinen Körper als eine Gesamtheit, als eine Einheit erfaßt. Es kommt
aus der Stütze des „trotte bebé", von mir aus auch aus dem mütterlichen Schoß in die labile aufrechte Position einer Aktivität: Das Kind
befindet sich in motorischer Unfähigkeit (und dies ist der Rest, den
der Mensch, wegen der spezifischen Vorzeitigkeit seiner Geburt mit
sich trägt), es befindet sich also vor der Sprache. Es sieht seinen Körper als einheitliche Form im Spiegel, ohne die Reife zu besitzen, diese
Einheit zu begreifen. Sein Spiegelbild löst bei ihm Faszination aus.

Das Kind jubelt, sein Bild fasziniert es. Die totale Form des Körpers, wie Lacan sagt, „Fata Morgana, Vorwegnahme der Reifung seiner Macht"[6], ist ein Faszinum. Ein Faszinum, das ein faszinierendes
Drama beinhaltet: Die einheitliche Gestalt des Körpers ist in einem
Außerhalb gegeben. Dieses Außerhalb wird sich später als Bestimmendes, nicht als Bestimmtes erweisen. Hier geschieht der erste Moment
der Identifizierung des Ich mit seinem Gegenüber.

Nach Lacan ist diese Identifizierung eine „durch die Aufnahme
des Bildes ausgelöste Verwandlung". Diese jubilatorische Aufnahme ist
die erste symbolische Matrix „an der das Ich (je) sich niederschlägt,
bevor es sich objektiviert in der Dialektik der Identifikation mit dem
anderen"[7]. Vor der Sprache, vor der Subjektivierung. Im Spiegelbild
bleibt das Kind verhaftet, sogar für ein Leben lang. Erweisen sich die

---

[6] Jacques Lacan, Schriften I, Weinheim/Berlin, [3]1991; S. 64.
[7] ebd.

Schimpansen nicht als intelligenter, wenn sie vor ihrem Spiegelbild keinerlei Interesse zeigen? Denn sie besitzen, wie Lacan sagt, „ein für al-
lemal erlerntes Wissen von der Nichtigkeit des Bildes."[8]

Zurück zum Mensch, der im Spiegelstadium bei der frühzeitigen
Wahrnehmung sein „Interesse" an der menschlichen Form bekundet,
eine Bekundung, die sogar viel früher anfängt, schon mit dem Interesse
für das menschliche Gesicht.

Nicht nur für die Form, nämlich den Raum interessiert sich der
Mensch. Er bekundet sein „Interesse" sogar für die Zeit.

In dem Augenblick, in dem das Kind vor dem Spiegel steht und
sein gesamtes Bild jubelnd erfaßt, in diesem Augeblick befindet es sich
in einem zeitlichen Zwischenraum. Dieser Zwischenraum liegt im
asymptotischen Übergang zwischen seiner biologischen Unzulänglich-
keit und der Antizipation seines Werdens als Subjekt. Ein Moment
höchster innerer Spannung, in der die Imago dies ist, was das Unbehagen des Menschen zum Verhältnis zur Natur, zu seiner Natur manifestiert.

Im einheitlichen Spiegelbild verhaftet wird gejubelt. Es wird gejubelt über die Befreiung, nämlich die gleichzeitige Verdrängung in ein
hintergründiges Band, es wird gejubelt über die Befreiung von den
imagines des zerstückelten Körpers, Phantasiewelt, in der das Kind
bislang gelebt hat, seien sie Verstümmelungen, Abtrennung von Glie-
dern, Dislozierungen, Verschlingungen, Zerplatzen des Körpers.[9] „Erste Grundgegebenheiten einer Gestalt", sagt Lacan, „die der menschli-

---

[8] ebd., S. 63.
[9] Jacques Lacan, Die Aggressivität in der Psychoanalyse. Theoretischer Vortrag,
gehalten beim XI. Kongreß der Psychoanalytiker französischer Sprache, zusammen-
getreten zu Brüssel, Mitte Mai 1948, unveröffentlichte Übersetzung, S. 4.

chen Aggression eigen sind."[10] Eroberung einer Einheit über die Grunderfahrung der Alterität: Ich ist ein Anderer. Wahnhaftende Identität, Haftende Verwirrung, imaginative Dezentrierung, einzigartiger Verlust.

Lacan geht von der Imago aus, sofern sie als die „Bildnerin der Identifizierung"[11] zu begreifen ist, um zu den *imagines des zerstückelten Körpers* zu kommen, einzige Muster einer, so wie er sie nennt, „*intentionellen Aggressivität*"[12], welche eine magische Wirkungskraft besitzt: sie nagt, sie untergräbt, sie zersetzt, kurzum: sie kastriert, sie führt zum Tode.[13]

Das Zum Vorschein bringen dieser Intentionalität betrachtet Lacan als notwendig für die psychoanalytische Kur, und dem Hervorheben dieser Intentionalität dient die analytische Grundregel. In diesem Sinne spricht Lacan von der Spiegelfunktion des Analytikers. Er muß die Verführung des Analysanden ablehnen, wenn der zweite die Rolle des Objekts des Begehrens des Analytikers spielen möchte, eine verführerische Rolle, die er gerne innerhalb der Übertragung einnehmen möchte. Wir sehen, daß Lacan, getreu der psychoanalytischen Nachträglichkeit, die Aggressivität mit der narzißtischen Beziehung verknüpft, und die Bildung des Ich im Spiegelstadium auf einer Dezentrierung fundiert. Übrigens, indem er die Idee einer Objektivierung der „narzißtischen Passion"[14] ausschließt – ein Erbe der klassischen Psy-

---

[10] ebd.
[11] ebd.
[12] ebd., S. 3.
[13] ebd.
[14] ebd., S. 12.

chologie (im System Wahrnehmung-Bewußtsein), beantwortet er Freuds Frage nach „der Quelle der Energie"[15], die das Ich bezieht, um sie, diese Energie durch den Mechanismus der Verdrängung dem Realitätsprinzip dienstbar zu machen: Die Quelle der Energie im Dienste des Realitätsprinzips ist die Aggressivität und nicht der Verzicht auf sie! Der Verzicht auf die Aggressivität bzw. ihre Deckung durch den Dialog oder die beruhigende kollektive jungianische Imagos, sieht Lacan als didaktische Zielsetzungen, die der Verdrängung und der sozialen Anpassung dienen.

Die erste Begegnung mit dem Anderen durch das Bild in den Spiegel bildet – räumlich gesehen – ein Zentrum, dessen Vorhandensein aus zeitlichen Dezentrierungen zentrifigural vorzustellen ist, und offenbart zwei Seiten des selben Bandes: Die Bilder werden durch Blicke vermischt. Das Bild des anderen, des gleich anderen vermischt sich mit dem eigenen. Das Ich verortet sich im anderen. Das Ich verlagert sich ins Exil.

In Bezug auf den Blick verwendet Lacan sehr oft die bekannte Stelle des Augustinus, in der das Kind mit einem giftigen Blick die Szene des Stillens seines kleineren Bruders an der Brust der Mutter betrachtet. Aus dem giftigen Blick heraus, erarbeitet Lacan den Moment der Vollendung des Spiegelstadiums, den Moment der ersten Identifizierung, der „das Subjekt als mit sich selbst rivalisierend strukturiert"[16] und der „Bilder der uranfänglichen Frustration"[17] reaktiviert. Bilder, die erst im einem vorsprachlichen Status aus den psychischen und so-

---

[15] ebd.
[16] ebd., S. 13.
[17] ebd., S. 11.

matischen Koordinaten der ursprünglichen Aggressivität imaginär auftauchen.

Lacans Paradigmen bezüglich der aggressiven Imagos kommen aus
der Betrachtung von Kinderspielen und ihres sadistischen Umgehens
mit Puppen, aus den losgelösten Objekten aus den Bildern von Hiero-
nymus Bosch, aus dem paranoiden Mechanismus der Verfolgung, aus
der psychoanalytischen Erfahrung der negativen Übertragung, oder aus
den Träumen in einem fortgeschrittenen Stadium der Analyse, die auf
eine Desintegration des psychischen Individuums hinweisen. Ein Kind
in der Periode des Spiegelstadiums verwechselt die eigene Person mit
der eines anderen Kindes. Wenn ein Kind schlägt, denkt es, es wird ge-
schlagen, wenn es ein Kind weinen hört, fängt es an, selbst zu weinen.

„Desgleichen erlebt es (das Kind, M. T.) die ganze Skala der Reaktionen des Gepränges und der Parade in einer Identifizierung mit
dem anderen, wobei seine Verhaltensformen in evidenter Weise die
strukturale Ambivalenz enthüllen, Sklave, identifiziert mit dem Despo-
ten, Schauspieler mit Zuschauer, Verführter mit Verführer".[18]

In der Spiegelprojektion sieht Lacan die notwendige Verortung,
die dem Menschen seine erste geometrische Struktur gibt. Diese fiktive
Struktur bezeichnet Lacan als die Beschaffenheit „jenes Raums ..., in
dem sich die Imagerie des Ich (moi) entwickelt und der den objektiven
Raum der Realität erreicht"[19]. In dem Verhältnis zwischen subjektiver
Spannung und Dimension des Raums setzt Lacan den Moment der
Angst, einen Moment, der sich in der zeitlichen Dimension entwickelt

---

[18] ebd., S. 10.
[19] ebd., S. 17.

und das Unbehagen in der Kultur für eine Ewigkeit verbreitet. In dieser Hinsicht ist die Aggressivität eine Kraft, die sich bei der Bildung des Ich manifestiert, sie ist „die ursprüngliche Zerrissenheit, mittels derer... (der Mensch M. T.) durch seinen Selbstmord seine Welt konstituiert"[20] und sie wird zu einem Ur-bild, fast zu einer „negativen Libido", die, wie Lacan sagt, „den heraklitischen Begriff der Zwietracht aufs neue zum Leuchten bringt, von der der Epheser meinte, sie ginge der Harmonie voraus."[21]

Dies ist der Grund, warum Lacan im Gegensatz zur klassischen Psychologie nicht von der objektivierten Einheit eines Ich (je) ausgeht, sondern die Bildung des Ich (moi) an die Projektion einer idealen Einheit, einer „ganzmachenden Imago"[22] setzt, in deren Verhaftetheit

1. „die gesamte Dialektik des Menschen gegenüber seinesgleichen"[23] losgeht und
2. die Entfremdung im erotischen Verhältnis charakterisiert, den Moment des Anfangs der Organisation einer Leidenschaft, die das Erwachen des Begehrens des Anderen zustande bringt. „Eine furiose Leidenschaft" des Menschen, der versucht, „der Realität sein Bild aufzudrücken"[24], der Realität, die in der Zeit ihrer Miteinbeziehung, gerade im Wartestand bleibt."

Dennoch, die spiegelbildliche Einheit ist noch nicht versichert konstituiert.

---

[20] ebd.; S. 18.
[21] ebd., S. 12.
[22] ebd., S. 10.
[23] ebd.
[24] ebd., S. 13.

Ich komme jetzt an diesem Punkt von Marias Ausführungen zu der Kritik, die Peter Sloterdijk in dem 9. Exkurs seines ersten „Sphären"-Bandes „Blasen" unter dem Titel „Von wo an Lacan sich irrt" an dessen Postulat eines Spiegelstadiums artikuliert.

Sloterdijk geht zum einen bei der menschlichen Wahrnehmung der Umwelt von dem Primat des Akustischen vor dem Visuellen aus und nennt dies – wohl mit einer gezielten Provokation – „Das Sirenen-Stadium"[25] (die Rangfolge der Sinneseindrücke nach ihrem Auftreten ist für meine Ausführungen aber nicht relevant), und er geht zum anderen von einem ursprünglichen Empfinden der Ganzheit bei dem Individuum aus.

Lacan meinte bezüglich gewisser Ansprüche an die Psychoanalyse: „Es gibt nicht den geringsten Grund dafür, daß wir uns zu Garanten des Bürgertraums machen"[26], eine Geste, die an Christi Spruch erinnert: „Ich bin nicht gekommen, Frieden zu bringen, sondern das Schwert."[27] Bei Lukas[28] heißt es an der Stelle moderner (weniger archaisch, zivilisierter – aber nur scheinbar!): „Meint ihr, daß ich gekommen bin, Frieden zu bringen auf Erden? Ich sage: Nein, sondern Zwietracht." Die *Zwietracht unter den Menschen* dient den Evangelisten dazu, in ein wie auch immer geartetes Verhältnis der *Eintracht mit Gott* zu gelangen. Das war der Skandal der urchristlichen Endzeitlehre, die sich in der Naherwartung des jüngsten Tages um das Funktionieren

---

[25] Peter Sloterdijk, Sphären I. Blasen, Frankfurt am Main [4]1999, S. 487ff.
[26] Lacan, Das Seminar Buch VII, Weinheim/Berlin 1996, S. 361, vgl. den eben von Maria zitierten kolportierten Ausspruch Freuds, oben S. 200.
[27] Matthäus 10.34.
[28] Lukas 12.51-53.

des Sozialen nicht scherte. Es war die Rolle des Paulus, das Christentum mit der römischen Civitas kompatibel zu machen. Lacan geht – er steht da in einer langen Tradition – von einer „ursprünglichen Zwietracht" aus[29], die das Verhältnis des Menschen zu seiner Welt – er sagt „Natur" – ausmacht. Ich verstehe unter Welt bzw. „Natur" (das ist ein problematischer Begriff geworden – wie auch „Kultur"[30]) auch das Faktum des Sozialen. Wie Maria dargelegt hat, geht es ihm nicht um das Erreichen einer Ganzheit, sondern um eine „durch die Aufnahme eines Bildes ausgelöste Verwandlung"[31], um das Offenlegen der Projektion einer idealen Einheit, um das Offenlegen der „ganzmachenden Imago"[32]. Es geht Lacan – so hoffe ich – nicht um Kompatibilität. Aus der Perspektive des begehrenden Subjekts „erscheint die Realität marginal"[33].

Sloterdijk meint nun also, hier irre Lacan, nicht *das Ganze sei das Unwahre*, sondern die Annahme einer Zwietracht:

> Vor jeder Begegnung mit dem eigenen Spiegelbild ‚weiß' ein nicht-vernachlässigtes Infans sehr gut und sehr genau, was es heißt, ein unversehrtes Leben im Inneren eines tragend-enthaltenden Duals zu sein (...) es [das Bild im Spiegel] gibt allenfalls einen initialen Hinweis auf das eigene Vorkommen als kohärenter Körper unter kohärenten Körpern im realen Sehraum.[34]

---

[29] Lacan, Schriften I, S. 66.
[30] „... einen der schlimmsten Begriffe, die je gebildet worden sind." (Niklas Luhmann, die Kunst der Gesellschaft, Frankfurt am Main 1995, S. 398.)
[31] ebd., S. 64.
[32] Lacan, Aggressivität, S. 10.
[33] Lacan, Das Seminar Buch XI, Weinheim/Berlin [4]1996, S. 115.
[34] Sloterdijk, Sphären I, S. 545.

Das, was Lacan als ein anthropologisch-universales Drama der Indivi-
duation ausmacht, sieht Sloterdijk nur in pathologischen sozialen Beziehungen gegeben. Und dieser „pathologische Grenzwert", so Sloterdijk, „könnte seinen Sitz im Leben nur in verelendeten Familienstruk-
turen und in Milieus mit einer Neigung zu chronischer Säuglingsver-
nachlässigung haben."[35] Sloterdijk meint – jedenfalls lese ich das so –,
man könne einfach so in die Welt und in die einen erwartenden sozialen Beziehungen flutschen.

Ist das nicht der Bürgertraum eines kultivierten Mittelständlers
(man denkt an Thomas Buddenbrock und seinen armen Sohn Hanno)
von den unschuldigen Kleinen, der – wie Freud schreibt – „wiederge-
borene Narzißmus der Eltern"[36]? – Liest man die beiden bisher er-
schienenen „Sphären"-Bände, so erscheint einem Sloterdijks Anthropologie stimmig, seine Psychologie bzw. seine Beschreibungen von In-
teraktionen jedoch naiv, als prä- und postnatale Pastorale.

Beide Annahmen – die des Ganzen wir die des Zerstückelten, das
ich bei Lacan nicht allein auf die kindlich visuelle Wahrnehmung der
eigenen Extremitäten beziehe – liegen jenseits der Empirie[37], beide
Annahmen stellen theoretische Markierungen und Leitdifferenzen dar,
die Folgen haben, die über das Imago oder das basale Empfinden der
eigenen Gestalt hinausgehen. Muß sich unter der Prämisse Sloterdijks
nicht automatisch jede Biographie als Verfallsgeschichte erweisen, von
dem „integren Bild-Körper-Sein" zu den absurden Bricolagen, die den

---

[35] ebd., S. 546.
[36] Sigmund Freud, Studienausgabe, Frankfurt am Main [7]1975, III.58.
[37] ... weshalb auch der Vorwurf Sloterdijks, Lacans Theorem sei empirisch nicht halt-
bar, völlig daneben liegt.

Alltag ausmachen, eine Verfallsgeschichte, der man nur mit einem fra-gil-tyrannischen (fundamentalistischen) Konstrukt begegnen kann, mit dem Ziel einer Ganzheit, die man im sozialen Umgang nur erreichen kann, wenn man sein alter ego, falls es sich der ganzmachend vorge-stellten Vereinnahmung zu entziehen sucht, zerstückelt?

Sloterdijk analysiert einige Seiten vor dem Exkurs einen Passus aus der „Odyssee" – sein „Sirenen-Stadium" –, in der dem Helden sein eigenes Schicksal als Gesang begegnet, nämlich in Form des Gesangs der Sirenen:

> Die Unwiderstehlichkeit der Sirenen hat ihren geheimnisvollen Grund in dem Umstand, daß sie seltsam skrupellos nie ihr eigenes Repertoire vortragen, sondern immer nur die Musik des Passanten (...) Es ist die Kunst der Sirene, dem Subjekt seine Selbstaufwallung in die Seele zu le-gen (...) Darum muß es nicht Wunder nehmen, wenn die Sirenen für den vielgewanderten Odysseus gut abgestimmte Odysseushymnen be-reithalten – eine Odyssee in der Odyssee (...) Das Sirenenlied besingt ihn selbst", singt „von den Leiden der Seinen vor Troja, von seinen ge-genwärtigen Prüfungen und von seinem verhüllten künftigen Schicksal. Die Sirenen stimmen tonartsicher sofort das Epos an, dessen Held Odysseus heißt".[38]

Geht es bei dem Gastmahl der Phäaken, auf dem Odysseus (als ano-nymer Gast) durch den blinden Sänger Demodokos mit seiner eigenen Geschichte nachholend konfrontiert wird – der anderen „Odyssee in der Odyssee", die Auslöser der großen Rückblende des Odysseus

---

[38] Sloterdijk, Sphären I, S. 496ff. Die Rolle der Sirenen hier wird uns gleich noch ein-mal bei der Nymphe Echo begegnen.

wird, die dann den Hauptteil der „Odyssee" ausmacht –, um jene die Vergangenheit erinnernde und für die Zukunft tradierende Funktion des Gesangs, so kehrt Sloterdijk in seiner Lesart der Sirenenepisode die Richtung der Wirkung um: das Epos einer Leidensgeschichte dient nicht der Unterhaltung der Götter oder der Erbauung und Identitätsstiftung der Nachgeborenen, sondern es ist die Vollendung des Sinns eines Lebens, ohne daß man dafür am Ende seines Lebens sein muß. Die Sirenen singen dem Odysseus sein Leben als den einzig notwendigen Gesang: die singenden Sirenen geben seinem Dulden einen Sinn, der nach Sloterdijk – im Gegensatz zu Horkheimer und Adorno – nicht „Entsagung", als „Opfer gegen das Opfer"[39] – mit sich bringt, sondern absolute Erfüllung, wenn auch als vor der Zeit „erfülltem konstitutiven Wunsch" (deshalb, wegen dieser Antizipation, die Fesselung am Mast): „Ist nicht der Kosmos geschaffen, damit ich, wenn ich ihn umrunde, an einer providentiellen Stelle mich vollendet höre?"[40]

Hier haben wir so ein Ganzheitskonstrukt: wenn der blinde Sänger Demodokos in dessen Beisein die Taten des Odysseus besingt, dann kann der Held darauf nur erinnernd-erschüttert reagieren, denn es kommt ihm nicht zu, sich selber in Gesängen feiern zu lassen – ein derartiges Ausagieren der Eitelkeit erschiene als unheroisch, narzißtisch und wenig schicklich. Wenn aber die Sirenen als unbeteiligte, quasi semitheologische Instanz dem Odysseus als einzigem, priviligiertem

---

[39] Vgl. etwa Max Horkheimer/Theodor W. Adorno, Dialektik der Aufklärung. Philosophische Fragmente, Frankfurt am Main 1988, S. 62.

[40] Sloterdijk, Sphären I, S. 505; vgl. auch S. 501: „Wenn solche Musik eine unwiderstehlich süße sein muß für jeweils diesen einzigen besungen-singenden Hörer, dann deswegen, weil sie den Helden seinen konstitutiven Wunsch als erfüllten vorspielt."

Hörer sein Lied singen, dann kann es ihm als die höchste Form der Selbstvergewisserung und -bestätigung erscheinen.

Abgesehen davon, daß Sloterdijk hier seine primäre akustische Form des visuellen Spiegelstadiums postuliert und damit beim archaischen Heros einführt, was er später bei *His Majesty the Baby* verwirft, abgesehen davon also unterstellt er hier bzw. konstruiert er – um seinen Bürgertraum zu vermöglichen – die unmögliche Möglichkeit eines Genießens: „Sirenenmusik beruht auf der Möglichkeit, dem Subjekt beim Ausdruck seines Begehrens einen Schritt voraus zu sein."[41]

Sloterdijk schildert Odysseus als das Selbst, das durch die akustische Antizipation seiner notwendigen Vollendung zu sich findet, in einem protoanalytischen Szenario mit Exklusion all der Relativierungen, die jegliches Bewußtsein in der Societät erfahren muß. Am Ende ist Sloterdijk nicht weit von Horkheimer und Adorno weg – gegen die er wir gegen Lacan auszog: „Odysseus steht am Anfang einer Geschichte, die aus göttlichen Helden zuletzt heimkehrende Menschen machte. Aus epischen Monstren sollten schließlich listige Virtuosen werden – und Namen, die in der Kulturbeilage stehen."[42] Die Monstren, würde ich sagen, sind aus dem Epos heraus in die Kulturbeilagen getreten.

---

[41] ebd., S. 498. – Dagegen etwa Jean Louis Schefer für den Film: „Das Bild, der Film wissen nichts von unserem Begehren: Sie behalten das Ungenannte dieses Verlangens gewaltsam in sich; zum Beispiel, indem sie mich dazu verleiten, schamlos (oder unabsichtlich) von meinem Leben und meinen Neigungen zu reden. Dennoch: das Bild (der Malerei, des Kinos) weiß nichts von meinem Begehren, selbst wenn ich die Illusion hege, daß es mehr von mir weiß als ich selbst. Eine solche Annahme macht mich vorübergehend frei und beläßt mich in einer wahrscheinlich glücklichen Unentschiedenheit über die Objekte der Anbetung oder Liebe." (Gitter des Begehrens. Daïnah la Métisse (Jean Grémillon, 1931); in: Meteor 11, S. 28.).
[42] Sloterdijk, Sphären I, S. 507.

Lacan sagt über die Psychologie, die an der Einheit des Subjekts festhält, sie gebäre sich „als müsse sich das Psychische als Verdopplung des Organismus zu Geltung bringen."[43] Sloterdijks Postulat einer ursprünglichen Einheit erscheint in jener – unserer gegenwärtigen – Epoche, in welcher der Organismus des lebendigen Menschen bei lebendigem Leibe so teilbar ist, wie noch nie zuvor und dabei in seinen Teilen mehr und mehr durch Prothesen substituierbar wird.

Ganz anders sieht das aus, wenn man sich anschaut, auf welch subtile Weise Franz Kafka sich im Oktavheft G der Sirenenepisode annimmt, nämlich als „Beweis dessen, daß auch unzulängliche, ja kindische Mittel zur Rettung dienen können"[44], ein äußerst *zwiespältiger* Beweis mit vielen *vielleichts*, der viele sich widersprechende Meinungen versammelt und der sich etwa so liest wie eine quellenkritische Mythensammlung[45] und nicht wie homogenes Epos. Hat Sloterdijk die homerische Erzählung nicht modifiziert, sondern bloß die Verse, die

---

[43] Jacques Lacan, Schriften II, Weinheim/Berlin ³1991, S. 168, vgl. Giorgio Agamben: „Das Wort *sôma*, das in späteren Epochen zu einem guten Äquivalent für unseren ‚Körper' wird, bedeutet ursprünglich bloß ‚Kadaver', wie wenn das Leben an sich, das sich für die Griechen in eine Vielzahl von Aspekten und Elementen auflöst, erst nach dem Tod eine Einheit darstellte." (Homo sacer. Die souveräne Macht und das nackte Leben, Frankfurt am Main 2002, S. 77). – Die Einheit wäre dann wohl eine „kosmische", wobei auch das nicht stimmt, weil dort, im Kosmos, alles – wie Freud in „Jenseits des Lustprinzips" plausibel als Prinzip suggeriert – ins Anorganische drängt. – Oder mit E. M. Cioran auf den Punkt gebracht: „Der Nachdruck des *Personenhaften*, der uns als menschliche Gestalten zersplittert und in manchen bis zur kosmischen Ausrufung anschwillt, gebiert das Unbehagen im Sein." (Leidenschaftlicher Leitfaden, Frankfurt am Main 1996, S. 111).

[44] Franz Kafka, Hochzeitsvorbereitungen auf dem Lande und andere Prosa aus dem Nachlaß, hrsg. von Max Brod, Frankfurt am Main 1986, S. 58f.

[45] Kafka parodiert sowohl den Mythos selbst als auch die quellenkritische Mythentradierung seiner Zeitgenossen.

den Gesang der Sirenen betreffen[46], in Hinblick aus seine Argumenta-
tionslinie ausfabuliert, so verändert Kafka dagegen gleich zu Beginn
seines Textes ein wichtiges Detail gegenüber der Überlieferung Homers
derart, wie ein Kind einen gehörten Witz, den es nicht verstanden hat,
weitererzählt oder wie etwa ein dilettantischer Odysseus-Imitator dem
Listenreichen nacheifern würde: „Um sich vor den Sirenen zu bewahren, stopfte sich Odysseus [!] Wachs in die Ohren und ließ sich am
Mast festschmieden."[47] Die von Horkheimer und Adorno aufgestellte
Dialektik des entsagenden Hörens ist dabei auch hier – wie bei Sloterdijk – aufgehoben, die Vorkehrungen des homerischen Helden aber
werden von vornherein als nutzlos verworfen und das Verführerische
der Sirenen bzw. das von ihnen ausgelöste Begehren wird aufgewertet:
„die Leidenschaft der Verführten hätte mehr als Ketten und Mast gesprengt."

Aber Kafka geht noch weiter, er verwirft das ganze Procedere:
„Der Gesang der Sirenen durchdrang alles". Dadurch ist die listenrei-
che[48] Anordnung des Odysseus nicht bloß lächerlich, sondern absurd:

---

[46] „Komm, besungner Odysseus, du großer Ruhm der Achaier! / Lenke dein Schiff ans
Land, und horche unserer Stimme. / Denn hier steurte noch keiner im schwarzen
Schiffe vorüber, / Eh' er dem süßen Gesang aus unserem Munde gelauschet; / Und
dann ging er von hinnen, vergnügt und weiser wie vormals. / Uns ist alles bekannt,
was ihr Argeier und Troer / Durch der Götter Verhängnis in Trojas Fluren geduldet: /
Alles, was irgend geschieht auf der lebenschenkenden Erde!" (Homer, Odyssee
XII.184-191).

[47] Ein schönes Beispiel für Kafkas Humor, denn: basiert nicht jegliche Tradierung auf
Mißverständnissen, Übersetzungsfehlern und auf durch fehlende Kontexte bedingte
Interpretationen? – Ein prominentes Beispiel sind – nicht zuletzt durch Freuds Inter-
pretation – die *Hörner* auf dem Haupt des Moses Michelangelos.

[48] So *listenreich* wie bei Homer ist Odysseus *an diesem Punkt des Berichts* gar nicht:
„Daran [an die Wirkungslosigkeit der Mittel] nun dachte aber Odysseus nicht obwohl
er davon vielleicht gehört hatte, er vertraute vollständig der Handvoll Wachs und

er ist an den Mast „geschmiedet"[49] – nicht bloß gefesselt –, doch die durch den Gesang der Sirenen ausgelöste Leidenschaft würde sogar die eisernen Fesseln sprengen, er hat Wachs in den Ohren, doch der Gesang der Sirenen durchdringt auch den Wachs – derart gewappnet könnte Odysseus unter den von Kafka aufgestellten Prämissen auch ohne „seine Mittelchen" den Sirenen entgegenfahren[50] – wohlbemerkt: er muß bei Kafka nicht an ihnen vorbei, um heim zu Frau und Kind zu kommen, er fährt den Sirenen „entgegen".

An die Stelle der Dialektik des entsagenden Hörens tritt bei Kafkas Odysseus ein Zweikampf, bei dem der Sieg über den Genuß geht bzw. der Genuß allein im Sieg liegt: „Dem Gefühl aus eigener Kraft sie besiegt zu haben, der daraus folgenden alles fortreißenden Überhebung kann nichts Irdisches widerstehn." Das Unwiderstehliche der Sirenen wäre demnach, *daß man ihnen widerstehen kann* – man kann das – unter Umkehrung des aktiven Moments – auch so formulieren: *daß die Sirenen einem das Gefühl geben, ihrer Unwiderstehlichkeit widerstanden zu haben*[51]. Und – mit Betonung auf „nichts Irdisches" und „Überhebung" –: daß sie einem das Gefühl geben, man sei (wie) ein Gott[52].

Dabei gibt auf beiden Seiten die Wahl der Waffen bzw. die Wahl des Mediums und der Verhütung seiner Wirkung den Ausschlag über

---

dem Gebinde Ketten und in unschuldiger Freude über seine Mittelchen fuhr er den Sirenen entgegen." – Anders sieht das dann schon wieder bei dem kafkaschen Anhang aus.

[49] Man assoziiert den an den kaukasischen Felsen geschmiedeten Prometheus.
[50] Er mußte sie aber anwenden, weil es so überliefert wurde.
[51] ... vielleicht die älteste weibliche List.
[52] Sloterdijks Selbstvollendung erwiese sich so als Hybris.

Sieg oder Niederlage: „Nun haben aber die Sirenen eine noch schrecklichere Waffe als ihren Gesang, nämlich ihr Schweigen." Diese Umkehrung korrespondiert quasi mit dem Wachs in Odysseus´ Ohren (der eine hört nicht, was die anderen nicht singen), es geht bei beiden Umkehrungen um die Performance und die Rezeption, wobei sich im Verlauf der Erzählung die Rollen verschieben; die Fesselung am Mast erfährt – bis auf die Einschränkung, daß sie nichts genutzt hätte – keine Modifikation (sie wird erwähnt, weil sie zu dem Bild gehört, kommt aber nicht zum Einsatz). Alle gängigen Gegenüberstellungen von Natur und Naturbeherrschung – Herrschaft überhaupt, denn die Mannschaft findet mit keinem Wort Erwähnung – sind in dem kafkaesken Szenario irrelevant. Kafkas literarische Form des „Beweises" und die quasi-quellenkritische Ausführung dieses Beweises legt nahe, daß noch nicht einmal der tradierte Stoff beherrschbar ist[53].

Die Sirenen begegnen den unzureichenden „Mittelchen" – im Grunde eine Beleidigung an ihrem Vermögen![54] – nicht damit, daß sie mit ihrem Gesang das Wachs durchdringen und jene Leidenschaft entfachen, die sogar Ketten sprengen läßt, sondern indem sie das, was Odysseus begehrt, verweigern: nämlich ihren Gesang – ob bewußt oder aus Verblüffung, das läßt Kafka offen[55].

---

[53] Und deshalb ist auch jede allegorische Lesart dieses Textes – gerade weil alles so e-vident erscheint – ein „unzulängliches Mittel". Die „Rettung", die man sich durch solches erhofft, sieht aus wie auf dem Theaterplakat mit der Überschrift „Gerettet", das in Bernds Büro im Institut hängt: der Wurm am Angelhaken. – Vielleicht ist eine adäquate analytische Korrespondenz zu Kafkas Text FranHois Truffauts Jean Renoir gewidmeter Film *La Sirene du Mississipi* (F 1968/69).

[54] Ein ähnliche Konstellation schildert Kafka bei seinem „Hungerkünstler".

[55] „... sei es daß der Anblick der Glückseligkeit im Gesicht des Odysseus, der an nichts anderes als an Wachs und Ketten dachte, sie allen Gesang vergessen ließ."

„Odysseus aber, um es so auszudrücken, hörte ihr Schweigen nicht, er glaubte, sie sängen und nur er sei behütet es zu hören" – der an den Mast geschmiedete schließt von dem gehörten Schweigen auf die Wirksamkeit seiner „Mittelchen", „flüchtig sah er zuerst die Wendungen ihrer Hälse, das Tiefatmen, die tränenvollen Augen, den halb geöffneten Mund, glaubte aber, dies gehöre zu den Arien die ungehört um ihn erklangen." Hier geschieht genau das, was Sloterdijk in seinem Szenario „jener griechischen Soubretten" ausgeschlossen hat, um sein Primat des Akustischen zu behaupten:

> Gestatten sie eben nicht den Seefahrern zu tiefe Blicke in ihre dekolletierten Kehlen? In Wahrheit entspringt das Verführende der Sirenenmusik nicht einer sirenischen Natur-Sinnlichkeit, wie noch Adorno irrtümlich annahm. Es scheint vielmehr, es sei die Natur dieser Sängerinnen, keine eigenen Reize zur Schau zu stellen: Ihr Konzert ist nicht die Darbietung eines lasziven Programms, das bislang das Glück hatte, allen Vorbeifahrenden zu gefallen – und das doch schon morgen dem ersten kritischen oder gleichgültigen Hörer begegnen zu können.[56]

Genau letzteres passiert ihnen bei Kafka: durchdrungen und überhoben vom Triumph seiner Mittelchen genießt Odysseus, gerade als er sein eigentliches Ziel – „den Sirenen entgegen" – erreicht hat, seinen Sieg und achtet der Sirenen nicht mehr:

> Bald aber glitt alles an seinen in die Ferne gerichteten Blicken ab, die Sirenen verschwanden ihm förmlich und gerade als er ihnen am nächsten war, wußte er nichts mehr von ihnen.

---

[56] Sloterdijk, Sphären I, S. 496.

Kafkas Odysseus ist nicht der Heimkehrer, der listenreich mit den ihm begegnenden Gefahren umgeht, sondern der Abenteurer, der mit seiner Ausrüstung und daraus resultierendem kalkulierten Risiko auszieht, um die Gefahr zu suchen, er ist also eher ein den Yeti suchender Extrembergsteiger, denn ein homerischer Heros.

Kafka, der im Gegensatz zu Sloterdijk zurecht auf den visuellen Reizen der Diven besteht und damit Odysseus die Möglichkeit zu der Wahl des Mediums in die Hand gibt, dreht nun die Szene – die bereits erwähnte Verteilung von Performance und Rezeption – vollends um: nicht mehr Odysseus begehrt, sondern die Sirenen, das heißt, das Objekt ihres Begehrens wird ein anderes:

> Sie aber, schöner als jemals, streckten und drehten sich, ließen das schaurige Haar offen im Wind wehn, spannten die Krallen frei auf den Felsen, sie wollten nicht mehr verführen, nur noch den Abglanz vom großen Augenpaar des Odysseus wollten sie solange als möglich erhaschen.

Die Kulturleistung, die üblicherweise dem Odysseus zugeschrieben wird, nämlich sein Begehren (ästhetisch) zu sublimieren, um weiter bestehen zu können, vollbringen bei Kafka die Sirenen. „Bewußtsein" allerdings, also die Möglichkeit, diese Umkehrung zu reflektieren, schreibt Kafka, hätte die Sirenen getötet – „Hätten die Sirenen Bewußtsein, sie wären damals vernichtet worden, so aber blieben sie, nur Odysseus ist ihnen entgangen." Sie blieben und wurden nicht vernichtet – aber um welchen Preis? – Hätten sie drei Jahrtausende später und in Kenntnis von Kierkegaards „Tagebuch des Verführers" subli-

miert, hätten sie auch mit Bewußtsein der Vernichtung entgehen können, wären aber in die Melancholie des „Jamais!" Baudelaires einer
zuvorkommend idiosynkratischen Begegnung versunken, wenn sie das
gekonnt hätten, was aber eine andere Art des Virtuosentums gewesen
wäre, als Sloterdijk es in der Kulturbeilage verortet hat, wo bloß noch
abgestorbene Formen zelebriert werden.

Sloterdijk schildert Odysseus als das Selbst, das durch die akustische Antizipation seiner notwendigen Vollendung zu sich findet, in einem protoanalytischen Szenario mit Exklusion all der Relativierungen,
die jegliches Bewußtsein in der Sozietät erfahren muß; Horkheimer
und Adorno sehen in ihm den ersten rationalen Bürger, „der dem Opfer sich entzieht, indem er sich opfert. Die Geschichte der Zivilisation
ist die Geschichte der Introversion des Opfers. Mit anderen Worten:
die Geschichte der Entsagung. Jeder Entsagende gibt mehr von seinem
Leben als ihm zurückgegeben wird, mehr als das Leben, das er verteidigt."[57]; Kafka hingegen bleibt jenseits dieses holistischen bzw. geschichtlichen Pathos – denn Odysseus ´ Wirken zielt bei ihm nicht auf
die Welt –, wenn er im letzten Abschnitt seines „Beweises" sein Szenario noch einmal umkehrt:

> Es wird übrigens noch ein Anhang hierzu überliefert. Odysseus, sagt
> man, war so listenreich, war ein solcher Fuchs, daß selbst die Schicksals-
> göttin nicht in sein Innerstes dringen konnte, vielleicht hat er, obwohl
> das mit Menschenverstand nicht mehr zu begreifen ist, wirklich ge-
> merkt, daß die Sirenen schwiegen und hat ihnen und den Göttern den
> obigen Scheinvorgang nur gewissermaßen als Schild entgegengehalten.

---

[57] Horkheimer/Adorno, S. 62.

Die bewußte Mißachtung der Spielregeln (der Wachs in Odysseus´ Ohren), die eigene Wahl und Neutralisierung der Medien und die Umkehrung des Begehrens machen diese Urszene (homerisch beschrieben und in ontologischer bzw. dialektischer Auslegung) zu einem „Scheinvorgang", der den Helden vor fatalistischen und teleologisch-theologischen Zumutungen wappnet; weiß Odysseus, daß die Sirenen schweigen, dann ist es noch nicht einmal ein sportiver Zweikampf, auch keine List zweiter Ordnung – dann es geht dann ja nicht mehr gegen die Sirenen, sondern um ästhetische Selbstbehauptung, die Notwendigkeit der Welt wird als kontingent entlarvt, aber nicht beharrend, sondern als immanenter Prozeß, oder anders formuliert:

> Erkenne Dich selbst bedeutet nicht: Beobachte Dich. Beobachte Dich ist das Wort der Schlange. Es bedeutet: Mache Dich zum Herrn Deiner Handlungen. Nun bist Du es aber schon, bist Herr Deiner Handlungen. Das Wort bedeutet also: Verkenne Dich! Zerstöre Dich! also etwas Böses und nur wenn man sich sehr tief hinabbeugt, hört man auch sein Gutes, welches lautet: „um Dich zu dem zu machen, der Du bist."[58]

Dies ist sicher nicht als positive Bestimmung gemeint, aber dazu gleich mehr.

---

[58] Hochzeitsvorbereitungen, S. 59. – Ähnlich formulierte es Thomas Bernhard, als er irgendwo gegen den Imperativ der *Selbstverwirklichung* polemisierte: „es heißt gar nichts / das Wort Selbstverwirklichung / aber alle plappern es nach / gleich was und wer einer ist / er ist ja verwirklicht / und er ist er selbst".

Zweite Zeit:

Drängt die Stimme immer schon dazwischen, zwischen Subjekt Objekt bzw. Medium, zwischen Subjekt und Anderen, erzeugt sie als verlorenes Objekt Anwesenheit von Genießen, dann hat der Blick konstituierende Funktion im Felde des Begehrens. Der Blick verbindet nämlich in einer zweiten Zeit, die phantasmatische Funktion eines Dritten. Da der Infans im Spiegelbild keinen Blick sieht, und dies nicht nur weil er keinen Blick in der Ordnung der Objekte besitzt, sondern weil, wie wir wissen, der Blick kein Spiegelbild hat, wendet sich das Kind an die Mutter: Bin ich der Andere im Bild?

> Einerseits erwartet es von ihr ein Zeichen, eine Zustimmung, ein ‚Ja‘. Es appelliert an die Mutter in ihrer symbolischen Dimension, als die, die benennt, die in der Benennung Ordnung bewirkt.[59]

Die Mutter schaut das Kind im Spiegel. Ihr Blick bejaht das Bild, bejaht das Jubeln, die Faszination. Tatsächlich. Unter einer Voraussetzung: „His majesty the baby", hebt Freud hervor und somit haben wir die erste Einschreibung des Phallus. Der Blick der Mutter verwebt das Bild mit drei synchronen Bändern:

1. Du bist mein Phallus, narzißtischer Vorzug ihrer Imagination.
2. Du bist ein Mensch, der so wie wir alle sich in das Rätsel des Begehrens hineinbegeben wird, und zwar in ein phallisches Begehren hinein, das
3. meins ist, und sich darauf basiert, das ich es nicht weiß.

---

[59] J.-D. Nasio, 7 Hauptbegriffe der Psychoanalyse, Wien 1999, S. 47.

Eine reale Wahrheit, welche die List des Unbewußten kennzeichnet, aus der heraus Iokaste in ihrer Unwissenheit Ödipus genießen ließ. Introjizierte Momente der Konstituierung subjektiver Existenz um ein Joker-Spiel herum: Ist diese Wahrheit trügerisch, oder ist dieser Trug wahr?

Der Blick der Mutter, eine zweite Verhaftung. Ich bin das Faszinum ihres Blicks. Ich bin ihr Phallus, sofern er, freudo-lacanisch gesprochen, der Penis plus seine Abwesenheit ist. Ich bin das und ich soll das werden, was die Mutter begehrt. Mein Spiegelbild ist ihre/meine „imaginäre Identifizierung". Mein moi verbindet sich mit meinem Idealich. Ein Phantasma ist notwendig, das die Kluft zwischen mir und meinem imaginierten Anderen deckt.

Durch den Blick der Mutter werde ich in die Welt der Blicke hineingebracht, in die Welt der Stimmen, von wo aus ich betrachtet werde, sogar bevor ich imstande bin, zu atmen. Der Blick der Mutter, die virtuelle Linie von mir zu ihr, zur Welt und zurück, die Stimme der Mutter, die meine projektive faszinierende Fläche bejaht. Ich bin ausgesetzt in ihrem Blick, in ihrem begehrenden Blick: „Was will sie von mir?" Was will mein Bild von ihr? Mit dieser Frage werde ich in das phallische Primat des Begehrens eingeschrieben, ein Primat, das als Phantasma mir Stütze vor meiner Aphanisis gibt, vor einer Vernichtung unter spiegelbildlichen Imagos, die zur Zersplitterung meines Ich (je) führen würden, resultierend aus der Gewalt einer Aufeinanderlegung von mois.

Das phallische Primat wäre die erste antizipierte Dimension der Ödipusphase, die in einem späteren Zeitpunkt, durch die Imago des

Vaters Regulierung, nämlich Verbindung des Libidinösen mit der kulturellen Normativität herbeiführt. Natürlich durch den imaginären Akt des Vatermordes, der der Stifter der Schuldbewußtseins ist, eine Funktion, die, wie Lacan sagt, als Transzendierung der libidinösen Aggressivität, angesehen werden kann. Diese Transzendierung wäre der Weg zur späteren friedenstiftenden Funktion des Ichideals.

Bleiben wir noch eine kurze Weile im Feld des Begehrens, um genauer zu betrachten, was dies für ein Begehren ist, das mich ausliefert, bei meiner ersten realen Begegnung mit dem symbolischen Anderen, einzig meinen eigenen imaginativen Anderen?

Konstatiert auf der einen Seite der Blick der Mutter mein projektiertes Bild im Spiegel, dann introjiziere ich verdrängend eine Art von Aussetzung: ich werde zwar in ihrem phallischen Begehren eingeschrieben, nämlich ich will das Objekt ihres Begehrens sein, werde aber automatisch ins fließende Band ihres Begehrens exiliert. Die Mutter begehrt auch außerhalb von mir. Ich bin ihr Phallus, ich bekomme aber von ihr vermittelt, daß die Welt weder mit mir anfängt, noch mit mir endet.

Das ist die umgekehrte Seite des Phallus, die auf die Kastration hinweist. Das PhallusSein bringt mich in die Welt der trennbaren Objekte. Ich bin als Objekt im Phantasma der Mutter gebunden, ich bin aber im Band ihres Begehrens losgelöst. Ich erkenne in der Phallus-Funktion das Spiel zwischen Anwesenheit und Abwesenheit an, eine Vorahnung der realen Dimension meiner menschlichen Existenz.

Von daher brauche ich auch Objekte, die ich partiell in den eigenen Phantasmen verbinde, damit jene Differenz, welche die symbolische Einschreibung in ihrer realen Dimension mit sich bringt, vom Imaginären gedeckt werden kann.

Die reale Dimension meines Bildes ist der Umriß einer Gestalt, die eine Überlagerung von Identifikationen von der Seite des Anderen erlaubt. Diese leere Fläche ist für Lacan der Ursprung der Subjektivität. Die Leere des Spiegels, des Fensters zur Welt, ist die abgründige Öffnung, die dem Begehren vorausgeht und auf Vernichtung hinweist. Daher sind die Öffnungen des Körpers die partielle, lokale Prägungen dieser abgründigen Leere. Kein Sprechen ohne das Aufklaffen des Mundes, kein Hören ohne die Muschel des Ohres, kein Sehen ohne die Höhlen der Augen. Wenn es nicht so wäre, hätten wir alles gesagt, irgendwann alles gehört und irgendwann alles gesehen.

Das Begehren in seiner realen Dimension ist das Begehren der nicht Befriedigung.

Der Körper mit seinen Öffnungen, der Körper selbst als Öffnung muß einen Schirm, vielleicht einen Bild-Schirm schaffen, der ihn vom Realen schützt. Dieser Schirm ist für Lacan das Phantasma, die Relation des gespaltenen Subjekts (gespalten, weil begehrendes) mit seinen Objekten, die sogenannten Objekte klein a.

So wie es Nasio beschreibt nimmt „ das Objekt a ... verschiedene Gestalten an und trägt verschiedene Benennungen entsprechend der erogenen Zone des Körpers, die im Phantasma vorherrscht (...) wenn die erogene Region im Auge lokalisiert ist, verwandelt sich das Objekt in die Figur des Blicks und das Phantasma ist ein sogenanntes `skoptisches Phantasma´."[60]

---

[60] J.-D. Nasio, 7 Hauptbegriffe der Psychoanalyse, Wien 1999, S. 102.

Bei Freud, wie auch bei Lacan sind die Objekte nicht die Ziele des Triebes. Sie sind Anhaftungen, die zu einer Triebökonomie hinweisen, eine Ökonomie, welche ohne den Anderen nicht existiert.

Gerade in der Welt der Bilder ist das skopische Phantasma von Relevanz, sofern es gerade den direktesten Weg zur existentiellen Grenze zwischen Abwesendem und Anwesendem hinweist.

Was einem passieren kann, wenn man mit seinem Spiegelbild unter sich bleibt, möchte ich jetzt an zwei Beispielen illustrieren. Meine erste Spiegelgeschichte ist der Mythos von Narcissus, wie Ovid ihn erzählt[61].

Der Manierismus der Ovidschen Metamorphosen entspricht Lacans (bewußter?) Fehlleistung bei seiner Antigonelektüre, wo er durch Auslassung eines Wortes den Vers

> Aus tödlichen Krankheiten hat der Mensch Auswege gefunden

mit

> die Flucht in unmögliche Krankheiten

übersetzt[62]. Obwohl Lacans Übersetzung nicht dem altgriechischen Text des Sophokles entspricht, enthält sie jedoch – unabhängig von der Tragödie – eine Einsicht, die ihre Berechtigung hat.

Dies ist eine gute Gelegenheit, kurz *die Methode des 12. geliehenen Kamels* zu erläutern. In einer arabischen Parabel vermacht ein Mann seinen drei Söhnen 11 Kamele, die nach dem Schlüssel $1/2$, $1/4$ und $1/6$ verteilt werden sollen, was aber bei 11 Kamelen nicht hinhaut. Der Testamentsvollstrecker leiht sich nun ein Kamel, um auf die Zahl 12 zu kommen und beginnt mit der Verteilung:

> die Hälfte von 12 Kamelen sind 6,
> ein Viertel davon sind 3 und
> ein Sechstel sind 2;
> _____
> $6 + 3 + 2 = 11$

---

[61] Ovid, Metamorphosen, III.339-510.
[62] Lacan, Das Seminar Buch VII, S. 330.

Das geliehene Kamel wird zurückgegeben und jedem ist gedient. Diese Methode ist nicht neu, man findet unter anderem auch bei Ludwig Wittgenstein im Satz 6.54 seines „Tractatus logico-philosophicus":

> Meine Sätze erläutern dadurch, daß sie der, welcher mich versteht, am Ende als unsinnig erkennt, wenn er durch sie – auf ihnen – über sie hinausgestiegen ist. (Er muß sozusagen die Leiter wegwerfen, nachdem er auf ihr hinaufgestiegen ist.)[63]

Um nun von der Anthropologie, die der Chor bei Sophokles vorträgt[64], zu dem Satz Lacans von *der Flucht in Unmöglichen Krankheiten* zu kommen, bedarf es des einen 12. geliehenen Kamels – in diesem Fall eben der inadäquaten Übersetzung.[65] – Wir hatten das bereits bei Kafka: „Verkenne dich! (...) um dich zu dem zu machen, der du bist" – oder mit E. M. Cioran: „Der Gedanke wird aus der Beharrlichkeit eines Unzulänglichen geboren."[66] – oder mit Lacan, dem „die Auslassung eines Worts so voll Anspielung ist, daß sie die Gegenwart auf ihr Lager zwingt."[67] – Und um nochmals auf das eingangs erwähnte Paradoxon meiner Lacanlektüre zu kommen: ich glaube, der Strukturalismus war für Lacan ein 12. geliehenes Kamel.

---

[63] Ludwig Wittgenstein, Tractatus logico-philosophicus/Philosophische Untersuchungen, Leipzig 1990, S. 89. – Diesen Hinweis verdanke ich Bernd. – Der Unterschied zu der Position, wie sie Žižek mit der Leitermetapher für Sokrates referiert (Psychoanalyse und Philosophie, S. 18), ist der, daß es hier nicht darum geht, daß „das Subjekt in die Wahrheit eintritt", sondern daß es etwas überwindet oder durchquert.

[64] am Ende des ersten Auftritts.

[65] vgl. dazu Dirk Baecker, Wozu Systeme?, Berlin 2002 und die Ermittlungsmethoden von Special Agent Dale Cooper in David Lynchs Serie „Twin Peaks".

[66] E. M. Cioran, Leidenschaftlicher Leitfaden, S. 109.

[67] Lacan, Schriften II, S. 175.

Die *Flucht* nun geht bei Ovid in Existenzmodi, die in der klassischen Hierarchie – der großen Kette der Wesen[68] – unterhalb der des Menschen liegen, also die Flucht ins asoziale, ins vegetative ja sogar ins unbelebte. Charakteristisch für die *Flucht* des Narcissus ist[69] „die Art des Tods und die Neuheit des Wahnsinns."[70]

Das Schicksal des Narcissus steht in einer Reihe von Metamorphosen, die durch einen Blick ausgelöst werden: der Blick der Medusa, der die Erblickten zu Stein werden läßt, Euridikes Tod durch Orpheus' Blick zurück und – in der hebräischen Mythologie – Lots Weib, das durch den eigenen Blick zurück auf Sodom sich in Stein verwandelt. Im Mythos von Echo und Narcissus nun trifft die Fatalität der Sprache auf die Fatalität des Bildes. Es herrscht bei beiden Protagonisten jeweils ein Zuviel: Echo redet zuviel und wird dazu verdammt, nur noch reaktiv sprechen zu können[71] (was Sloterdijk den Sirenen unterstellte); Narcissus sieht zu gut aus, ist permanent ein Objekt der Begierde und wird dazu verdammt, seinem eigenen Bild verhaftet zu bleiben.

Der Mythos beginnt mit der ersten Bewährungsprobe der seherischen Fähigkeiten des blinden Tiresias, der auf die Frage, ob der schöne Knabe alt werden wird, meint: „Wenn er sich nicht kennet!"[72] – In der hebräischen Mythologie hatte die Möglichkeit der Erkenntnis (qua Baumfrucht: „Und sie erkannten, daß sie nackt waren.") die Vertrei-

---

[68] vgl. dazu Arthur O. Lovejoy, Die große Kette der Wesen. Geschichte eines Gedankens, Frankfurt am Main 1993.

[69] ... in der Übersetzung von Johann Heinrich Voß von 1798.

[70] Ovid, Metamorphosen, III.350. – So eine Formulierung bereits bei Ovid und bereits bei Voß 1798 ...!

[71] Warum kam eigentlich noch kein Psychoanalytiker auf den Echokomplex oder das Echosyndrom, nämlich die Manie, alles was man hört, nachplappern zu müssen?

[72] Ovid, Metamorphosen, III.348.

bung von Adam und Eva aus dem Paradies – und damit die Sterblichkeit überhaupt – zur Folge. Auch hier folgt ein Verhängnis einer Erkenntnis auf den Fuß, wenn auch einer anderen Art von Erkenntnis:
dem Verhängnis des *sich Kennenlernens* geht bei Narcissus eine Ver-
Kennung[73] voraus, die nämlich, wo er sich – man könnte sagen: *akus-
tisch gespiegelt hört*[74]. Er trifft die Nymphe Echo, als er seine Gefähr-
ten verloren hat[75]:

> Siehe, der Knab', abirrend vom treuen Gefolg' der Begleiter,
> Rief: Ist einer allhier? und: Allhier! antwortete Echo.
> Jener staunt, und indem er mit spähendem Blicke sich umsieht,
> Rufet er: Komm! laut auf; Komm! ruft sie dem Rufenden wieder.
> Rückwärts schauet er; keiner erscheint: Was, rufet er endlich,
> Meidest du mich? Was meidest du mich? antwortet die Stimme.
> Jener besteht, und getäuscht von des Wechselhalles Gegaukel:
> Hier uns vereiniget! ruft er; und freudiger keinen der Töne
> Nachzutönen bereit: Uns vereiniget! ruft sie entgegen;
> Und sie gefällt in den Worten sich selbst.

Narcissus ist hier zwar „stolz", aber noch nicht narzißtisch; sie aber,
Echo, reagiert durch die akustischen Spiegelungen, die sie gibt, mit

---

[73] „Seltener hingegen wird bemerkt, daß Satzzeichen – beispielsweise der Bindestrich –
in Ausdrücken wie *In-der-Welt-Sein* – eine technische Funktion übernehmen können:
in dieser Hinsicht ist der Bindestrich das dialektischste aller Satzzeichen, da es nur
insofern verbindet als es trennt und umgekehrt." (Giorgio Agamben, Bartleby oder
die Kontingenz gefolgt von Die absolute Immanenz, Berlin 1998, S. 84).

[74] „In Schneewittchen erscheint der Spiegel als der Ort der Wahrheit, er verkündet sie
jedoch paradoxerweise durch die Stimme, nicht durch sein Bild." (Peter Widmer,
Subversion des Begehrens,
http://userpage.fu-berlin.de/˜marfak/ort/mettapop/widmer.htm).

[75] Ovid, III.379ff.

narzißtischen Anflügen: „sie gefällt in den Worten", die sie sagt, die aber nicht die ihren sind und deren Kontext sie nicht beachten muß, da sie ja nur den Ausklang eines Satzes zu wiederholen in der Lage ist (wie sagt der Volksmund: *Der Spiegel lügt nicht.*[76]), „sich selbst". Aber weiter mit Ovid:

> Aus dem dichten Gesträuch nun
> Trat sie hervor, mit dem Arm den ersehneten Hals zu umschlingen.
> Jener entflieht, und entziehend: Hinweg die umschlingenden Hände,
> Saget er; lieber den Tod, als dir mich zu schenken, begehr' ich!
> Nichts antwortete jen', als: Dir mich zu schenken begehr' ich!
> Und die Verachtete schlüpft in den Wald; ihr errötendes Antlitz
> Deckt sie mit Laub, und lebt seitdem in einsamen Grotten.

---

[76] Dazu zwei Szenarien von dem genialen Jorge Luis Borges:

♦ In der Erzählung „Spiegel und Maske" beauftragt ein in der Schlacht siegreicher irischer König einen Poeten mit einem Epos. Der Dichter verfaßt ein klassisches Werk, das zwar mit einem Spiegel belohnt wird, das aber den Wunsch nach etwas Unerhörterem nach sich zieht. Der zweite Entwurf bietet dieses Unerhörte, es wird mit einer Maske belohnt, weckt aber beim König den Wunsch nach einer weiteren Steigerung. Der dritte Entwurf schließlich, der aus einem einzelnen Vers besteht, den der Dichter dem König ins Ohr flüstert, zieht als Geschenk ein Schwert nach sich, mit dem der Dichter sich selbst entleibt; der König aber zieht als Bettler durch sein Reich. – Abgesehen von dem Drumherum seien in unserem Kontext die drei Geschenke betrachtet: der Dichter erkennt sich im Spiegel, zieht die Maske auf, in der er sich nicht mehr erkennt und bringt sich schließlich – jenseits jeglichen Erkennens – um. Mann könnte das jetzt auf die Gestalt der drei epischen Versuche übertragen: in der Klassik (v)erkennt man sich, in der Romantik – dem Unerhörten – wird man sich fremd und in ... – ja was?! (angesichts des Realen) – ... jedenfalls kann man nicht mehr weiter, hat man den Vers des Absoluten.

♦ „Manchmal (das sind meine schrecklichsten Alpträume) sehe ich mich in einem Spiegel reflektiert, aber ich sehe mich mit einer Maske widergespiegelt. Ich habe Angst, die Maske abzureißen, weil ich Angst habe, mein wahres Gesicht könnte die Lepra sein oder die Pest oder etwas, das viel schrecklicher ist als alles, was ich mir vorstellen kann."

Narcissus verkennt die Worte, die er hört, indem er sie als Antworten hört, denen er einen auf sich bezogenen Sinn außerhalb seiner selbst zuschreibt (den sie aber nur für Echo haben), obwohl sie ja nur die Wiederholungen, akustische Spiegelungen des von ihm Gesagten sind[77]. Wie dann später bei seinem Spiegelbild täuscht er sich über den Status des Gehörten beziehungsweise des Gesehenen in der Relation ego – alter ego. Diese erste akustisch-semantische Verkennung hat nur schlimme Folgen für die begehrende Echo, die – im Gegensatz zu Kafkas Sirenen –, mit vollem Bewußtsein aber fehlender Möglichkeit zur verbalen Kommunikation nicht bleiben darf: die Nymphe verliert, nachdem sie bereits die Fähigkeit der eigenen Rede verloren hat, nun auch noch ihren Körper – was bleibt ist die wiedergebende Stimme.

Narcissus' *sich selbst Kennenlernen* dann ist ein optisches: er sieht sein Gesicht, aber er erkennt es nicht als sein eigenes. Es fehlt der andere, den Maria in der Mutter verortet hat, der die Beziehung zwischen Blick und Bild herstellt.

> ... Selbst wünschet er, selbst die Umarmung.
> Denn wie oft ich den Mund zur flüssigen Welle hinabbog,
> Ebensooft kam dieser mit aufwärtsstrebendem Mündlein.
> Fast, fast scheint er berührt; nur ein weniges scheidet die Sehnsucht.

---

[77] Man könnte sagen, es fehlt hier – bedingt durch den Fluch der Göttin, der auf Echo lastet – bei Narcissus der Widerstand der Realität, vgl. etwa Žižek: „Ist für einen Menschen die ‚Realität' in ontologischer Hinsicht nicht durch ein Minimum an Widerstand definiert: Real ist das, was sich widersetzt, das, was sich den Launen unserer Einbildungskraft nicht völlig fügt?" (Die gnadenlose Liebe, Frankfurt am Main 2001, S. 98); oder Luhmann: „Alle Feststellung von ‚Realität' beruht daher auf der Erfahrung eines Widerstandes des Systems gegen sich selber – also etwa der Wahrnehmung gegen die Wahrnehmung oder der Sprache gegen die Sprache und nicht auf einem Gesamteindruck von Welt." (Die Kunst der Gesellschaft, S. 22).

Wer du auch bist, komm her! Was trügst du mich, einziger Knabe?
Welchem entfliehst du gesucht?[78]

Und die mittlerweile aus verschmähter Liebe körperlos gewordene Echo gibt der Ver-Kennung die Tonspur, was den Realitätsstatus des Gesehenen noch erhöht:

... und so oft der Erbarmungswürdige: Wehe!
Ausrief, so rief ihm entgegen die Widerhallerin: Wehe!
Und wann jener die Arme sich schlug mit wütenden Händen,
Gab auch diese zurück das Getön des wütenden Schlages.
Also sprach er zuletzt, am gewöhnlichen Borne sich spiegelnd:
Ach, umsonst geliebeter Knab'! Und gleich war der Nachhall.
Jener rief. Leb' wohl! Leb' wohl! antwortet' ihm Echo.[79]

Das Ganze ist eine Strafe der Diana, provoziert von einem der zahllosen von Narcissus Abgewiesenen: „So [das heiß: immer abgewiesen] lieb' er denn selbst! so werd' er nicht froh des Geliebten!"[80] – eine perfide Strafe, denn was ist einem unerreichbarer als – man selbst?!

Aber unter dem Aspekt betrifft Tiresias´ Prophezeihung „Wenn er sich nicht kennet!" nur den reinen Akt des Sehens, bei dem der Realitätsstatus verkannt wird. Der Jüngling verwandelt sich in eine Blume, ohne zu wissen, daß er sich selbst begehrt hat, das heißt: er hat sich nicht selbst begehrt, sondern *ein* Bild, das nicht ihm, sondern nur einem Beobachter als *sein eigenes* – Narcissus' – Bild erscheint. In dem

---

[78] Ovid, Metamorphosen, III.450ff. – Man könnte fast sagen, hier spiegelt sich bei ihm angesichts (!) seines eigenen Begehrens das zuvor artikulierte Begehren der Echo.
[79] ebd., III.495ff.
[80] ebd., III.405.

Sinne könnte man fragen, was ein junger Beau wohl zu hören bekäme, wenn er mit dieser Geschichte und mit diesem Stadium des reflexiven Bewußtseins mit den Worten eine psychoanalytische Praxis beträte: „Helfen Sie mir bitte, ich bin narzißtisch!"

Die zweite Spiegelgeschichte ist die Erzählung *The Outsider* von H. P. Lovecraft[81] (einem Autor, der gern als eine Mischung von Franz Kafka und Edgar Allan Poe charakterisiert wird). Dort folgt dem Bericht eines einsam wie Kasper Hauser aufgewachsenen Ich-Erzählers über die Modi seiner trostlosen Existenz in des modrigen Räumen eines düsteren Schlosses der Bericht einer – nunja, nennen wie es einmal: unheimlichen Begegnung.

Den Abgleich seiner Gestalt mit der Welt passiert in folgenden Situationen: „... mein erster Eindruck von einer lebenden Person war der von einer Gestalt, die auf beunruhigende Weise wie ich selbst war, jedoch verzerrt, verschrumpelt und hinfällig wie das Schloß"; und: „die kolorierten Bilder lebender Wesen, die ich in vielen der schimmeligen Bücher fand" kamen ihm weniger natürlich vor als seine groteske Umgebung; desweiteren denkt er über sein Aussehen nicht nach, denn „es gab keine Spiegel auf dem Schloß, und ich betrachtete mich nur instinktiv als verwandt mit den jugendlichen Gestalten, die ich in den Büchern gezeichnet und gemalt fand." Diese Gestalten werden für ihn zum Phantasma, er träumt von „den fröhlichen Wesen in der sonnigen Welt"[82] und macht sich wie einer der platonischer Höhlenbewohner

---

[81] H. P. Lovecraft, Das Ding auf der Schwelle. Unheimliche Geschichten, Frankfurt am Main 1980, S. 39-46.

[82] Dies bringt diesen morbiden Kasper Hauser in eine Reihe mit den Liebenden in

auf, die Dinge und Menschen draußen zu sehen, die er drinnen nur von den Bildern kennt. Nach einem mühsamen Aufstieg in einem Turm überkommt ihn ein unermeßlicher Schrecken, denn: „anstatt eines schwindelnden Ausblicks aus erhabener Höhe auf tief unten liegende Baumwipfel erstreckte sich (...) auf gleicher Höhe mit mir nichts anderes als der feste Erdboden." Er hat keinen Turm erklommen, sondern einen tiefen Schacht, der in einer Gruft mündet; er kommt auf einem Friedhof auf ebener Erde heraus und die „fürchterliche, verschwommene Erinnerung", die ihm angesichts der Grabsteine dämmert, läßt nichts angenehmes erwarten.

Er streift dann durch die Nacht und erreicht ein Schloß, auf dem gerade ein Fest abgehalten wird. „Ich ging jetzt durch die Glastür in den prächtig erleuchteten Raum, doch damit ging ich auch aus meinem einzigen hoffnungsfrohen Moment in den schwärzesten Abgrund der Verzweiflung und der Erkenntnis." Die vollkommen entsetzte Ballgesellschaft flieht in unglaublicher Panik. Verwundert ob dieses Verhaltens schaut er sich um und sieht die Ursache, nämlich eine Gestalt:

... und dann (...) sah ich in voller schrecklicher Lebendigkeit das unvorstellbare, unbeschreibliche und unnennbare Scheusal, das durch sein bloßes Erscheinen eine fröhliche Gesellschaft in einen Haufen kopflos flüchtender Wesen verwandelt hatte.

Er will fliehen, aber:

Dantes Höllenkreis, die lasen und dadurch auf die Wollust kamen, mit Don Quijote, der las und dadurch ein Ritter wurde und mit Madame Bovary, die las und dadurch an die romantische Liebe glaubte.

Verhext von den glasigen Augen, die mich so unheimlich anstarrten, konnte ich keinen Blick wenden (...) und in einer verheerenden Sekunde kosmischen Schreckens und höllischen Zufalls berührten meine Finger die verfaulende, ausgestreckte Hand des Ungeheuers.

Jetzt wird klar, wer jener andere ist, denn nach jener Berührung ereilt den Ich-Erzähler eine Amnesia, ausgelöst durch das Trauma, als er seine „Finger ausstreckte und eine kalte, unnachgiebige Fläche polierten Glases berührte."

Der Ich-Erzähler wird nicht durch den Anblick seines eigenen gespiegelten Bildes als solchem traumatisiert, denn damit identifiziert er sich – wie auch Narcissus mit dem seinen – nicht (er hatte sich mehr oder weniger mit den nichtreflektierenden Bildern der Bücher indentifiziert), sondern der Akt der Autoidentifikation als solcher ist grauenhaft, der Moment, in dem er den Spiegel als solchen – dessen Funktion er demnach kennen muß – erkennt. Es ist also nicht *das Schreckliche, das er sieht*, traumatisierend, sondern die Erkenntnis, *daß er das Schreckliche ist*, es ist in diesem Fall die Berührung, nicht der Blick.

Das Privileg des Blicks ist, sagt Lacan, daß er sich „von allen übrigen Objekten, in denen das Subjekt die Abhängigkeit, in der es im Register des Begehrens ist (...) dadurch unterscheidet, daß er nicht zu fassen ist"[83]. Wie der nicht zu fassende Blick aus dem Platz des Anderen das Subjekt erwischt, beschreibt Lacan im Seminar XI. Dabei stützt er sich auf die Sartresche Phänomenologie des Blicks aus „Das Sein und das Nichts"[84] und er verwendet die Auffassung Merleau Pontys über das Sichtbare und das Unsichtbare, um die Laufbahn des Freudschen Schautriebs zu zeigen. Lacan kommt unter Zuhilfenahme der Anamorphose zu einer neuen Auffassung des Spiegels. Die Anamorphose übernimmt er aus in seiner Zeit aktuellen Theorien der Idolenspiegelungen und aus der Verschiebung der Perspektiven der geometralen Ebenen. Die Anamorphose funktioniert als Verzerrung, Entstellung, Effekt des Spiegels. Um den entstellten Selbst-Blick zum Vorschein zu bringen, um den Sturz zum tödlichen Charakter des Blicks des Anderen zu betonen, bedient sich Lacan zusätzlich bei der Malerei.

Lacan beginnt seine Ausführung der Blickökonomie mit dem Sartreschen Beispiel des Voyers: „Nehmen wir an, ich sei aus Eifersucht, aus Neugier, aus Verdorbenheit so weit gekommen, mein Ohr an eine Tür zu legen, durch ein Schlüsselloch zu gucken. Ich bin allein und auf der Ebene des nicht-thetischen Bewußtseins (von) mir (...) Jetzt habe ich Schritte im Flur gehört: man sieht mich (...). Schlagartig werde ich mir meiner verfänglichen Haltung, der Lächerlichkeit meines Tuns bewußt. Durch den Blick eines Anderen kommt mein reflektier-

---

[83] Lacan, Das Seminar Buch XI, S. 90.
[84] Jean Paul Sartre, Das Sein und das Nichts. Versuch einer phänomenologischen Ontologie, Reinbek 1993, S. 457ff.

tes Ich in mir, dieses Ich, das mir fremd und zugleich vertraut ist. Was auch immer der Andere über mich denkt, ich bin diese Person bereits. Und das Geständnis ist meine Scham."

Der Einbruch des Anderen, diese „innere Hämorrhagie"[85], diese innere Blutung desorientiert mich, schlägt ein Loch in meine Welt.

Der springende Punkt bei der Frage des Einbruchs des Anderen ist, daß für Lacan der Andere nicht ein real-erfahrener Anderer zu sein braucht. Nachdem Lacan die Scham mit dem schon vorhandenen Schuldbewußtsein gleichsetzt, geht er von einem schon immer verinnerlichten, imaginierten Anderen aus, den ich nicht als Bewußtsein erkenne, sondern via Blick an meinem Körper in dem Moment erlebe. Es ist die Begegnung mit dem mich anschauenden Anderen, die mich auf die Dimension meines verletzten Körpers hinweist.

> Der Blick, den die *Augen* manifestieren, von welcher Art sie auch sein mögen, ist reiner Verweis auf mich selbst. Was ich unmittelbar erfasse, wenn ich die Zweige hinter mir knacken höre, ist nicht, daß *jemand da ist*, sondern daß ich verletzlich bin, daß ich einen Körper habe, der verwundet werden kann, daß ich einen Platz einnehme und daß ich in keinem Fall aus dem Raum entkommen kann, wo ich wehrlos bin, kurz, daß ich *gesehen werde*.[86]

Der Blick des Anderen trifft mich also nicht wie bei Sartre als Subjekt des Bewußtseins, sondern als Subjekt des Begehrens. Das Auge des Anderen verschwindet bei Sartre, sobald ich seinen Blick wahrnehme. „... Sofern ich unter dem Blick bin", schreibt Sartre, „sehe ich nicht

[85] Sartre, S. 471.
[86] Sartre, S. 467.

mehr das Auge, das mich erblickt, und wenn ich das Auge sehe, so verschwindet der Blick."

Was Lacan von Sartre beibehält, ist die Trennung zwischen Auge und Blick. „Die von Sartre behauptete wechselseitige Verdeckung von Blick und Auge, bestehend, solange der Blick des Anderen mich objektiviert, wird von Lacan unter dem ... Terminus ,Skotomisierung' wiedergegeben"[87].

Beim Erlebnis des Anderen, „diese unmittelbare und brennende Anwesenheit (Vater siehst du nicht?) des Blicks des Anderen"[88], wird der Funktionskreislauf von Auge und Blick unterbrochen. Durch den Blick wird das Auge skotomisiert, das Auge wird, wie Sartre es nennt, „zum Träger des Blicks". „Als Träger kann das Auge folglich durch anderes ersetzt werden, etwa durch das Bauernhaus auf den Hügel als dem Ort eines möglichen Blicks, durch den halboffenen Fensterladen oder das Geräusch von Schritten"[89].

---

[87] H. D. Gondek, Der Blick – zwischen Sartre und Lacan. Ein Kommentar zum VII Kapitel des Seminar XI; in: Riss, Zeitschrift für Psychoanalyse, Nr. 37/38, S. 186.

[88] ebd.

[89] Gondek, S. 181. – Eine sehr gute Beschreibung des Augen als Träger des Blicks und der daraus entstehenden Angst des „Gesehen Werdens" bringt anhand zweier filmischer Beispiele Slavoj Žižek in „Liebe Dein Symptom wie Dich selbst!" (Berlin 1991, S. 60): „Nehmen wir, um das näher zu erklären, als ein erstes Beispiel das klassische Vorgehen Hitchcocks: wie dreht Hitchcock eine Szene, in der sich das Subjekt einem geheimnisvollen ,unheimlichen' Objekt, meistens einem Haus, nähert? Er wechselt zwischen der subjektiven Sicht auf das sich nähernde Haus und der objektiven Aufnahme des sich in Bewegung befindlichen Subjekts. Von den zahllosen Fällen möchte ich nur zwei erwähnen: Lila ..., die sich am Ende von *Psycho* dem Haus der „Mutter" nähert und Melanie ..., die in den *Vögeln* auf das Haus von Mitchs Mutter zugeht. In beiden Fällen wechselt die Ansicht des Hauses aus der Perspektive der sich nähernden Frau mit der Aufnahme der auf das Haus zugehenden (oder sich von ihm entfernenden) Frau. Warum erzeugt dieses formale Vorgehen Angst? Warum wird das näherkommende Objekt, das Haus, ,unheimlich'? Hier haben wir es

Das Auge als „Skotom", aus dem griechischen „Skotos" (Dunkelheit) offenbart in diesem Sinne seinen Dynamismus als grausame Hölle, enthüllt den Appetit des Schautriebes und reicht bis zur völligen Gefräßigkeit des Auges, bis zu dem bösen Blick.[90]

Die tödliche Funktion des Auges im Sichtbaren setzt in der Inszenierung der Vorstellungen ein Loch, das als blinder Fleck das Subjekt verletzt.

Es ist der Moment, in dem die verdrängte Grundlage des Unsichtbaren eine Gelegenheit findet, ins Sichtbare zu dringen. Hier geht Lacan von Merleau Pontys „unsichtbarem Fleisch der Welt" aus[91], jener Instanz, die keine Identität besitzt und den Widerspruch nicht kennt. Es erscheint in der Sprache der Literatur oder der Philosophie, meldet sich bei den Erscheinungen des Unbewußten, zeigt sich dem Blick im Gemälde. Es wird angeregt durch die Erfahrung seiner Lücken und Mängel und wird gekennzeichnet durch die Suche nach einer Ordnung, die es zugleich ablehnt.

> Das Unsichtbare (...) haust also im Körper, sogar in jedem Teil des Körpers, es bewohnt den Zwischenraum zwischen dem, was von diesem Körper sehend und was sichtbar ist, es ist der leere Raum und die abwesende Zeit, welche es verhindert, daß der Körper sich vollständig in

---

genau mit der ... Dialektik von Sicht und Blick zu tun: Das Subjekt sieht das Haus, aber die Angst entsteht durch das unbestimmte Gefühl, daß das Haus selbst die Frau schon irgendwie anblickt, und zwar von einem Punkt aus, der ihrer Sicht völlig entgeht und sie daher völlig hilflos macht".

[90] Lacan, Das Seminar Buch XI, S. 122.

[91] Ich beziehe mich in den folgenden Seiten die Rudolf Bernets Ausführung über Merleau-Ponty, „Zur Phänomenologie des Blicks bei Lacan und Merleau-Ponty"; in: Riss, Zeitschrift für Psychoanalyse, No 49, S. 121-144.

sich selbst einrollt. Wie das Unbewußte bei Lacan, so ist auch dieses Unsichtbare eine ‚klaffende Leere' ..., welche durch die Signifikanten umkreist, aber nie aufgefüllt wird.[92]

Am Beispiel eines Gemäldes von Holbein manifestiert Lacan seine Lehre vom Trieb.

> Die Malerei hat ... die ‚magische' Fähigkeit das Unsichtbare sichtbar werden zu lassen ... Die Malerei verleiht dem flachen und unbeweglichen Bild die Macht, die ‚Tiefe' der Dinge und die ‚Bewegung' der Körper sichtbar zu machen. Mit Licht und Schatten spielend, sich der Farbe und des Strichs bedienend ... und damit die Dichte der Dinge erscheinen zu lassen, macht die Malerei das Unsichtbare als Unsichtbares sichtbar, d. h. unter Bewahrung seines ‚Rätsels'[93].

Der Maler erscheint dann als ein Diener, sogar als ein Vermittler, durch seine Hand und sein Auge, ein Vermittler des Blicks des Dings, präziser der Frage nach dem Blick des Dings und sein Antrieb ist dabei dem Blick des Dings gleich zu setzten. Das Gemälde ist dennoch ein Sichtbares zweiter Potenz, ein „wahrhaftiges Äquivalent des Dings, das nun seinerseits den Betrachter mit seinem fragenden Blick anschaut"[94].

Lacan vergleicht die Gesten des Malers mit den Gesten des Tänzers im chinesischen Ballett, „deren Bewegungen hängend bleiben, weil sie ... kein anderes Ziel anstreben, als etwas sehen zu lassen"[95]. Eine hängende Geste ist etwas ganz anderes als eine unterbrochene Hand-

---

[92] Bernet, S. 129.
[93] ebd., S.130.
[94] ebd., S.132.
[95] ebd., S.134 (vgl. Lacan, Das Seminar Buch XI, S. 121-123).

lung. Was für Lacan sichtbar wird durch den Maler ist der Schautrieb selbst.

Seit Freuds Text „Triebe und Triebschicksale" ist es bekannt, daß der Trieb des Sehens, so wie er ihn an den Manifestationen der Phänomene des Sadismus-Masochismus, Voyeurismus-Exhibitionismus beschrieben hat, mit einer grundsätzlichen Bewegung des Triebes zu tun hat, und zwar einer Bewegung zwischen „beschauen", „beschaut werden" und „sich beschauen lassen". So wie Bernet es formuliert, „für Freud gilt also gerade wie für Merleau-Ponty, daß das Sehen ein Sich-Bewegen bedeutet und daß diese Bewegung des Sehens einem ‚Trieb' (Freud) oder einem ‚Begehren' (Merleau-Ponty) eigen ist, das dem Subjekt des intentionalen Bewußtseins vorangeht und dieses zugleich in Frage stellt"[96].

Dieses Begehren schafft die notwendigen Phantasmen, nämlich die Relationen des Triebs mit den Objekten. D. h. daß der Trieb sich aus den erogenen Zonen des Körpers ableitet, seinen Weg über die vom Anderen abhängigen Objekte nimmt, um dann zurück zum Leib zu kehren, indem er dessen Oberfläche durchquert.

Im Beispiel des Exhibitionismus, sagt Bernet, genießt der Exhibitionist nicht den Blick des Schreckens seines Opfers, sondern die Erscheinung seines eigenen Blickes, „so wie er im Erblickt-werden seines ‚Objekts' sichtbar wird".[97]

Nachdem der Blick als Objekt des Schautriebes alle Stationen seines Weges bereits hinter sich hat, bringt er den Trieb zurück zum

---

[96] ebd., S.135.
[97] ebd., S.136 (vgl. Lacan, Das Seminar Buch XI, S. 191).

Subjekt, ein Subjekt, das aus dem nie schließenden Kreislauf des Triebs geboren wird, das von Lacan sogenannte „kopfloses Subjekt des Triebs",[98] nämlich das Subjekt des Unbewußten.

Das Bild (tableau), das Gemälde bringt zwar den unsichtbaren Blick, das verborgene Begehren des Betrachters, auch des Malers zur Erscheinung, dient aber gleichzeitig als Schleier, als eine imaginäre Deckung, als Trugbild des schrecklichen, vielleicht tödlichen Blicks des nichtigen Daseins. Der Blick des Anderen kann, wie bei Sartre, vernichten, aber nur außerhalb des Gemäldes und außerhalb der psychoanalytischen Situation.

„Der Blick des Gemäldes als entlarvtes und zugleich zugunsten eines sublimierten Wohlgefallens erhaltenes Trugbild ist für Lacan übrigens auch das Vorbild der Haltung des Psychoanalytikers gegenüber seinem Patienten"[99]. Dies erinnert an die heilende Funktion des Ichideals, der als der Blick der Mutter als friedensstiftende Fläche funktioniert. Eine Friedensstiftung, die einzig auf das Durchqueren des Idealich ihre Voraussetzung hat. Mit anderen Worten: die Funktion dieses Blickes ähnelt der Bindung, die das Subjekt des Genießens zum Feld des Diskurses schafft, sofern der Diskurs als signifikantischer Vertreter des Symbolischen erscheint.

Im Rahmen des Diskurses ist die Entlarvung des Blickes, der sogenannte blinde Fleck, ein Moment des Stillstands, der die ständige Bewegung im Band des Wiederholungszwangs bricht.

---

[98] ebd., (vgl. Lacan, Das Buch Seminar XI, S. 189).
[99] ebd., S.137.

Holbeins Bild *Die Gesandten* „ist ein doppeltes Bild, das zwei verschiedenen Blicken Ausdruck verleiht"[100]. Der Blick des Betrachters richtet
sich auf das Gemälde in der Zentralperspektive. Er sieht ein normales
Bild vor sich. Von einer Seitenperspektive, vielleicht beim Verlassen
des Anschauungsraumes, wird der Betrachter diesmal vom Blick des

---

[100] ebd., S. 133.

Bildes erwischt. Das anamorphotische Objekt, das mitten drinnen im Bild bei der ersten Anschauung bloß auffallend war, zeigt von der zweiten Position des Betrachters sein wahres Gesicht: „sein Sein zum Tode (...) Das eigentliche Sein als endliches Dasein."[101]

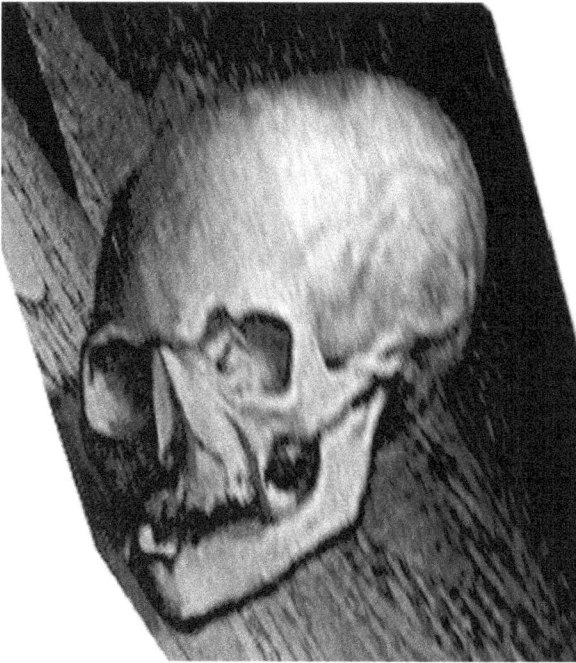

Das Bild ist demnach nicht mehr und nichts anderes als die Visualisierung der untrennbaren Einheit von phallischer Selbstdarstellung und Kastrationsdrohung, fundiert in der elementaren Todesdrohung.[102]

[101] ebd. – Oben ist Herberts etwas dilettantischer (er kennt das Original nicht) Versuch einer Remorphisierung des Anamorphischen zu sehen.
[102] Hanna Gekle, Jacques Lacans Theorie des Imaginären; in: Psyche, Zeitschrift für Psychoanalyse und ihre Anwendungen, Heft 8, August 1995, S. 716.

An der Stelle erinnert Bernet an die bekannte Stelle Heideggers: „Allein so wie auch im Ausweichen vor dem Tode dieser dem Fliehenden nachfolgt und er ihn im Sichabwenden doch gerade sehen muß ..."[103]. Genau so wie der Blick des Orpheus, der auf den Tod, den zweiten Tod der Euridike gerichtet war.

---

[103] ebd., S. 133 (vgl. Martin Heidegger, „Sein und Zeit", Tübingen [16]1986, S. 189).

Die basale Zwietracht: seit Parminedes' Einführung der *Doxa*, spätestens aber seit Platons Ideen gibt es zwei Traditionslinien, die Welt be-
schreibend – und nicht allein magisch agirend – wahrzunehmen, zwei
Traditionslinien, die unter diversen Labels firmieren, die man aber unter dem Gegensatzpaar *Idealismus/Empirismus* subsummieren kann
oder noch besser unter dem Gegensatzpaar *Transzendenz/Immanenz:*
die Welt ist, was sie ist oder *die Welt ist nicht so, wie sie scheint.* Ich
denke, diese Differenz gilt mittlerweile nicht mehr für die Welt, sondern *nur* noch für die Weltbeschreibungssysteme, und da pflege ich
mein persönliches Mißtrauen gegen alle *ist*-Sätze. Wenn jemand sagt,
das ist so, dann reagiere ich reflexartig mit Musils „Mann ohne Eigenschaften", der meint, *man könne das doch auch anders sehen.*[104]
    Avancierte zeitgenössische Beschreibungssysteme haben sich der
Differenz *Sein/Schein* enthoben, jedoch um den Preis, daß sie – simpel
formuliert – kein *Jenseits* ihrer selbst mehr zulassen können. „Du
kannst nichts wählen, denn deinen Neigungen widersetzt sich die absolute Sehkraft des Geistes."[105]
    Psychoanalyse und Kunst haben unter diesem Aspekt gemein, daß
sie Diskurse – man könnte sagen: *Ausnahmezustandsdiskurse* – anbieten, die jenseits jeglicher autopoietischer Schließung und jenseits jeglicher *ist*-Tyrannis dem Individuum die Möglichkeit bereitstellen, sein

---

[104] Oder Noch besser: „Tatsache ist, wie Duns Scotus erklärt, daß wenn es einen Widerspruch zwischen zwei im Akt entgegengesetzten Realitäten gibt (P sein und nicht
sein), nichts verhindert, daß etwas im Akt ist und dennoch, zur selben Zeit, das Vermögen bewahrt nicht zu sein oder anders zu sein. ‚Unter kontingent verstehe ich –
schreibt er – weder etwas, das notwendig ist, noch etwas, das ewig ist, sondern etwas, dessen Gegenteil im selben Moment hätte geschehen können, in dem es geschieht.'" (Agamben, Bartleby, S. 53).
[105] Cioran, S. 108.

subjektives, idiosynkratisches Verhältnis zur Welt – und dieser idiosynkratische Weltzugang ist keine Laune, sondern wird als absolute Notwendigkeit erlebt![106] – auf einem adäquat-reflexiven Niveau zu artikulieren, entweder während der psychoanalytischen Praxis in der Praxis (auf der Couch) in Anwesenheit eines signifikanten Anderen; oder im ästhetischen Rahmen (dem Ausweis der Artikulation als Kunst) durch die Auseinandersetzung mit dem jeweiligen Medium[107]. Vielleicht könnte man sagen: Psychoanalyse und Kunst sind Selbstbeschreibungssysteme, die Universalität beanspruchen, aber keine Allgemeingültigkeit. – Auch dafür, für ihren Gebrauch, muß man allerdings seinen Obolus entrichten.

In dem Sinne möchte ich meinen Part als *good cop* beenden, mit einer – wie ich meine – Quintessenz von Lacans *Ethik der Psychoanalyse*: „Unser Anspruch ist es (...) dem Subjekt zu erlauben, sich in eine Position zu bringen auf eine Weise, daß die Dinge ihm auf geheim-

---

[106] vgl. dazu meinen Essay Idiosynkrasie. Ein Versuch als zuvorkommende Begegnung; in: Paragrana. Internationale Zeitschrift für Historische Anthropologie, Band 8, 1999, Heft 2: Idiosynkrasien, hrsg. von Dietmar Kamper und Bernd Ternes, Berlin 1999.

[107] Dies geht wider jene „Gesinnung", die „Kunst als Reservat von Irrationalität einhegt, Erkenntnis der organisierten Wissenschaft gleichsetzt und was jener Antithese nicht sich fügt als unrein ausscheiden möchte" (Theodor W. Adorno, Der Essay als Form; in: Noten zur Literatur, Frankfurt am Main ⁴1989, S. 9). – Positiv formuliert es Adorno am Beispiel Prousts: „Das Werk Marcel Prousts, dem es so wenig wie Bergson am wissenschaftlich-positivistischen Element mangelt, ist ein einziger Versuch, notwendige und zwingende Erkenntnisse über Menschen und soziale Zusammenhänge auszusprechen, die nicht ohne weiteres von der Wissenschaft eingeholt werden können, während doch ihr Anspruch auf Objektivität weder gemindert noch der vagen Plausibilität ausgeliefert würde. Das Maß solcher Objektivität ist nicht die Verifizierung behaupteter Thesen durch ihre wiederholende Prüfung, sondern *die in Hoffnung und Desillusion zusammengehaltene einzelmenschliche Erfahrung*." (ebd., S. 15, Hervorhebung von mir).

nisvolle und beinah wunderbare Art zum Wohl gereichen, daß er sie am richtigen Ende anpackt."[108] Bernd und ich kamen vor Jahren in der *Zoulou Bar* bei einigen Manhattans während eines Gesprächs über diese „Position" (ohne daß wir uns dabei auf Lacan bezogen) auf zwei Möglichkeiten: Bernd meinte *sozialverträglich Amok laufen,* und meine Variante war *unauffällig asozial sein.*

Nach den Ausführungen Marias ist klar, daß es genuin menschlich ist, ideale Formen imaginieren zu können, und daß diese Möglichkeit der Imagination angesichts der realen Formen die basale Tragik des Menschen ausmacht.[109] Es geht da um eine doppelte Funktion – um es mit den Begriffen des heutigen Themas zu formulieren: *um im Bild zu bleiben, muß man aus dem Rahmen fallen und sich dabei im klaren sein, daß man nur im Bild aus dem Rahmen fallen kann.* Das ganze ist eine Art von exzentrischer Paradoxie oder Mimikry ans Amorphe.

---

[108] Lacan, Das Seminar Buch VII, S. 349.

[109] „Ohne die Vorahnung der Liebe und des Todes würde sich der Einzelne in den mütterlichen Innereien langweilen und enttäuscht an Brustwarzen ohne Zukunft muffeln. Aber er erwartet insgeheim die beiden Versuchungen, indem er von Kindesbeinen an Sein und Schein einspinnt." (Cioran, S. 114).

Aus dem tödlichen Blick heraus, der das Bild mit Todeskraft durchlö-
chert, sieht Lacan die Entblößung des Phantasmas, hinter dem Begehren, wo der Spiegel als offenes Fenster zur Welt als Durchgang erscheint, innerhalb dessen von Innen nach Außen und zurück die Spule
des Kindes beim *Fort-Da-Spiel* hingeworfen und hergezogen wird.

Lacan spricht über die Funktion des Realen im Band der Wiederholung, so wie sie in der analytischen Erfahrung erfaßt wird. Er teilt
die These Freuds nicht, die besagt, daß die Übertragung in absentia
geschieht, bzw. von einem bildhaften Verhältnis zu einer Absenz charakterisiert wird.

Lacan nimmt den aristotelischen Begriff der *Tyche,* im Gegensatz
zum *Automaton* der Wiederholung, vielleicht der Wiederholung des
Begehrens, er nimmt also den Begriff des Zufalls und setzt ihn als zentralen Ort, vielleicht als zentralen Moment, auf den er das Trauma, die
Erfahrung des Realen aufbaut.

Lacan sieht die elementare Begegnung des Subjekts mit dem Anderen als *verfehlte Begegnung,* so wie die Begegnung des Analysanden
mit dem Analytiker eine Begegnung akzidentellen Ursprungs ist. Sie ist
eine Begegnung, die auf dem Konflikt, bzw. den Bruch basiert, der als
unzeitiger Ort der Vorstellungsrepräsentanz des Triebes zwischen
Wahrnehmung und Bewußtsein plaziert.

Dies ist der Ort, wo der Blick Lacans hinter dem Schirm des
Phantasmas geworfen wird.

Dies ist der Ort, der ein unmögliches Genießen verdrängt und
dies in der Form eines Traumas immer wieder transformiert, das unun-

terbrochen sich drängt, und sucht sich in Erinnerung zu rufen.[110] Aufgrund der tragischen Realität der Sterblichkeit des Menschen erscheint der Spiegel diesmal als Graben, „um den es (das Subjekt; M. T.) nur noch das Sprungspiel machen muß".[111]

Das Trauma, das die Lacansche Psychoanalyse herausholt, durch ihren Blick auf den Tod, macht ihr weltliches Bild unheimlich.

Ihr Zwang, das Subjekt in einer gelenkten Paranoia haltend zu verhandeln, bezweckt eine Notwendigkeit: die Notwendigkeit des Lebens, des Lebens, das weiter leben muß, damit sein Gefangener, das Trauma, vielleicht als Genießen, weiterhin gefangen bleibt.

---

[110] Ich stütze meine Gedanken auf die Ausführungen von Nestor A. Braunstein, Das Genießen: von Lacan zu Freud; in: André Michels, Peter Müller, Achim Perner, Claus-Dieter Rath (Hg.), Jahrbuch für klinische Psychoanalyse, Band 2: Das Symptom, Tübingen 2000, S. 90 - 128. – Das Genießen des Infans bei seiner Jubilation im Spiegelstadium ist ein trügerisches, vielleicht momentanes Genießen. Im Rahmen des Begehrens scheint die Konfrontation mit dem Begehren des Anderen als eine scheinhafte intersubjektive Dialektik, vielleicht sogar als eine Anerkennung.
Das Genießen, das dabei verdrängt wird und nur als Trauma wiederkehren kann ist ein genießender Körper, der Objekt des Genusses des Anderen wird.
„Das Fleisch des Infans von Anfang an Objekt für den Genuß, das Begehren und das Phantasma des Anderen, muß zu einer Vorstellung seines Platzes beim Anderen kommen, d. h., sich als Subjekt konstituieren, das den Signifikanten unterworfen ist, die von diesem verführenden und genießenden Anderen, der jedoch gleichzeitig das Genießen verbietet. Durch diese Untersagung ist das Genießen an einen Körper gebunden, der zum Schweigen verurteilt ist, an einen triebhaften Körper, der zwanghaft nach einer neuen, stets wieder scheiternden Begegnung mit dem Objekt sucht." (Braunstein, S. 101).
[111] Lacan, Das Seminar Buch XI, S. 68.

Nachweise

1 Selbstausfällung, genannt Liebe. Eine *unausgegorene* Beilage zum Hauptgericht; veröffentlicht auf http//userpage.fu-berlin/ ~ miles/index.html

2 Sind Regeln des Konstruierens Konstrukte?; *unveröffentlicht*

3 Die Explosion des Vergessens: Wie mit zwei Schlägen das Erinnern vergessen und Vergessenes erinnert wurde; *unveröffentlicht*

4 „Nach Dannen, ins erste Futur"; veröffentlicht in der Wochenzeitung „Freitag", 46/2001

5 Weder spricht es, noch schweigt es: Es klingt! Rigoroses Glück als singende Sphinx (zur Bedienung freigegeben); veröffentlicht in: Bernd Ternes & RG-Verein (Hg.), *Das rigorose Glück. Erste Annäherung*, Tectum Verlag, Marburg 2002

6 Schritte zu einer Synthese von Physik und sozialem Leben; *unveröffentlicht*

7 Das Denken als Gegenstand, der kein Gegenstand des Denkens mehr ist; *unveröffentlicht*

8 Sonden für das Innenleben der Abstraktion; *unveröffentlicht*

9 Glossar einiger Begriffe der neueren Medientheorie (zusammen mit Dietmar Kamper); veröffentlicht auf http//userpage.fu-berlin/ ~ miles/index.html

10 Wie man das notwendig Unsichtbare zu Gesicht bekommt, ohne verrückt zu werden. Eine fast metaphysische Anmerkung zu „Godards Kino"; *unveröffentlicht*

11 Anthropologie als archäologisch-kybernetische Inventur: Eine Bemerkung zu Kants Anthropologie als Dokument einer Anthropologie nach dem Tode des Menschen; *unveröffentlicht*

www.ingramcontent.com/pod-product-compliance
Lightning Source LLC
Chambersburg PA
CBHW022307280326
41932CB00010B/1012